シン・世界の超ミステリー

監修：並木伸一郎　文：こざきゆう

怪奇・心霊現象超事典

はじめに

欧米の畑に出現する謎めいたミステリーサークル、空中に出現する怪光、さらにはミステリアスな事件が起こる怪奇ゾーンの存在。そしてまた聖なるマリア像が血の涙を流し、墓場や曰く因縁のある屋敷に霊の姿、さらには物品が舞い踊るポルターガイスト現象が現出する。

まさに世界は謎に満ちている！

その言葉どおり、世界各地では毎年のように、大地と大空の間で、超常的で世にも不思議で奇怪な事件・事象が発生しているのだ。

注目すべきはスマートフォンの普及によって、UFOを中心に摩訶不思議な現象が、専門家のみならず一般人によっても、偶然もしくは必然的に撮影されるケースが当たり前になっていることである。

しかも、これらの画像がインターネットを通じて公開され、われわれの目に触れる機会が激増していると同時に、リアルタイムで、謎と怪奇が織りなす超常世界を見ることができるのである。

本書は怪奇現象、心霊現象、UFO事件をまとめた、超ミステリー事件簿といった内容になっている。とりわけ、カメラが捉えた世にも不思議で奇怪な事件・事象を含めて、近年報告されたものを中心にまとめた、いわば「怪奇・超常現象事典」である。

〝論より証拠〟

早速、超常的かつ不思議な画像・映像の数々を見ていただくことにしよう。

2025年3月吉日

並木伸一郎

もくじ

3章 超自然現象編

4章　UFO事件・UFO現象編

1章

超常事件編

paranormal FILE 001

船や飛行機が突然消える謎の消失ゾーン

バミューダ・トライアングル

「バミューダ・トライアングル」は、アメリカ、フロリダ半島のマイアミ、プエルトリコ、そしてバミューダ諸島を結ぶと大西洋上にできる三角形の海域だ。この海域では、古くから謎の遭難事故が多く発生しているが、その数が急増したのは1800年代からだ。

これまでに180隻以上の船や、60機以上の飛行機がとつぜん消えているのである。しかも、奇妙なことに、乗員の遺体や船の破片すらもほとんど見つかっていない。これはふつうの海難事故と考えることに無理があるのは明らかだろう。そのため、今なお謎に満ちた場所であり、「魔の三角地帯」として人々に恐れられているのだ。

謎の消滅空間バミューダ・トライアングルの名を世界に知らしめる事件が、1945年に起きた。それが「フライト19事件」である。

DATA

発生地

バミューダ海域

発生年

数百年前

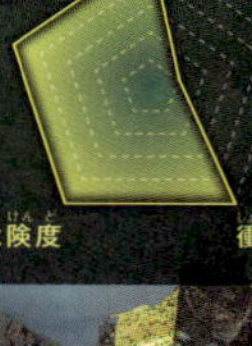

12月5日午後2時、フロリダ州のフォート・ローダーデール基地を飛び立った5機の雷撃機チーム「フライト19」がバミューダ海域上空を飛行していたとき――

「ここはどこだ!?　5機とも磁気コンパスがおかしくなってしまった。白い水に突入していくみたいだ、完全に迷った！」

そんな不可解な通信を残し、全機が消息を絶ってしまったのだ。当時の天候は快晴、まさに理想的な飛行日和だったにもかかわらず、である。

しかも、救援飛行艇が現地に向かったが、なんと、この機もまた20分後には行方不明になってしまった。

この事件は世界中に報道され、バミューダ・トライアングルは「魔の海域」としてその名をとどろかすこととなった。

以後も、戦闘機をはじめとした航空機消滅事件は続く。その多くの飛行機が消滅の前に、計器の異常をうったえていることに注目した超常現象研究家チャールズ・バーリッツは、「消滅した飛行機はいずれも、計器の異常をうったえ、最後に無線連絡を絶ってしまう。これはバミューダ海域に突発的な磁気異常が発生することが原因ではないか」

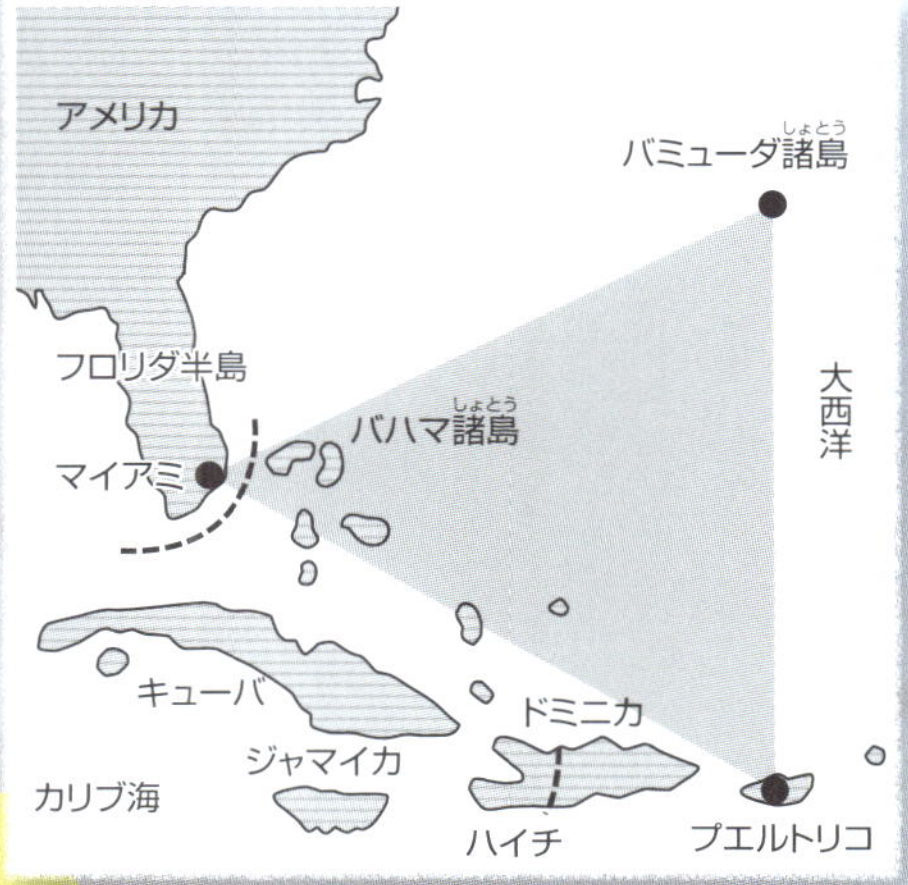

◀バミューダ・トライアングルはマイアミ、プエルトリコ、バミューダ諸島の3点を結んだ海域。

と分析している。

飛行機だけでなく船の消滅事件もまた、古くから起きているが、とくに１９００年代に入ってからはアメリカ海軍の戦艦消滅事件がめだって増えている。

なかでもよく知られているのが１９１８年2月4日に起きた「軍艦サイクロプス号沈没事件」だ。３０９名の海軍将兵を乗せたサイクロプス号が、バミューダ海域からアメリカ、バージニア州ノーフォークへ向かうとちゅうで、行方不明となったのである。やはり当時の海域の天候は悪くなかったことがわかっている。

また、消滅する船は、その大きさを問わないことも知られている。アメリカのタンカー、マリーン・サルファー・クイーン号は、全長１３０メートルという大型船だが、１９６３年2月2日、乗員43名を乗せたまま、バージニア州に向かうとちゅうでやはり行方不明になった。遭難したことを知らせるSOS信号を出すこともなく、である。しかも、乗員の遺体はもちろん、船の破片すら見つかっていないのだ。

いったい、この海域には何があるというのだろう。

(上)超常現象研究家チャールズ・バーリッツ。(左)1918年に309名の乗員を乗せたまま、バミューダ海域で消滅したサイクロプス号。

実は消滅事件とどんな関係があるかはわからないが、驚くべきものがバミューダ海域から発見されている。それは、明らかに人工的に造られたと思われる構造物だった！

場所はフロリダ州アンドロス島の北方19キロのベリー諸島海底にあった。三角形の人工的な遺跡らしきもので、衛星が撮った写真に、たまたま写りこんでいた。この三角形は一番長い辺が38キロ、短い辺でも20キロもあり、すべての辺が自然にできたとは思えないほど、直線的だ。

これがもし、人工的なものだとしたら、海底にこれだけの正確な直線を引くことはむずかしい。つまり、かつてこの三角形の構造物は、地上にあったことが考えられるのだ。

ちなみに、この周辺には５０００年前に始まった人類の文明史をはるかにさかのぼる1万２０００年前に海底に沈んで滅びた伝説のアトランティス大陸があったとされている。だとすれば、この地で見つかった三角形の構造物もまた、アトランティス文明の痕跡とも考えられないだろうか。

とにかく、バミューダ海域がかなり特殊な場所であることはまちがいないだろう。

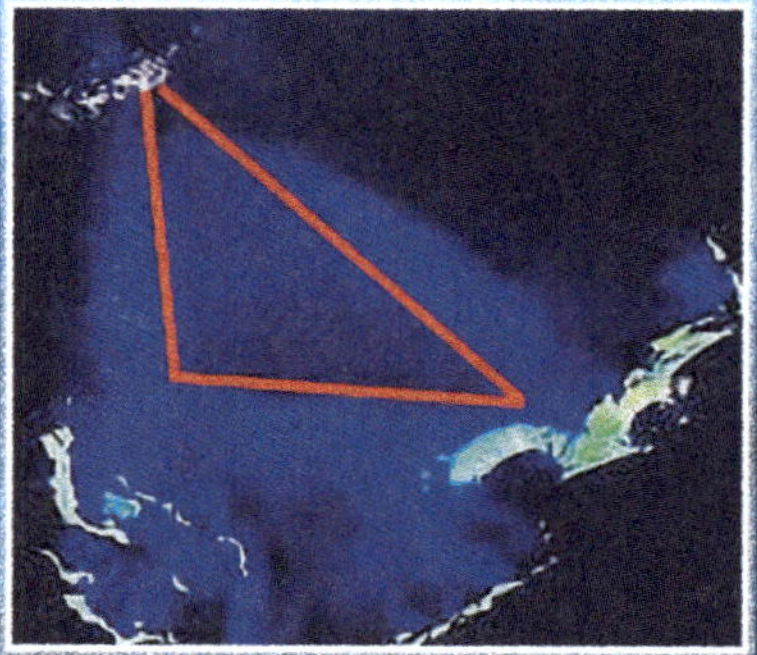

(左)アンドロス島周辺の衛星写真。巨大な三角形が見られる。(右)三角形をCG処理したもの。

paranormal FILE 002

世界の消滅ゾーン

12か所存在する異次元への入り口!?

バミューダ・トライアングル（12ページ）で起こる消滅事件の原因が、超常現象研究家チャールズ・バーリッツのいうように磁気異常だったとしたら、同じような地域が世界中に存在していてもおかしくはない。事実、船や飛行機がとつぜん消息を絶つ、そんな消滅ゾーンはバミューダ海域だけではなく、世界各地に存在している。

たとえば、「バス海峡トライアングル」と呼ばれる消滅ゾーンは、タスマニア島とオーストラリア大陸のビクトリア州との間に存在している。そこは、バミューダ・トライアングルと同様に怪奇事件が起こる海域で、実際に数多くの飛行機や船、さらにはその乗員数百名が消滅をとげている。

この海域で、もっとも有名なのが、1978年に起きたフレデリック・バレンティッチ消滅事件だろう。

DATA

発生地
世界各地

発生年
数百年前

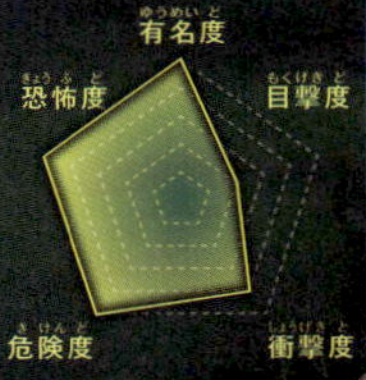

パイロットのフレデリックは、オーストラリアのキング島に向かうとき、謎の物体と遭遇。「緑色のライトを持つ巨大な銀色の物体が、機体の周囲を旋回している」と無線で管制塔に通報したあと、彼は機体もろとも消息を絶った。このときとつぜん、金属音とともに、無線が不通になったという。

この事件は当時、新聞紙上で取りあげられ、人々に大きな衝撃をあたえた。

ほかにも1979年には、ヨットレースに参加していたチャールストン号が、競技の最中、バス海峡を通過後、「白い霧に包まれた」と謎の通信を残して消滅している。

1990年には、同じようにレースに参加していたグレート・エクスペクテーションズ号が、レース終了後にメルボルンへもどるとちゅう、「海中を走る奇怪な発光体と接触した」と無線で告げたあと消滅したという。

日本にも魔のトライアングルは存在する。千葉県野島崎の南沖、小笠原諸島の西之島新島の西南西、そしてグアム島近くの

世界的に知られる消滅ゾーンのひとつ、オーストラリアのビクトリア州とタスマニア島の間のバス海峡。

3点を結ぶ海域だ。この海域では、漁船やタンカー、科学調査船などの失踪事件が多発しているという。海がとつぜん荒れはじめ、鋭角的な高波が発生して船を真っぷたつにし、海中に引きずりこむというのだ。一部では海底にすむドラゴンのしわざだとも信じられており、この伝説にちなんでこの海域は「ドラゴン・トライアングル」と呼ばれている。

1952年9月、この海域での失踪事件を捜査中の海上保安庁の第五海洋丸が、22人の乗員と地質学者、海洋学者など、9人の科学者もろとも消滅する事件が起こった。

これは海底火山の爆発が原因だったとされるが、実際には、青白い霧に包まれて計器に異常をきたしたという無線連絡があった直後、失踪したともいわれている。

このほかにも、数多くの船や飛行機が消滅しており、その数は30隻以上との説もある。日本近海にこのような恐ろしい海域があるのは驚きだが、なぜかほとんど知られていない。

ほかにも、アメリカ五大湖周辺のシルバーベイ、シカゴ、ロチェスターを結ぶ三角地帯は、バミューダ・トライアングルに匹敵する消滅ゾーンで「グレート・レイク・トライアングル」

(上)1952年、ドラゴン・トライアングルで、乗員もろとも行方不明になったとされる調査船。(左)1975年、アメリカのスペリオル湖で巨大タンカーがとつじょ沈んだ事故を報じる新聞。

と呼ばれる。1975年にはスペリオル湖で、巨大タンカーが沈没する事故も起きている。

このような消滅事件の事例の数々を細かく検証した超常現象研究家のアイヴァン・サンダーソンによれば、謎の消滅事件が集中的に起こる磁気異常地帯は、地球上に赤道をはさんで対称形に存在するのだという。そして、研究の結果、南北両半球にそれぞれ5か所ずつと、南極と北極を合わせた12の地点を、消滅ゾーンであるとする仮説を発表した。

サンダーソンは、これらの地点では暖流と寒流が衝突して巨大な渦巻きとなり、磁気異常が発生していると主張した。だが、突発的な計器の故障、濃霧などの異常気象の説明はできても、船や飛行機が消失することの説明にはならない。磁気異常がどう消滅事件とつながるかが、解明できていないのだ。

今、考えられることは、磁気異常と天候などの要素がからみあい、なおかつ、ある特定の条件が重なったとき、常識では考えられない怪奇現象が引き起こされるかもしれないということだけだ。

消滅事件の原因解明には、まだまだ時間がかかりそうだ。

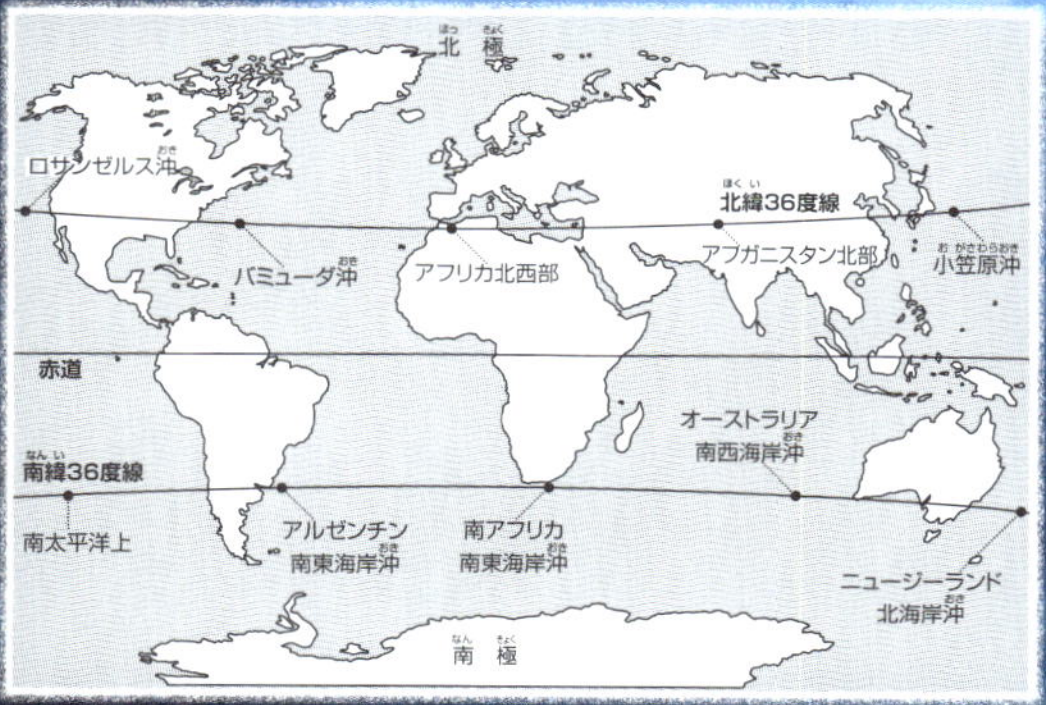

▲世界の消滅ゾーン地図。12か所存在するという。

▲地球上に12の消滅ゾーンがあると提唱するアイヴァン・サンダーソン。

paranormal FILE 003

巨大な軍艦が瞬間移動した！

フィラデルフィア実験

「これは無敵の軍艦を建造し、世界大戦を終結させるために必要な実験だ！」

1930年代、アメリカ海軍は軍艦のまわりに強力な磁場を発生させることで、レーダーでも肉眼でもとらえられないようにする、すなわち透明化させる実験を計画していた。

計画の正式名は「レインボー・プロジェクト」。「異端の天才科学者」として知られるニコラ・テスラを中心に、現在のコンピュータの基礎を築いたフォン・ノイマン、さらには物理学者アルバート・アインシュタインまでが研究に加わっていたとされる。

1936年、テスラは、高周波・高電圧を発生させる変圧器「テスラ・コイル」を使い、無人の船で実験を行ったところ、部分的に船を透明にすることに成功した。

DATA

発生地

アメリカ

発生年

1943年

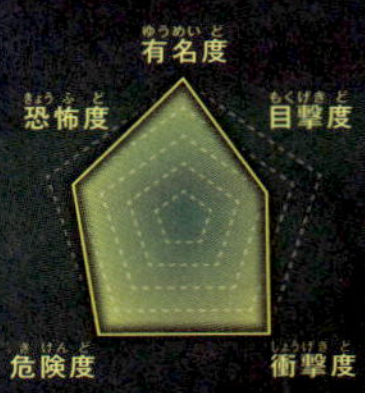

さらに何度かの実験のあと、1942年、有人の軍艦で実験が計画された。

だが——

「強力な磁場発生装置を使うのは人体に危険だ」

と、テスラは実験に反対。

しかし、第2次世界大戦は激しさをましており、海軍は実験を急ぐ必要があった。そこで、テスラを計画から追放し、ノイマンに引き継がせたのである。

1943年10月28日、1900トンもの巨大軍艦エルドリッジ号に乗員を乗せ、ついに、実験が行われることになった。エルドリッジ号に強力な発電機や磁場発生装置を積みこみ、そこから発生する強力な磁場によって船体を透明化させようというのである。

この実験は、ペンシルベニア州フィラデルフィアにある海軍の兵器工場で秘密裡に開始されたので、「フィラデルフィア実験」と呼ばれた。

ついに実験は開始された。

磁場発生装置から強力な磁場が発生しはじめると、エルドリッ

△フィラデルフィア実験で用いられたUSSエルドリッジ（の同型艦）。

ジ号は同時に、奇妙な青緑色の霧のようなものにたちまち包まれた。

船全体がその霧におおわれると、その姿はしだいにぼやけだした。ほどなくして、実験を見守る人々の視界から見事に消えたのだ。観測船のレーダーからも、エルドリッジ号の船影は忽然と消えたのである。

「やった！　実験は成功だ！」

実験スタッフはよろこびの声をあげた。

ところが直後、衝撃的なことが起きた！

透明化したエルドリッジ号は、フィラデルフィアから直線距離で470キロ離れたバージニア州ノーフォーク軍港に、突然現れたのである。

その姿は、当時、軍港にあった輸送船と貨物船の乗員によって目撃されたことが報告されている。

それからエルドリッジ号は再び、元いたフィラデルフィアに舞いもどった。すなわち、透明化するだけの実験だったはずが、なぜか軍艦の瞬間移動という不思議な現象を引きおこす結果となったのだ。

▲青緑色の霧のようなものに包まれ、姿を消すエルドリッジ号のようすとされる画像。

▲実験中のようす。矢印の物体が透けて、その奥が見えている。

だが、ことはそれだけではすまなかった。瞬間移動という、常識では考えられない経験をしたエルドリッジ号の乗員たちに、ただならぬ事態が起きていたのである！

ある者は船の中で消えたり現れたりをくり返し、ある者は全身から火が噴き出して炎に包まれると18時間燃え続けた。逆に氷のように硬直した者もいた。また、船内の壁に吸いこまれ永遠に消えてしまった者、鋼鉄のデッキに体が溶けこんでしまった者もいたらしい。

その結果、死者16名、乗員の半数は、精神に異常をきたしていたのである。

この事実に恐怖を覚えた海軍上層部は、これ以上の実験の継続を断念するとともに、すべてを軍事機密として封印した。だが、後に実験の目撃者を名乗る人物により情報はもれ、都市伝説的に知られることとなった。

強力な磁場の影響で船が消えたり瞬間移動したりするというこの異常な現象は、もしかすると、船や飛行機が原因不明の消滅をとげる、「バミューダ・トライアングル」（12ページ）の謎とも、何か共通するものがあるかもしれない。

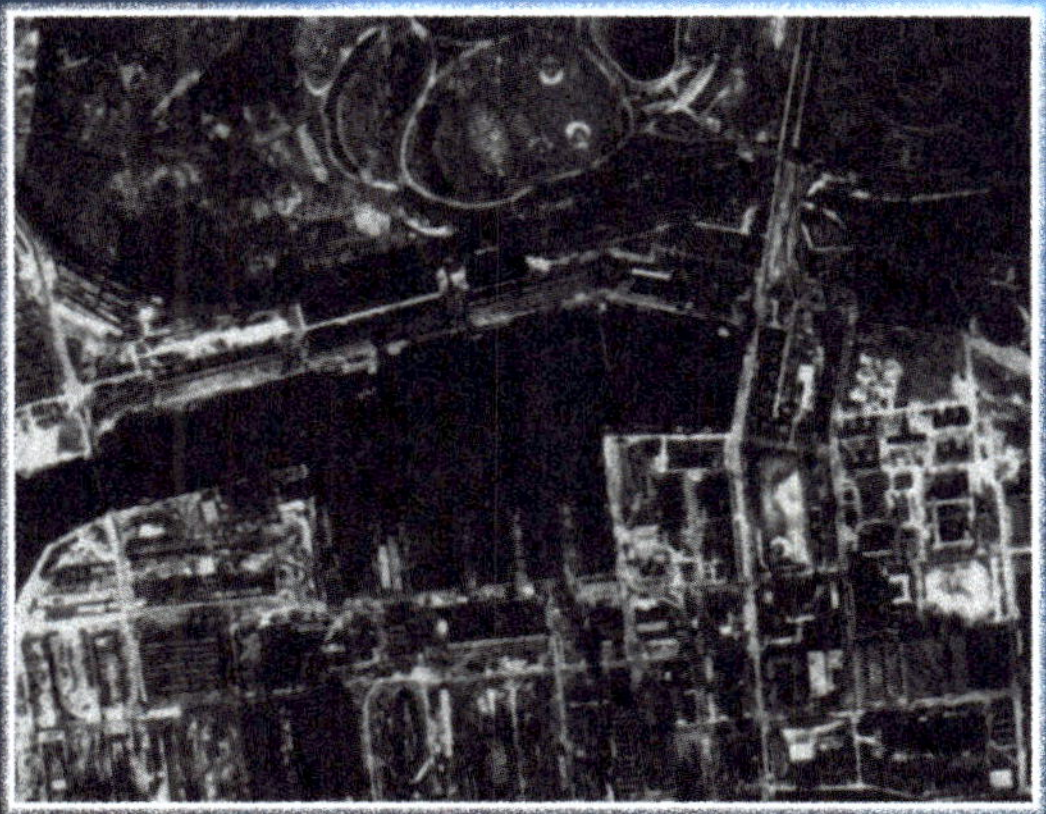

▲エルドリッジ号が保管されていたフィラデルフィア海軍工廠。

▲実験に加わっていた天才科学者ニコラ・テスラ。

paranormal FILE 004

戦場に神の援軍が現れた！ モンスの天使事件

時は1914年8月23日、第1次世界大戦において、ドイツ軍はベルギーに侵攻、イギリス・フランス連合軍が守るモンスを完全に包囲した。

戦況はドイツ軍が優位で、やがてドイツ軍の総攻撃が始まった。

「われわれはもう持ちこたえられない……」

連合軍は、もはや負けを待つだけだった。

しかし、その瞬間、天空に奇妙な光が出現。光はやがて人の形をとった。彼らは黄金の衣を身にまとい、翼を広げたのである！

「ああ、あれは……天使だ！ 天使がわれわれを守ってくれている！」

この奇跡に、ドイツ軍は茫然自失、動けなくなってしまった。かたや連合軍は、このチャンスに形勢逆転をか

DATA

発生地

ベルギー

発生年

1914年

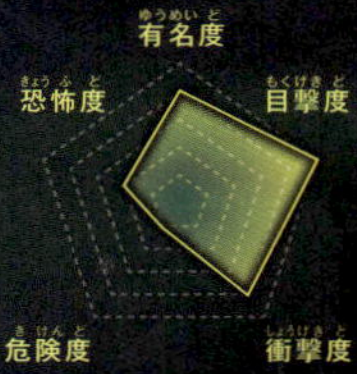

けて勇気をふるい立たせ、ついにはドイツ軍を打ち破ったのである。

これが世にいう有名な天使出現の奇跡、「モンスの天使事件」だ。

兵士たちが天使を目撃したと、多くの証言が記録されているこの事件。しかし、作家のアーサー・マッケンは「『天使が現れてモンスの戦いに連合軍が勝つ』という、私が書いた小説が、天使出現のうわさのもとになっているのではないか？」と主張した。すなわち、「モンスの天使事件」そのものが「事実ではない」というのである。

やはり天使出現は、ただの都市伝説だったのだろうか？　小説から発生したうわさが、真しやかに、人々に信じられたにすぎなかったのだろうか？

ところが、マッケンの主張とは逆の内容をしめす資料が残されている。

当時のイギリス軍に所属していたジョン・チャタリスという人物が妻にあてた1914年9月5日の手紙に、この天使が本当に出現したという奇跡が書かれているのだ。

△戦場に現れた天使たちの援軍のイメージ図。

しかも、この手紙の日付は、マッケンの小説が発表された日よりも2週間も早いのである。この手紙により、マッケンの「自分の小説がもとにある」という主張は、完全にくつがえってしまったのだ。

ほかにも「モンスの天使」が実話だと裏づけるものとして、この戦いで負傷した兵士たちを世話した看護師フィリス・キャンベルの証言もある。彼女は、

「私が手当てし、死にゆく兵士たちから、モンスの天使の目撃談を何度も聞いたわ」

と言い残しているのだ。死ぬ間際の人間が、口裏を合わせてわざわざうそを語るようなことがあるだろうか。

さらに、2000年秋、イギリスの超常現象研究家ダニー・サリバンが、第1次世界大戦について記録されたフィルムや手紙、日記など、大量の資料を骨董品店で入手した。それらを調べるなかで、驚きの発見をしたのである。

「これは『モンスの天使事件』が事実だったと裏づけるものではないか！」

そのひとつは、1914年の「モンスの戦い」に参戦したウ

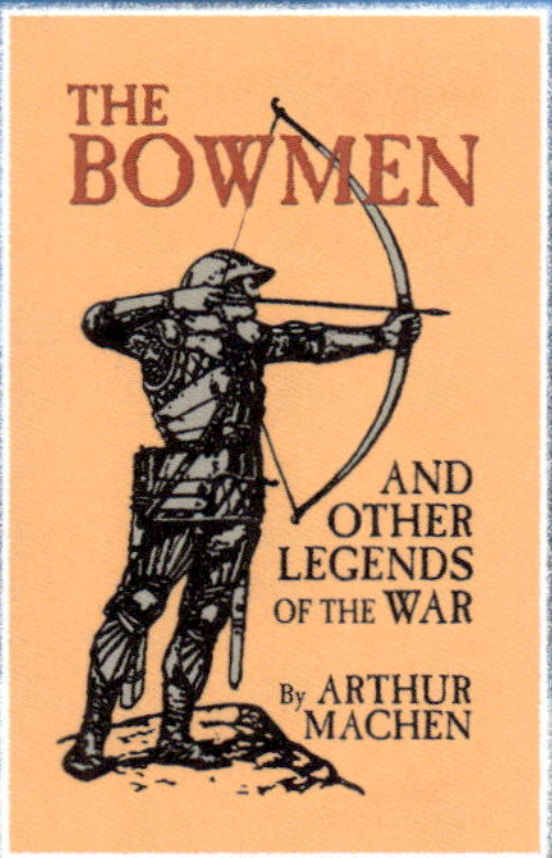

(右)アーサー・マッケン。(左)マッケンの著書で天使が現れて連合軍が勝利する短編小説『弓兵・戦争伝説』の表紙。

イリアム・ディジーという軍人が残した「天使の姿」を写した写真だ。

ディジーはモンスの天使を目撃したことがきっかけで、戦後は天使の調査に生涯をついやしたという人物だ。彼は、連合軍の演習場所だったウッドチェスター・パーク内で起こった兵士の死亡事故の話を聞きつけ、そこに現れるとうわさされる「死の天使」の出現を待った。

そしてディジーは、ついに、天使の姿の撮影に成功したというのである。

この写真を発見したサリバンは、専門家に鑑定を依頼したところ、写真そのものに偽造された痕跡がないことが判明している。

サリバンはさらにもうひとつ、天使の姿を写したという実写モノクロ・フィルムも発見している。これは現在、アメリカのある映画監督と有名俳優が所有しているという。

はたして、天使は実在しているのだろうか。もっとも、再びわれわれの前に天使が現れるようなことがあるなら、それが何よりの証拠となるだろう。

ウィリアム・ディジーがウッドチェスター・パーク内で撮影に成功したという、「死の天使」の姿。

paranormal FILE 005

10万人の前で起きた奇跡と謎の預言

ファチマに聖母マリア出現

1917年5月13日、ポルトガルの小さな村ファチマに暮らす牧童のルシア、フランシスコ、ジャシンタの3人は、いつものようにヒツジを放牧していた。

すると、牧童たちの頭上に、とつじょ、強烈な光が現れたのである。

「何かしら？」

その光の中心には、白い衣服に金色に縁取られたマントをはおった美しい貴婦人が立っていた。驚きのあまり3人はあとずさりすると、清らかな声が3人を追いかけるように、あたりに響いた。

「私は毎月13日のこの時刻、この地に6回現れます。世界が平和であるように、毎日祈りなさい」

貴婦人は3人にそう告げると、その場から姿を消したという。牧童たちは、あまりのことにおどろき、この話

DATA

発生地

ポルトガル

発生年

1917年

を村の人々に報告した。

うわさはまたたくまに村中に広まった。

1か月後の6月13日、牧童たちはうわさを聞きつけた60人の村人とともに再び同じ場所を訪れた。

すると、約束どおり、貴婦人は現場に現れたのだ。しかし――

「おい、ルシア、だれかいるのか?」

貴婦人の姿は牧童たちには見えていたが、村人には見えなかった。しかし、その場にいる全員が、ハチの羽音のような不思議な音を聞き、小さな雲が上昇するようすを目撃していたのである。

さらに3回目の7月13日、集まった人の数は5000人にふくらんでいた。

そこに現れた貴婦人は、3人の少女に3つの預言を告げた。これが、「ファチマの預言」と呼ばれるものである。

貴婦人が6回現れると予告した最後の日、1917年10月13日には、うわさを聞きつけ集まってきた人の数は10万人に達していた。もはや大群衆

◀3人の牧童たちは、聖母マリアのメッセージを受け取った。写真左から、ジャシンタ、フランシスコ、ルシア。

である。なかには聖職者やヨーロッパの主要な新聞の記者、さらには科学者までいた。

3人の牧童のうち、10歳で最年長だったルシアが、貴婦人に語りかけた。

「あなたはいったいどういう方で、何をお望みなのでしょうか」

すると貴婦人はこう答えた。

「私はロザリオの聖母（＝マリア）です。人々はあまりに神に背きました。罪のゆるしを願い、毎日祈りを唱えて悔い改めなさい」

そして、この直後、集まった10万人の前で、信じられない現象が起きたのだ！

「見て！　太陽が！」

人々が空を見あげると、なんと、太陽が回転し、四方八方に赤、黄、緑、青、紫の光を10分間にわたって放った。

このできごとを翌日の新聞各紙は「奇跡」として大々的に報じたのである。

さて、気になるのはマリアが少女らに告げた預言の内容だ。

まず、第1の預言は「第1次世界大戦が終わること」、第2

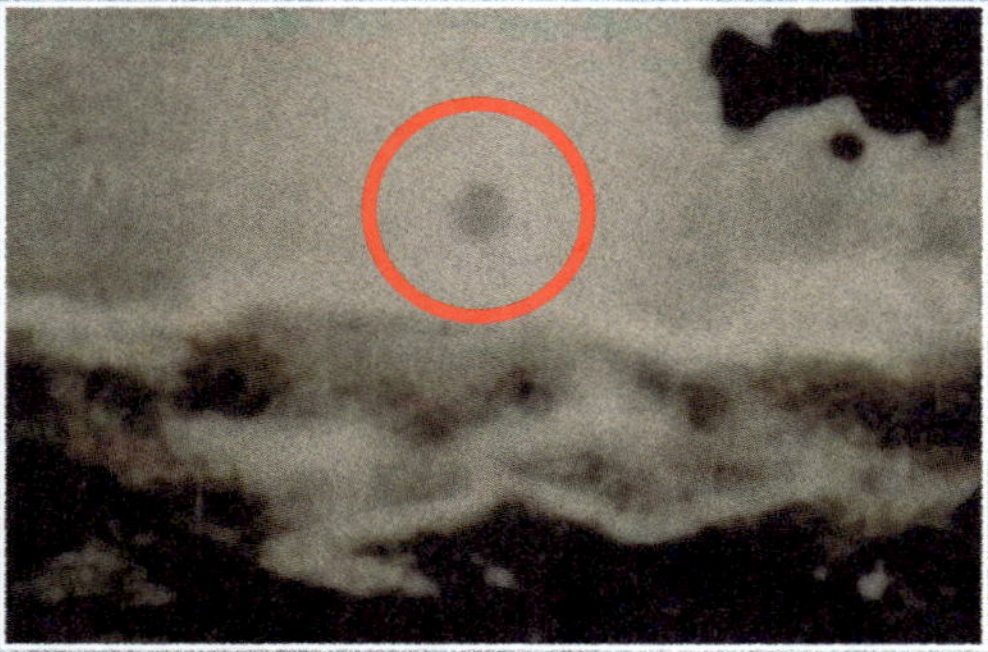

(右) 3人の牧童の前に現れた貴婦人（聖母マリア）のスケッチ画。(左) 1917年10月13日、10万人の人々の目の前で回転を始めた太陽のようす。

の預言は「第2次世界大戦が始まること」だった。

実際、ファチマ事件の翌年、1918年には第1次世界大戦が終結、のちに第2次世界大戦が始まったことは、まぎれもない事実である。

そして、第3の預言。これについてはさまざまな説がある。預言はルシアによってローマ法王庁に伝えられたが、あまりにも内容が恐ろしすぎるため、長い間封印されてしまった。実際、当時のローマ法王は、預言の内容のすさまじさに失神してしまったといわれている。

そして、2000年、ついに預言の内容が発表された。その内容とは、「1981年に起きたローマ法王暗殺未遂事件」をしめすものだったという。

しかし、この発表には、長い間、封印しなければならないほどの衝撃があるだろうか。預言の内容を知るルシアもまた「法王庁はうそをついている」と主張したという。

はたして、ファチマ第3の預言の真の内容とはどのようなものだったのか？「人類の滅亡」をしめすものともいわれているのだが……。

O MILAGRE DE FÁTIMA

▶(右)太陽の奇跡を目撃した人々。みな、上空を見つめていることがわかる。(左)ファチマで起こった奇跡を報じる新聞。

paranormal FILE 006

100年前の宮殿にまぎれこんだ
ベルサイユ宮殿タイムスリップ

1901年8月10日、イギリス、オックスフォード大学聖ヒューズカレッジの学寮長だったエレノア・ジョーダンとシャーロット・モバリーは、フランス旅行中にパリの観光名所ベルサイユ宮殿を訪れた。

ふたりは、宮殿の建物を見学後、庭園に出たとき、おかしなことに気がついた。庭師たちが庭仕事をしていたのだが、彼らは18世紀風のいでたちだったのだ。

ただ、ふたりは、観光客向けに昔の服装で仕事しているのだろうと思っていた。そのまま庭を歩いていると、古風な黒いマントに、つばの広いぼうしを被った男性に出くわした。男性は、古めかしいフランス語で、

「このあたりの道に足をふみ入れてはいけませんよ」

と注意すると、急ぎ足で去っていった。

ふと気がつけば、まわりには観光客どころか、人の姿

DATA

発生地

フランス

発生年

1901年

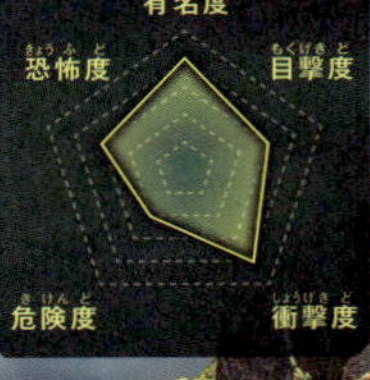

がない。人のざわめく音もない。だんだんこわいような悲しいような気持ちになったふたりは、周囲をきょろきょろと見回した。すると、庭園の離宮のテラスで、目の前の木立をスケッチしている女性を見かけた。やはり昔の貴族が着ていたようなドレス姿で、悲しげな表情だった。

ふたりが庭園を出ると、その瞬間から、大勢の観光客のざわめきが感じられた。夢から現実にもどった気分だった。

その後、ふたりはこの奇妙な体験について、「私たちは過去の世界にまぎれこんだのでは？」と考え、徹底的に調べた。

すると、驚くべきことがわかった。ふたりが庭園で歩いた道は今はなく、18世紀には存在していたこと、庭師たちの姿も18世紀のスタイルだったこと。さらに、庭園をスケッチしていた女性は、フランス王妃マリー・アントワネットだったこと！

18世紀フランスにタイムスリップしたことを公表すると、地位と学識の高い女性の発言とあって、大きな話題を呼んだ。

なお、マリー・アントワネットがフランス革命で、宮殿から監獄に幽閉されたのは、1792年8月10日。ふたりがタイムスリップしたのと同じ日付である。

△100年前のベルサイユ宮殿にタイムスリップしたエレノア・ジョーダン（右）とシャーロット・モバリー（左）。

paranormal FILE 007

日本でもおきていた！ 平成のタイムスリップ事件

　ある女性物理学者がアメリカで発表した論文によれば、2011年3月11日に起きた東日本大震災の被災地でタイムスリップ事件が起きていたという。それは――

　震災から数日後。宮城県の沿岸部で被災したある一団が、行方不明になった家族を捜すために、ワゴン車で被災現場にもどってきた。廃墟とがれきの広がる光景にぼう然としながらも、小道をワゴン車で走った。そのとき、ワゴン車は突然、雲のようなかたまりに入りこんだ。

　車内の人々は、車窓から次々に見えてくる様子に言葉を失った。その光景は、昔の写真などで見る、イギリス、ヴィクトリア王朝時代と日本の江戸時代の風景をごちゃまぜにしたようなものだった。しかも、シルクハットをかぶった紳士や侍が道を行き来していたのだ。

　この異様な景色は、雲の中でゆらめいて見えたが、数

DATA

発生地
日本

発生年
2011年

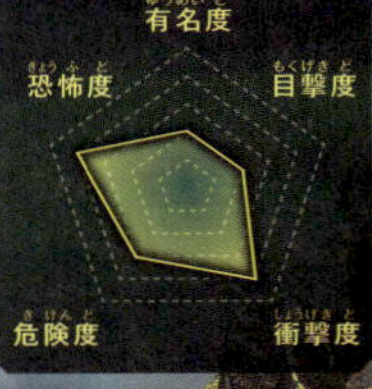

分、ワゴン車を走らせると、雲をぬけ、再び被災地の光景がもどってきたという。彼らは、場所や時代を超えた過去の光景をのぞき見たのかもしれない。

また、別のタイムスリップ事件も報告されている。震災から4日後、被災者の主婦の目の前で、突然、空間に穴があき、夫が吸いこまれて消えたという。以後、主婦の夫は行方不明だというのだ。

ところが、だ。数か月後、消えた夫と同姓同名の男性が、警察に駆けこんできた、という記録が残っていることが判明した。その日時は、なんと1981年3月15日！　その男性は、

「私は2011年から、突然、空間の穴に吸いこまれた。最初は1960年代と思われる時代に出たのだが、また吸いこまれ、ここ（1981年）に出た」

と語ったという。ただし、このような証言は警察には信じてもらえなかったろう。男性がどうなったのかはわかっていない。

タイムスリップが起こった現場では、時空の異常が発生していたということなのだろうか？

◀被災から1週間後の2011年3月18日の三陸海岸の様子。

paranormal FILE 008

聖母出現とルールドの泉

少女が起こした奇跡の事件

1858年、フランス南西部、ピレネー山脈のふもとのいなか町ルールドで、ある奇跡が起きた。この地に住む14歳の貧しい少女、ベルナデッタ・スビルーが妹と山でまきを拾っていたときのことだ。

ベルナデッタは山中の洞窟で、白いドレスに青いベルト、白いベール姿の不思議な女性を見た。

「ああ、なんて神々しい方だろう……」

ベルナデッタは、その女性の神聖な美しさに目をうばわれた。

そのあとこの不思議な女性は、18回もベルナデッタの前に現れ、9回目の出現のときはベルナデッタを導き、泉を湧かせた。

この話を聞いた司祭らは、驚いた。

「その女性は、マリア様ではないか！」

DATA

発生地

フランス

発生年

1858年

有名度 / 目撃度 / 衝撃度 / 危険度 / 恐怖度

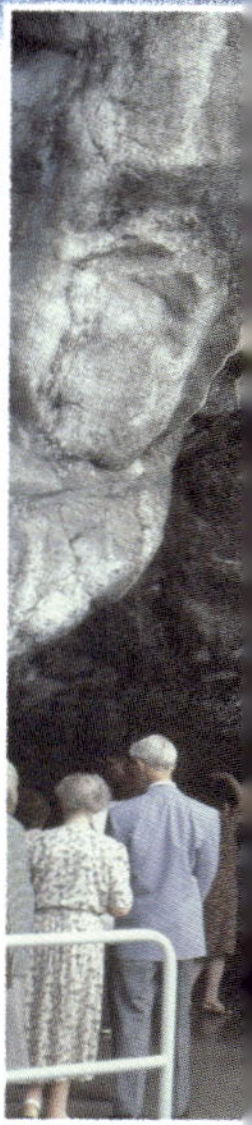

あわてた司祭らは、マリアが現れた場所に1864年に、小さな聖母堂を建てた。

また、ベルナデッタが導かれた泉の水は、飲む人に奇跡を起こし、「どんな病も治す湧き水」として、世界中で評判になっていった。

現在では、聖母堂は大聖堂となり、数あるキリスト教の聖地でももっとも有名な場所のひとつとして、多くの人々が祈りを捧げている。

泉の周囲も美しく整備され、車いすやストレッチャーに乗せられた人も近くまで行くことができるようになった。また、泉の湧き水はパイプで沐浴場まで引かれ、自由に持ちかえれるようになっている。

ところで奇跡の目撃者ベルナデッタだが、その後は修道女としてブルゴーニュのヌーヴェル愛徳修道院に入ると、1879年に35年の短い生涯を終えた。

しかし、彼女の遺体は不思議なことに腐敗しないという〝もうひとつの奇跡〟が起きており、今もヌーヴェルの修道院でガラスの棺に入れられ、安置されている。

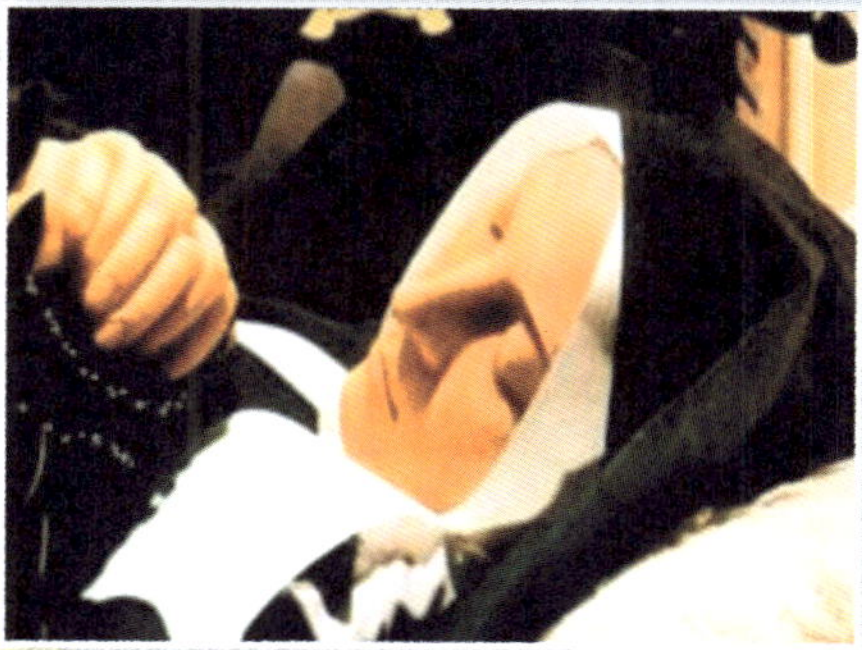

(上)ルールドにある聖母の大聖堂。(下)ヌーヴェルの修道院に安置された、死後も腐らないベルナデッタの遺体。

paranormal FILE 009

建築工学上、ありえない奇跡の階段

ロレットチャペルのらせん階段

▶壁に接しておらず、支柱もない、ロレットチャペルにある奇跡のらせん階段。

ニューメキシコ州にロレットチャペルという教会がある。この教会は2階建てなのだが、のぼるための階段を造るスペースがないという欠陥があった。

2階へははしごを使ってのぼっていたが、修道女らははしごをこわがり、使いたがらなかった。そこで修道女らは、大工だった聖母マリアの夫、聖ヨセフに祈りをささげた。

奇跡は9日目に起きた。ロバを引きつれ、大工道具を持った白髪の男性がどこからともなく現れ、みるみるうちにらせん階段を造りあげ、立ちさっていったのだ。

階段は33段もあるが、360度を2回転するらせん状になっており、せまい教会内にもきっちりおさまっていた。不思議なのは、このらせん階段は壁に接していないのに、支柱がない点だ。これは建築工学上、ありえないのだ！

以後100年以上たつが、一度も事故は起きていないという。

DATA

発生地

アメリカ

発生年

1873年

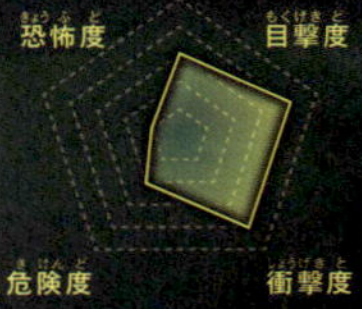

paranormal FILE 010

すくいだしても砂が湧きでる
奇跡の砂が湧くチマヨ教会

▲チマヨ教会の、奇跡の砂が湧く40センチほどの穴。

ニューメキシコ州には、チマヨ教会と呼ばれる小さな教会がある。この教会の聖堂にある小さな穴の中には、なんと、奇跡の砂があるのだ。訪問者たちは、容器に入れて奇跡の砂を持ちかえるが、砂は減らない。湧きでているのだ。

チマヨ教会にはこんな伝説が残る。1810年、修道士のドン・ベルナルド・アベイダは、チマヨにある丘に祈りをささげていた。すると丘の中腹から一筋の光が射し、その地面をほると小さな十字架が出てきた。神からのおくり物と感じたアベイダは教会の祭壇に安置したが、翌朝、十字架がない。探したところ、十字架はほりおこした場所にもどっていた。この話を聞いた人々は、この地に教会を建てた。これがチマヨ教会である。

そのあと、十字架は消え、十字架が出た穴から砂が湧きでるようになった。この砂は体の痛むところや病気の場所にすりこむと治るという、万病を治す奇跡の砂だという人もいる。

DATA

発生地

アメリカ

発生年

1810年

有名度

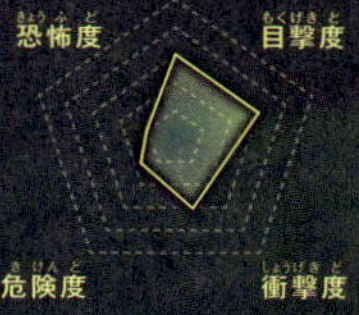

paranormal FILE 011

その涙がうったえる意味とは!?

マリア像の奇跡

聖母マリアは、カトリック信者にとって慈愛の象徴だ。そのマリアの像が、ある日突然、血の涙を流すという怪奇現象が、世界各地で数多く報告されている。

近年では、2024年6月2日、メキシコ、モレリア市に住むルチョル・モンドラゴンが、自宅に安置している聖母像に祈りを捧げようとすると、血の涙を流しているのに気づいた。それが上の写真だ。

すぐに大きな話題となったが、モレリアの大司教区では、徹底的に調査して結果を公表するまで、騒いでいる人々に冷静になるよう説いた。しかし、メディアからの取材が殺到したため、大司教区は「奇跡とされるようなデリケートな問題をあつかうときは、注意が必要。今回の事例について、決定的なコメントを出すのはまだ早い」

DATA

発生地
世界各地

発生年
古来

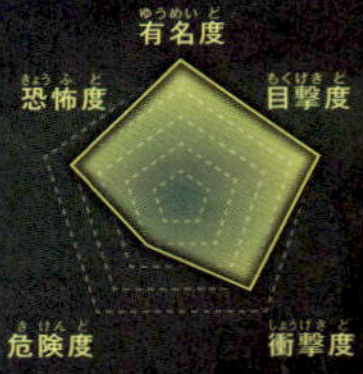

と発表した。なお、その後、この聖母像についての続報はない。

これだけではない。2024年4月には、ベネズエラでもマリア像は血の涙を流している。それは、ララ州バルキシメトのラス・アメリカス市街地在住のディアス家が所有するものだ。最初に血の涙が確認されたのは4月8日午後2時21分。さらに同日午後3時34分、翌日9日午前11時と、合計3回も血の涙が確認された。ラス・アメリカスは聖母マリアの信仰が盛んな地域であり、地元の人々はディアス家を訪れ、この奇跡のマリア像に祈りをささげている。

涙を流すうえに、マントの色が変わる聖母像の報告もある。2024年2月、アルゼンチン、ビジャ・デ・メルロの礼拝堂に安置されたマリア像がそれだ。像の周りは強化ガラスの箱で保護されており、いたずらはできない。

なお、マリア像のマントの色は白だが、薄い青に変わるのだという。

(右)ディアス家が所有する聖母マリア像。血の涙を流す奇跡を起こした。
(左)メルロの礼拝堂のマリア像は涙を流し、マントの色が変わる。

超！衝撃スクープ！！

まだある！聖像・聖画の奇跡

▲2023年、アルゼンチンの聖ヒエロニムス教会で、ミサのあとに聖歌隊の少女が、聖母像が涙を流していることに気づいた。マントもぬれていたという。

▶2012年、インドのカルメル修道会のマリア像の目から、大量の血液が流れだした。

◀日本の秋田県の女子修道院、聖体奉仕会の木製マリア像は、1975年から1981年にかけて涙を流す奇跡が起きた。

▶2012年、アメリカの民家に安置されていたマリア像は、額の左脇から血を流していた。

▲(右)(左)2014年、ロシアの教会にある聖母マリアとキリストの聖画の目から、血の涙が流れた。国際情勢に警告をあたえているのか?

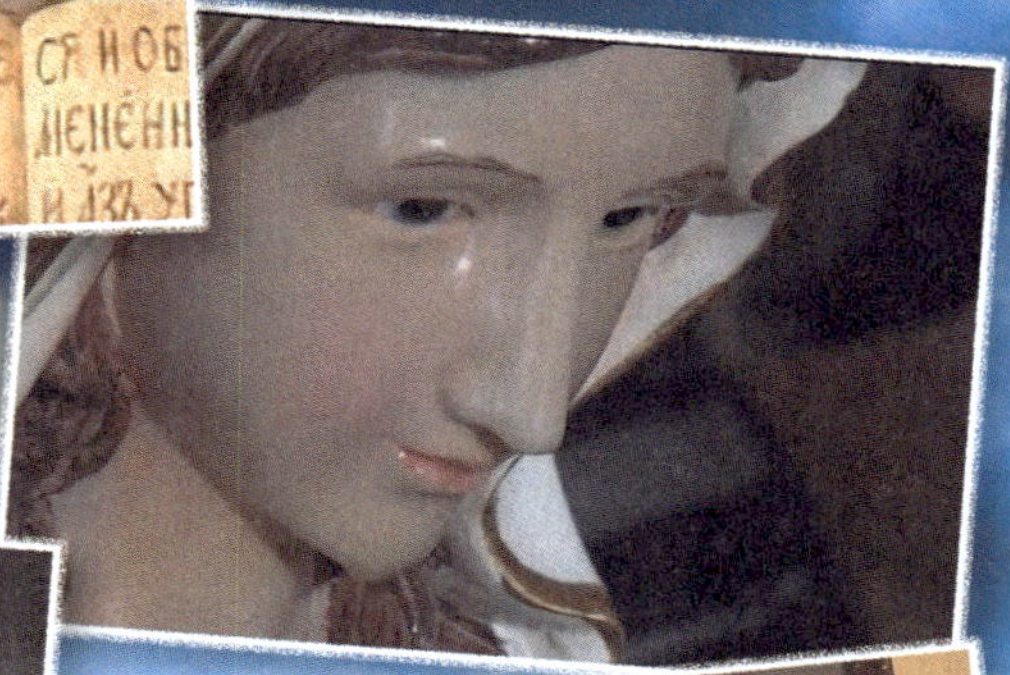

▶2014年、イスラエルの民家にあったマリア像は、目から油状の涙を流しだした。

▲2004年、アメリカの民家にかざられたキリストの聖画。ある男性が孫の病気回復を聖画に祈ると涙が流れた。

▲ボリビア出身の家族が自宅にかざっていた、十字架を背負ったキリスト聖画。2024年、その目や手から血が流れた。

paranormal FILE 012

ガン細胞が消える奇跡

白血病の少女を救った聖母

△白血病の少女エリンの背後に現れた、光をまとったような聖母マリアらしき姿。

△右の写真のマリアらしき影を拡大したもの。フードをかぶった人の顔に見える。

オハイオ州にすむポッター一家の娘エリンは、2007年2月から白血病に苦しめられていた。エリンは骨髄移植手術をうけ、治療をくりかえしていた。しかし、2013年5月、病状が悪化、2度目の骨髄移植を受けることになった。

奇妙なことが起きたのは、手術の数日前のことだ。エリンを写真に撮ったところ、背後に光をまとったような、何かが写りこんでいたのである。エリンの母ジェーンは、すぐに思った。

「マリア様だわ！ エリンを助けたい祈りの気持ちが届いた」

ジェーンの直感は、現実のものとなった。なんと、エリンの体内に存在していた、白血病をもたらすガン細胞がすべて消えてしまったのというのだ。

エリンの父ケビンは、次のように語っている。

「何かとても力強くて特別なことが私たちの身に起きたのです。マリア様が見守っていてくれていたんです」

DATA

発生地

アメリカ

発生年

2007年

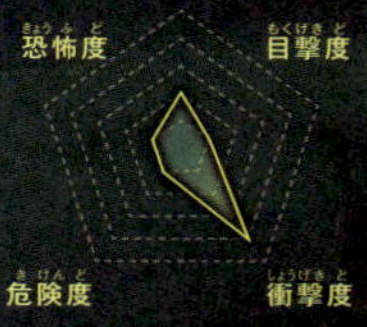

paranormal FILE 013

度重なる奇跡の数々
姿を現し足跡を残すマリア

△ロッキンガム聖堂に、マリアの姿を思わせる霧が現れた。

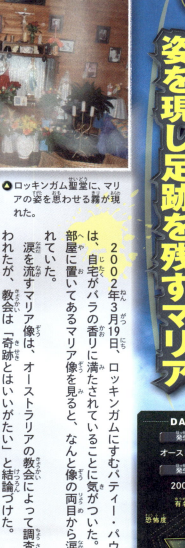

△マリアの出現後、聖堂には強いバラの香りとともに、足跡が残っていた。

2002年3月19日、ロッキンガムにすむパティー・パウエルは、自宅がバラの香りに満たされていることに気がついた。ふと部屋に置いてあるマリア像を見ると、なんと像の両目から涙が流れていた。

涙を流すマリア像は、オーストラリアの教会によって調査が行われたが、教会は「奇跡とはいいがたい」と結論づけた。

だが、さらに信じられないことが起こった。なんと、11月27日と12月11日、マリアらしき霧がロッキンガム聖堂に出現し、床の敷石の上に両足そろった足跡が残っていたのである。そして2004年1月7日、またも姿を見せたマリアはこう告げた。

「今日で涙を流すのは終わりです。私が涙を流したのは、次の段階に進むために必要なことでした」

その予告どおり、マリア像は涙を流さなくなった。これはマリアが告げた次の段階へのきざしなのだろうか。

DATA

発生地

オーストラリア

発生年

2002年

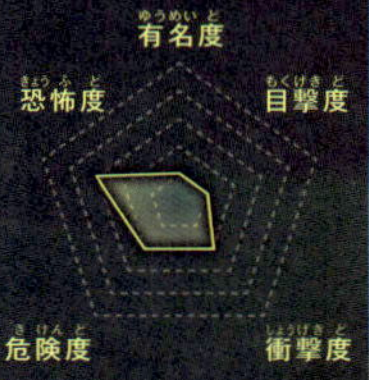

paranormal FILE 014

まばゆい光が射しこむ！
西アフリカに降臨した聖母

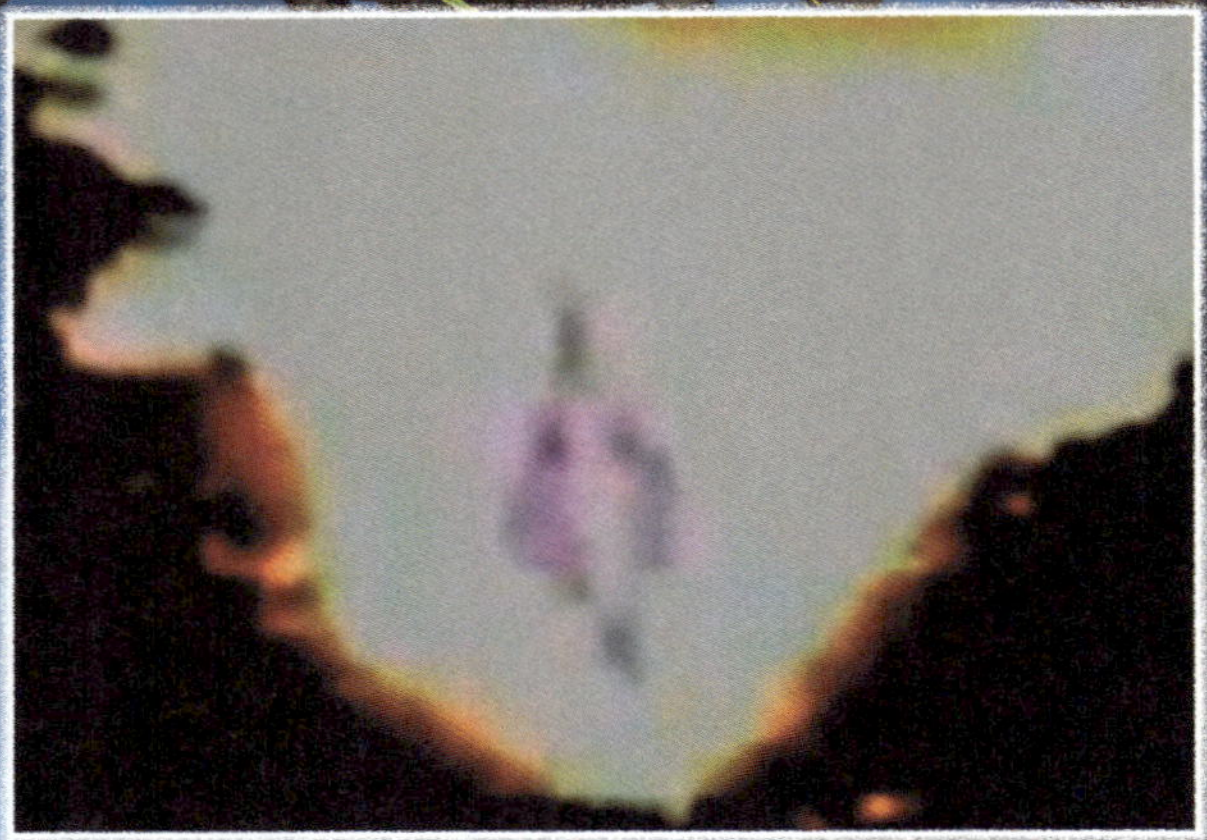

まばゆい光とともに、木々の間に浮かびあがった人影。青いドレスをまとっているようにも見え、マリアを思わせる。

2011年4月20日、西アフリカに聖母マリアが現れるという事件が起きた。場所はコートジボワール共和国のヨプゴン地区。雲間から顔をのぞかせていた太陽が、とつぜん、輝きを強め、ひと筋の光が地上の木々に射しこんだ。人々はあわてて空を見あげた。そして、信じられない奇跡を目のあたりにした。

射しこむ光の中央に、人型の影が浮かびあがっていたのである。それは青いドレスに身を包んだ女性のようにも見える。

現場にいあわせたキリスト教徒たちは歓声をあげた。

「マリア様だ、マリア様が降臨されたのだ！」

その神々しい聖母マリアの姿に、人々はひざまずき、手を合わせて祈ったという。この奇跡の様子は、何人かの人々によって、携帯電話で撮影され、世界中に配信された。

ほんとうにマリアだったのかは不明だが、いずれにせよ何らかの奇跡が起きたことはまちがいなさそうである。

DATA

発生地
コートジボワール

発生年
2011年

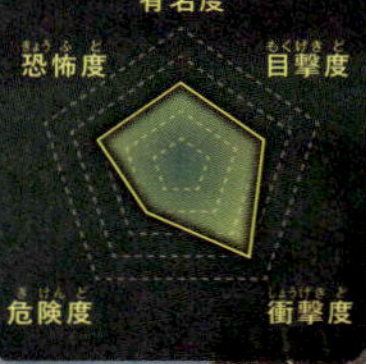

paranormal FILE 015

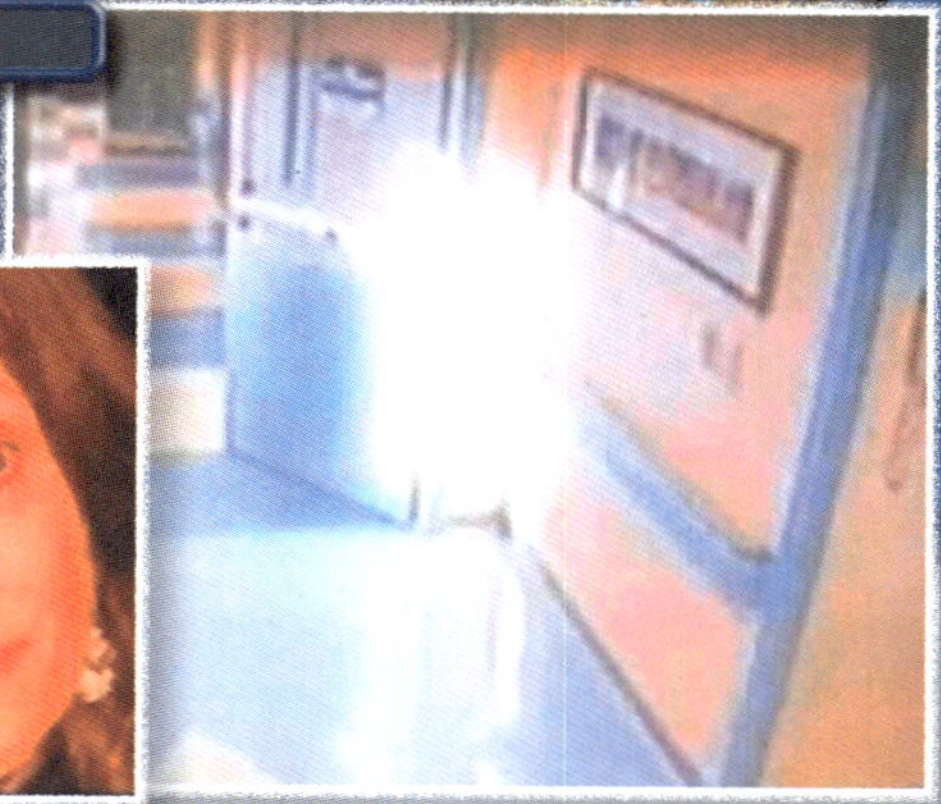

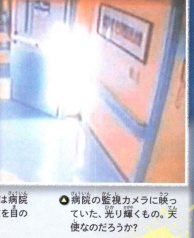

▲チェルシーの母、コリーンは病院の監視カメラを通じて天使を目のあたりにした。

▲病院の監視カメラに映っていた、光り輝くもの。天使なのだろうか？

監視カメラがとらえた光の存在
天使がもたらした奇跡

聖母マリアだけでなく、天使もまた人々の前に出現して、奇跡をもたらすことがたびたびある。

ノースカロライナ州にすむ14歳の少女チェルシーは、生まれつき病弱で、感染症にかかりやすい体質だった。とくに、肺炎にかかることは命にかかわるほど危険だった。だが、2013年6月、チェルシーは肺炎にかかってしまった。病院のベッドで生命維持装置につながれ、死を待つばかりだった。

医師から「もう手のほどこしようがない」と宣告されたチェルシーの母コリーンは、帰宅しようとしたとき、病院出口の監視カメラのモニターに目がとまった。画面の一部が、明るく光っていたのだ。その光はなんと羽の生えた天使のように見えた。

その後、奇跡が起こった。チェルシーの意識がもどったのだ。

「天使が娘の命を救ってくれたのだと今でも確信しています」

と、コリーンはよろこびを語っている。

DATA

発生地

アメリカ

発生年

2013年

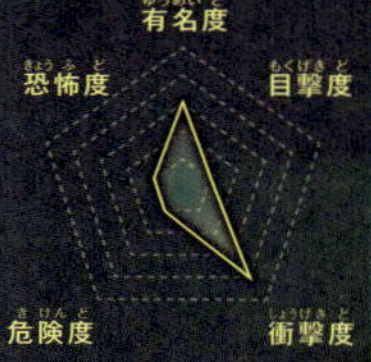

paranormal FILE 016

天地を結ぶ光の柱

神戸で起きた謎の怪光現象

2012年、神戸に発生した光の柱。建物と比べても、その巨大さがわかる(右)(左)。

2012年8月23日、海外の動画サイトで、謎の光の映像が公開され、大きな話題となった。その光は、まるで天地を結ぶかのように天空へと伸びていった。この超常現象が起きた場所は、なんと日本。そして、写真を分析した結果、兵庫県神戸市であることがわかった。

光の柱の目撃者によると、激しい雷が発生したあとに出現したという。光の柱は数分間、その場で光を放っていたが、そのあと、消滅した。

海外では、光の柱の発生理由を「日本の磁場の異常変動」と紹介したマスメディアもあった。また、これは大地震が発生する前ぶれではないか、といった声もあがった。

幸いなことにその後、神戸近辺で異常現象が起きたり、巨大地震に見舞われたということもない。光の正体は、いったいなんだったのか。

DATA

発生地
日本

発生年
2012年

有名度

恐怖度　目撃度　危険度　衝撃度

paranormal FILE 017

移動をきっかけに奇跡が起きた 涙を流す観音像

▶涙を流した円融寺の慈母観世音菩薩。涙の伝った跡がわかる。涙は成分分析の結果、人間のものと同じだったという。

観音像が涙を流すという奇跡が起こった。それは、兵庫県たつの市にある円融寺の観音像だ。

涙を流しはじめたのは、1980年1月26日のこと。最初はぽたぽたとしたたるくらいだったが、だんだんと大量に流れでるようになった。この事態に、寺では2月16日に涙を止めるための大法要祭を行った。しかし、それでも涙は止まらず、断続的に涙を流す現象が続いた。

じつは、そのきっかけと考えられるできごとがあった。観音像を参拝者によく見せようと、位置を少しずらそうとした。だが、クレーンで動かそうとしたにもかかわらず、びくともしなかったのだ。なんとか観音像を動かすことができたが、その直後、とつぜん、涙を流しはじめたということだ。

現在、観音像は涙を流すことはないようだが、涙が伝った跡は残っているという。

DATA

発生地

日本

発生年

1980〜1983年

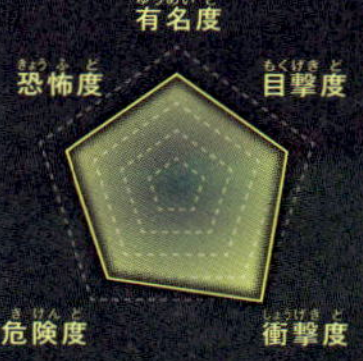

paranormal FILE 018

青白い光を目から放つ!!

青白く目が光るはにわ像

▶目から青白い光を放つはにわ園の複製はにわ。なぜ目が光るのかは原因不明だという。

宮崎県宮崎市の古墳台地に広がる県立平和台公園には、約400基のはにわの複製品がならぶはにわ園がある。

そのなかのはにわのひとつに、ある日、驚愕の現象が起こった。信じられないことに、はにわの目が青白く光ったのである!

もちろんはにわの内部は空洞なので、光るようなものは入っていない。目玉にガラス玉のような、光を反射する物もはめこまれていない。ところが、そのはにわを写真に撮ると、目が青白く不気味に光るのだ。

「光の屈折で、光っているように見えるんじゃないだろうか」と指摘する者もいた。だが、調べてみてもはっきりしなかった。

結局、何もわからないままに終わってしまった。

また、公園のはにわにいたずらをした人が、その晩、高熱を出して苦しむという報告も、寄せられているという。

DATA

発生地
日本

発生年
1960年代

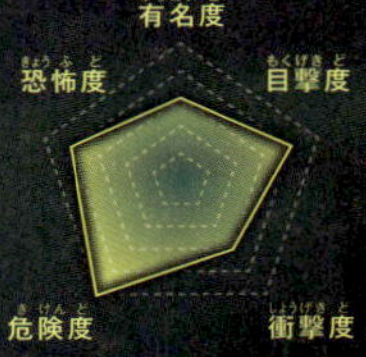

paranormal FILE 019

超常的存在がニュースに映った！

馬に乗った死神の姿

ニュース映像に映った、馬に乗った死神の姿。

別場面の死神の拡大。写真でいうと左側から右側へと走り去っていく姿がとらえられていた。

時として、天使や悪魔と思われる超常的な存在が、人の前に姿を現すという怪現象が報告されている。だが、ほかにもわれわれが信じられない存在も出現しているようだ。それが、2011年2月にエジプトに現れた、馬に乗った死神である！

このころ、首都カイロをはじめ、各都市では、ムバラク大統領（当時）の退陣を求めるデモが行われていた。そのようすをアメリカのニュース専門チャンネルMSNBCが撮影して放送していたところ、奇妙なものが映りこんでいた。そのため、デモ以上の大騒ぎが起きた。そう、それが緑色の怪人——死神だった。

実際のニュース映像を観ると、確かに死神のようなものが、馬に乗っているような動きで、画面右に移動していくのがわかる。この死神は、デモを先導するように出現し、そしてとつぜん、消えてしまったのである。

やはり大統領に何かをうったえるために現れたのだろうか。

DATA

発生地
エジプト

発生年
2011年

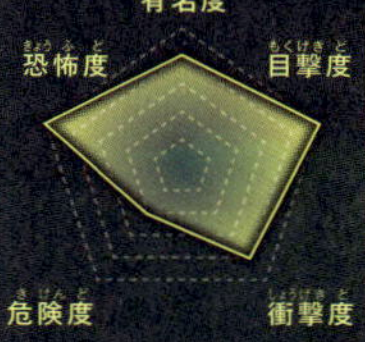

paranormal FILE 020

壁から流れる涙

救世主出現の予兆なのか？

紀元前20年、ユダヤの大王ヘロデは、現在のイスラエル東部エルサレムの地にある、エルサレム神殿を大拡張した。しかし、この神殿はやがて古代ローマの軍隊によって破壊された……。

ユダヤ人たちは、破壊されずに残された神殿の外壁の前で、嘆き悲しんだ。そこから、この外壁遺跡は、「嘆きの壁」という名で呼ばれるようになった。以後、多くのユダヤ人がこの地に訪れ、壁に向かって祈りをささげている。

そして時は流れ、2002年、この嘆きの壁に不可解な怪現象が起きた！　壁の石の上を水が流れているのが目撃されたのである。

嘆きの壁からは、4日間も水が流れでた。そのようすは、まるで壁が本当に嘆き悲しみ、涙を流しているかの

DATA

発生地

イスラエル

発生年

2002年

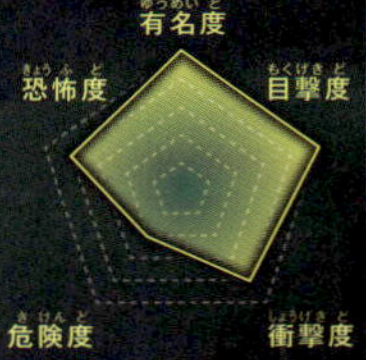

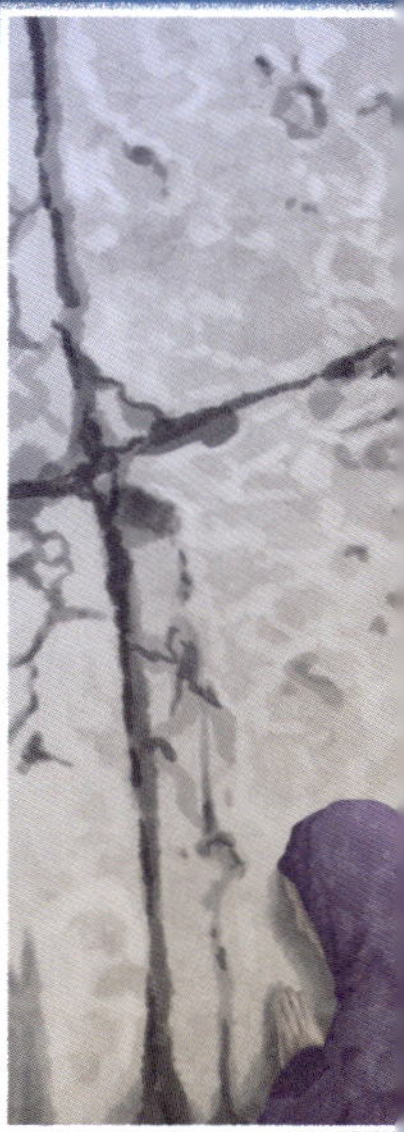

ようだったという。

はたして、その水はいったいどこから流れでてきているのだろうか？　探ってみた結果、あることが判明した！

それは、不思議なことに、ひとつの石から水が出ているという事実だった。しかも、その水の痕跡はなぜか10センチ×40センチ四方の長方形をしていた。

これにはユダヤ教の信者たちも、

「救世主が現れる予兆ではないか？」

と大騒ぎになった。

この水が流れる石については、現実的に考えれば、近くの井戸から水がもれただけなのでは？　と推測がなされた。

そこで、この奇妙な現象の原因を突き止めるべく、詳しい調査が行われたのだが――無数にある石のうち、なぜ、たったひとつの石からしか水が流れなかったのか？　水の痕跡がなぜ長方形になるのか？　など、さまざまな状況をしめすものが、単に〝井戸からもれた水〟ということでは説明がつかなかったのである。

これは、本当に救世主出現の前ぶれだったのだろうか？　だとしたら、救世主はいつ現れるのか？

◀エルサレムの「嘆きの壁」の石から、水が流れだしたという。

paranormal FILE 021

アルゼンチンの海岸にたたずむ怪人
巨大ヒューマノイド出現！

2013年11月19日、ブエノスアイレスのネコッチェアの海岸で撮影された写真に、なんと、巨大な人間型の生物（ヒューマノイド）の姿が写しだされていた！ それが、上の写真である。

これは、超常現象研究家のスコット・コラレスが、自身のブログで公開したもので、「ネコッチェア・ビーチ・ヒューマノイド」と名づけられたという。写真をよく見ると、海岸をバックにして、非常に背の高い人間のようなシルエットが確かに写っているように見える。

この巨人の身長を、写真右側に立つ人影と比べると、明らかに、倍以上違う。その背丈はゆうに5メートルを超えていることがわかるだろう。ということは、人間ではありえないのである！

DATA

発生地
アルゼンチン

発生年
2013年

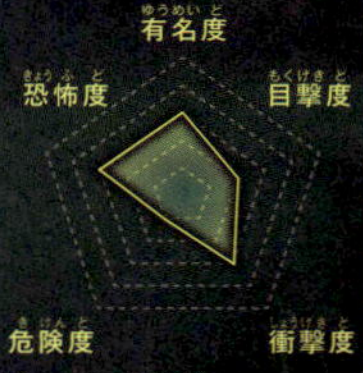

　また、写真を分析したUFO研究家で超常現象研究家のルイス・ブルゴスは、インチキではないと断言している。

　逆光の写真だったために、表情をはじめとする細部がわからず、シルエットでしか判断できないのが残念だ。

　だが、光を背景にして写っていることで、むしろこの異形の巨人からは、神々しさすら感じられないだろうか。

　写真に記録されたこの光景、まるで、神が降臨してきたかのようである。

　じつはネコッチェアの海岸では、2010年3月14日や、同年11月10日にも、正体が判然としないヒューマノイドらしき生物の姿が写真に撮られたことがあった。

　それらは、2013年のヒューマノイドと比べると小型だが、子どもなのか、別の種族なのだろうか。

　その後であるが、この巨大ヒューマノイドの写真は、アルゼンチンUFO財団で分析が行われているとのことだ。

　ただし、続報は途切れたままである。公表できない理由があったのだろうか。

◀同じ海岸では、過去にも謎のヒューマノイドが出現している。

paranormal FILE 022

列車を追う謎の発光体

黄色く脈動する光は生物なのか?

△2014年6月に現れた、電車から撮影した謎の発光体。迫ってきている。

△2012年にチェリャビンスクでも確認された、電車に迫る謎の発光体。

ロシアで、列車を追いかける謎の発光体が出現し、その一部始終が、動画サイトで公開されている。

2014年6月26日、ニジニ・ノブゴロド州の線路上に出現し、撮影された発光体は、とつぜん現れた。遠方の線路上を黄色く脈動しながら、まっしぐらに列車を追いかけ、飛んできたのである。電車に間近まで接近したり、離れたりするその動きは、発光体がまるで意思を持っているかのようだ。

これはいったい、何なのだろう?

ロシアでは、同様の現象が、2011年にムルマンスクで、そして2012年にはチェリャビンスクで起きている。公開されている動画だが、撮影者もふくめ、詳細はまったく不明だ。

また、発光体の正体だが、UFOの一種、あるいは未知のプラズマ生命体ではないか、という意見も出ているが、こちらも情報が少なすぎて目下のところは謎のままだ。

DATA

発生地

ロシア

発生年

2014年

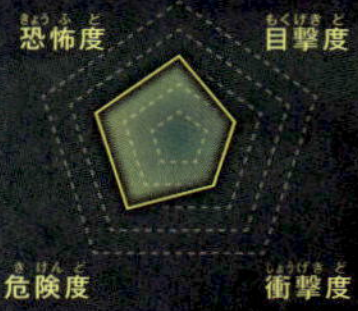

paranormal FILE 023

メキシコの光の渦

上空に出現した異様な現象

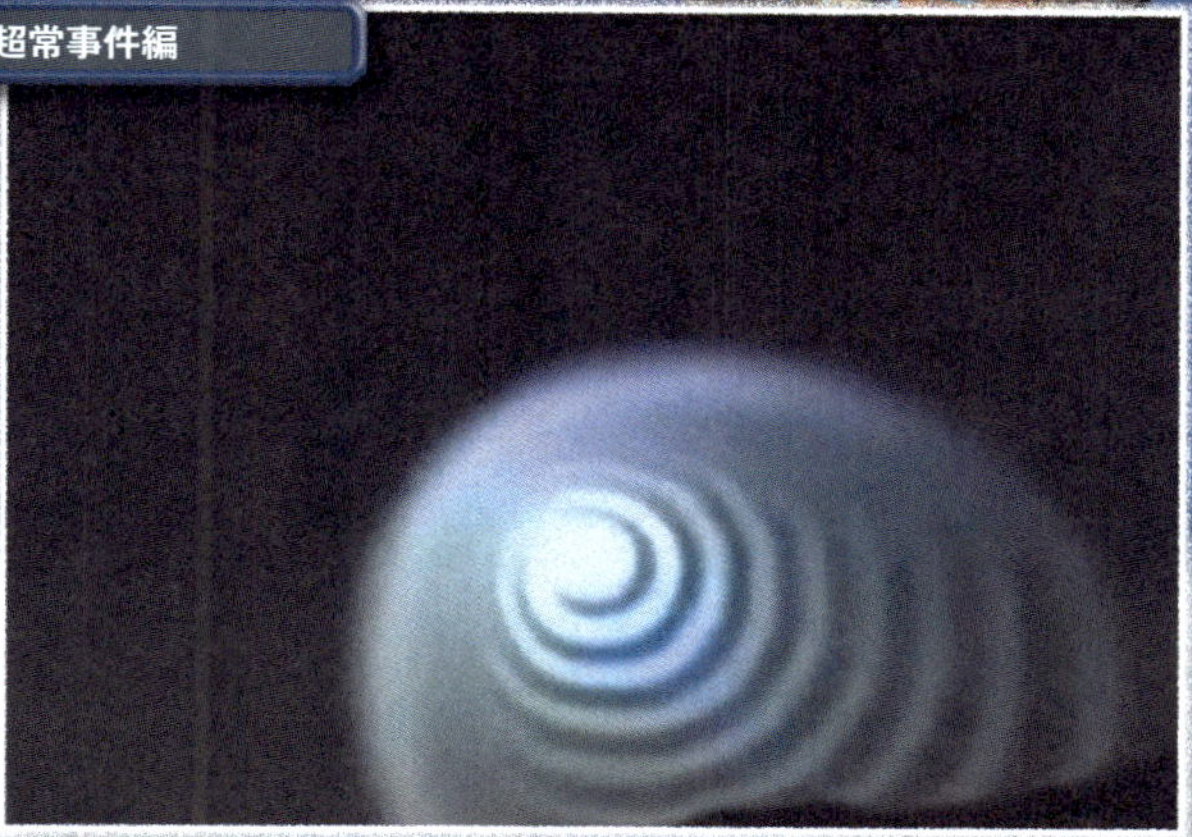

メキシコで確認された、不気味な青い渦まき状の光。原因や正体についてはいっさい不明である。

「あの光は何だ？　渦まいているぞ！」

２０１４年３月、オアハカ州上空にとつぜん、謎の光の渦まきが出現！　それを見た住民たちは恐怖につつまれた。

それは青い渦だが、見るからに不気味なものだった。

その様子は、ロシアのテレビ局ＴＶ－３で報じられ、そのあと、動画サイトにアップされている。動画を観るかぎり、最初は光の帯のようなものが地上から発生するようすがわかる。そのあと、光の帯はぐるぐると回転しはじめるとともに長くなり、渦まきを形成しだすのである。

これとよく似た光の渦まき現象は、２００９年12月9日のノルウェーでの目撃を皮切りに、オーストラリア、ニュージーランド、モンゴル、中国などでも発生している。

ロケット実験の失敗や未知の自然現象などとうわさされるが、何が原因で起こるのかはまったく不明なままである。

DATA

発生地

メキシコ

発生年

2014年

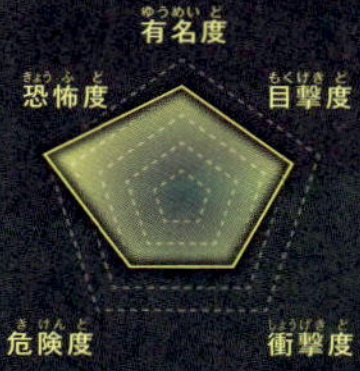

paranormal FILE 024

黄緑色の粘着物質

異次元からしみ出た物質か?

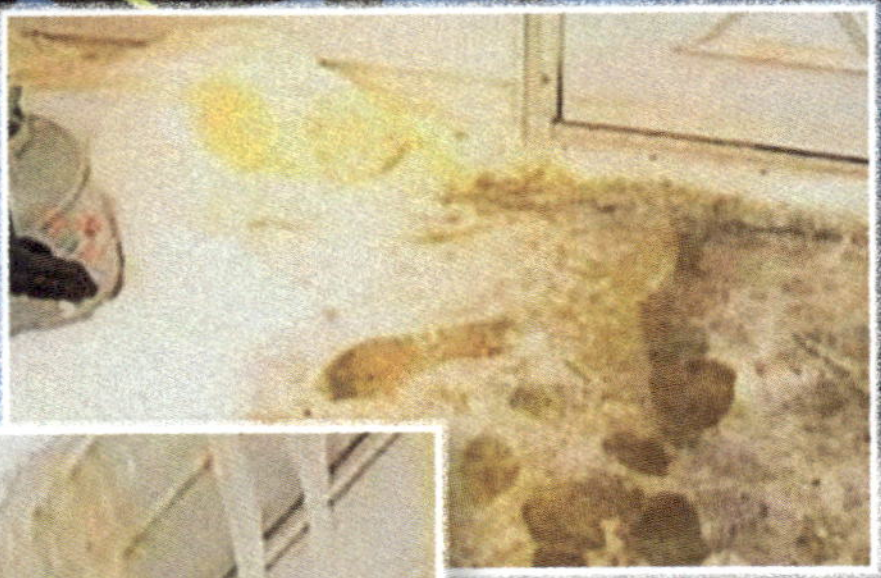

ニューヨークに降りそそいだ不気味な粘着物質。住宅街の歩道にくっついたり(上)、軒からつらら状に垂れさがったりしていた(下)。

専門家にも、まったく何なのか正体がわからない物体が、2011年1月18日、アメリカ、ニューヨーク州のシュナイダー市に降りそそいだ。

それは、不気味な黄緑色の液状物質で、ネバネバとした質感を持っていた。午前9時ごろから深夜までの間、空からだしぬけに降ってくると、住宅街の壁や歩道にくっついたり、つららのように軒先に垂れさがったりしていた。

謎の物体の調査に当たったアメリカ連邦航空局の広報担当者によれば、

「少なくとも街の上空を通過する飛行機から落ちてくる、人間の凍った排泄物ではない」

とのこと。また、カモメの糞説も提唱されたが、否定されている。異次元からしみだした物質と考える人もいるが、それ以上は謎である。

DATA

発生地

アメリカ

発生年

2011年

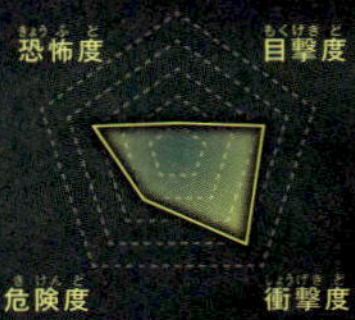

室内に侵入した怪物体

男にぶつかったのは何なのか？

▲（上）画面の左側から、開いたドアに向かって白い物体が猛スピードで飛んでいく。（下）物体は玄関から室内に侵入、そばに立っていた男性は弾きとばされた。

2024年7月15日、コロンビア在住の男性が、数日前に起きたという不思議な事件のビデオを公開した。それは、謎の物体（生物かは不明）が猛スピードで家の開いたドアに飛びこみ、玄関に立っていた男性を倒したというもの。

その男性は、ドアの外に勢いよく放りだされた。衝撃が強かったため、階段の近くまで転がったのだ。その際、深い切り傷を負い、病院に搬送され、24針縫う治療を受けたという。

ビデオ画像をよく観ると、謎の白色物体が高速で飛んでいく数秒前に、車の窓に白い光が点滅し、飛行物体が映っていることが確認できる。これは、カメラの前を飛んでいたのは昆虫などではなかったことをしめしている。

事件は監視カメラに記録されており、スローモーションで何度もチェックされたにもかかわらず、高速で移動する物体の正体は完全に不明のままである。

DATA

発生地
コロンビア

発生年
2024年

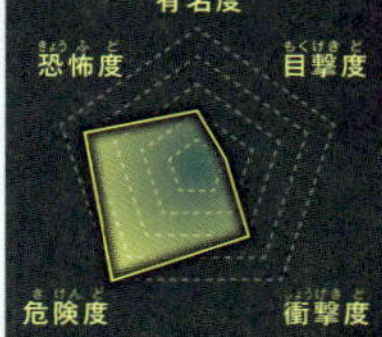

paranormal FILE 026

タイムマシンは開発されていた⁉

タイムトラベルした男

ワシントン州の弁護士アンドリュー・バシアーゴが、〝驚くべき主張〟をした。彼はアメリカ政府による「プロジェクト・ペガサス」なるテレポーテーション（瞬間移動）と時間旅行の実験プロジェクトにかかわっていたというのだ。

プロジェクトで使用された「時間旅行装置＝タイムマシン」は、高さ約2.5メートル、楕円形の柱2本からなり、「放射エネルギー」という力で、時空間を曲げる性質があるという。

バシアーゴはこの計画での体験を次のように語った。

「私は7歳から12歳の間に計画に参加していた。60人の大人と140人の子どもからなる時間旅行者グループの一員だった。時間を飛びこえるときは猛スピードで移動したように思えた。同時に、どこかへ向かっているとも思えなかった。政府は時間旅行が肉体と精神にもたらす影響について調べていた。大人に比べて、子どもは過去と現在、そして未来を移動する

DATA

発生地
アメリカ

発生年
2004年

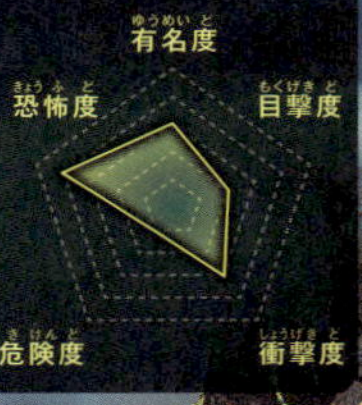

ストレスに順応しやすい」

バシアーゴは、プロジェクト・ペガサスに参加している間に8種類の異なる時間旅行を体験した。1863年のペンシルベニア州ゲティスバーグに行ったときには、当時の大統領リンカーンの演説を聞いたという。さらに、演説の写真に自分の姿が写っていると主張した。確かに、写真にはラッパ吹きの少年が写っているのだが、バシアーゴはそのラッパ吹きの少年として、ゲティスバーグにおり、リンカーン大統領の演説を生で聞いたというのだ。そして、この写真こそが、時間旅行の証拠である、と。

バシアーゴいわく、

「私は、北軍のラッパ吹きの少年の服装をしていた。ゲティスバーグでは、ぶかぶかの大人の靴をはいていたので、かなりの注目が集まった。演壇から100歩ほど離れたところに立っていたとき、ジョセフィン・コグという人物に写真を撮られた。私はあのとき、まちがいなくゲティスバーグにいたのだ」

彼が言うように、本当に時間旅行実験は行われ、1800年代にタイムトラベルしたのだろうか？　それとも、彼の妄想、あるいはうそなのだろうか。その真相はいまだわかっていない。

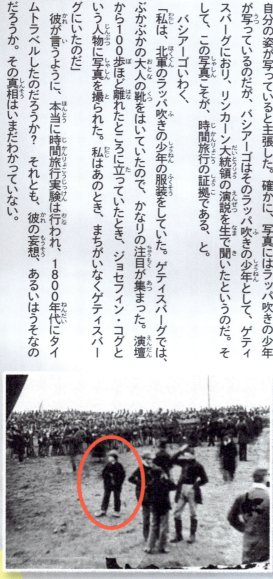

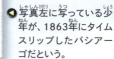

写真左に写っている少年が、1863年にタイムスリップしたバシアーゴだという。

paranormal FILE 027

タイムトラベラーが写った！

時空を超えて現れた謎の人物！

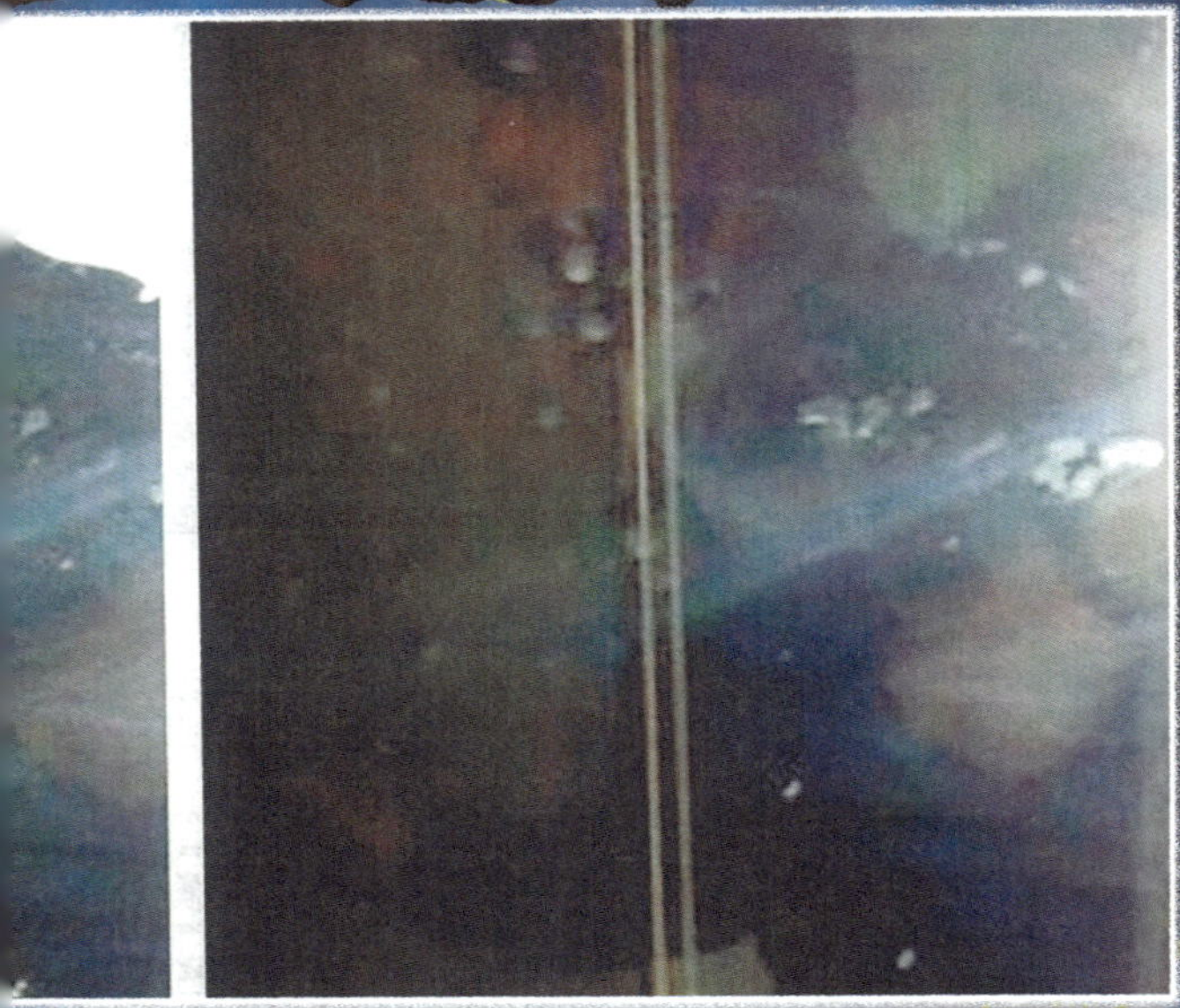

「異次元の人物が写っているんだ！」
「いや、タイムトラベラーだ！」
2010年10月、イギリスの民家で撮影された1枚の写真が、大きな話題を呼んでいた。その写真には、存在しない謎の人物が写りこむという、奇怪な現象が起きていたのだ。

事件のあらましはこうだ。
ウェールズ州に住むアイリーンとローナは、購入したばかりのデジタルカメラで、家のあちこちを撮影しまくっていた。そして、撮影した画像を確認していたときである。

「何かしら、これ……!?」
バスルームで撮影した画像に、妙なものが写りこんでいたのである。それは、どう見ても若い男の姿だった。

DATA

発生地	イギリス
発生年	2010年

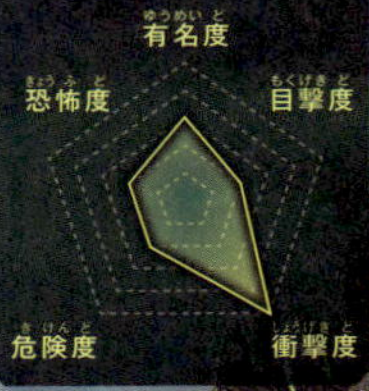

謎の人物に気づいたふたりは、驚いた。撮影時、バスルームにいたのはアイリーンとローナのふたりだけ、それはまちがいない。もちろん、人が入ってきた気配もない。

だいたい、見知らぬ他人がなぜ、ふたりの新居に入ってくるというのか。

どう考えても、目には見えない人物が通りすぎたとしか思えない。カメラだけにその存在を残して……。

気になることがひとつある。

ふたりが住んでいる家は、磁力が異常ともいえるくらい強いポイントに建っているという。これまでも、バスルームでは空間の一部がゆれているような、ねじれているような、そんな奇妙な現象も何度か起きていたという。

もしかすると、写真撮影時にバスルームの空間が強い磁力によってゆがんでしまい、その瞬間だけ、異次元の人間が迷いこみ、鏡の前に姿を現したのかもしれない。あるいは、時空のゆがみによって、時間を旅するタイムトラベラーの姿が、たまたまデジタルカメラに写りこんでしまったのかもしれないのだ。なお、その後、この家で同様のできごとが再び起きたかどうかわかっていない。

◀バスルームで撮影した写真の鏡に、奇妙な人物が写っていた！　上の写真は、人物部分を拡大したものと、人物のみを切り取った画像。

paranormal FILE 028

写真や映画に写りこんでいた！
記録されたタイムトラベラー

世の中には「これはタイムトラベラーではないか？」と思える記録が残っているものもある。

まずは65ページ上の写真をごらんいただきたい。

これは1940年代のカナダ、ブリティッシュ・コロンビア州にある橋の復興現場で撮影されたもの。シルクハットやスーツなどに身を包んだ紳士淑女に混ざって、ひとり、違和感を覚える服装の人物がいることに気がつかないだろうか。

その男は、現代的なサングラスとトレーナーを着用しているのだ。それだけでもこの時代にそぐわないのに、手元をよく見れば、何やらコンパクトカメラのようなものまで持っているようなのである。

この写真は2004年にカナダの博物館の公式サイトに掲載されたもので、それを見た人々の間で、「タイム

DATA

発生地
世界各地

発生年
1900年代

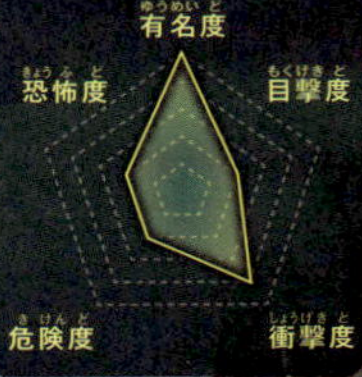

間移動」という技術を持つ人物が写っていたのである！

もう一例、見てみよう。

下の写真は映画監督で俳優のチャーリー・チャップリンのDVDの映像で発見されたものだ。

このDVDはアメリカの映画館で1928年に公開された映画『サーカス』の上映会の様子を記録したものなのだが……映画館に向かう客たちの中に、まるで携帯電話で会話をしながら歩きさる、真っ黒なぼうしにコート姿の老婦人が映っていたのだ。携帯電話が想像もつかない時代に、あり得るだろうか。

これらの人物がタイムトラベラーだったなら、意図せず、写真に写ってしまっただけなのか。それともわれわれに存在を知らせようとして、わざと写りこんだのだろうか。

トラベラーが写っている」と話題になったものだ。「彼らの過去の生活」という題がつけられているが、そこには、過去の生活どころか、われわれがいまだできない「時

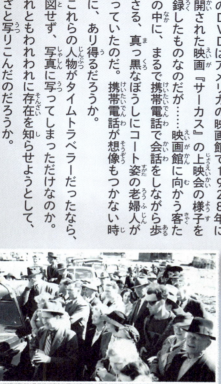

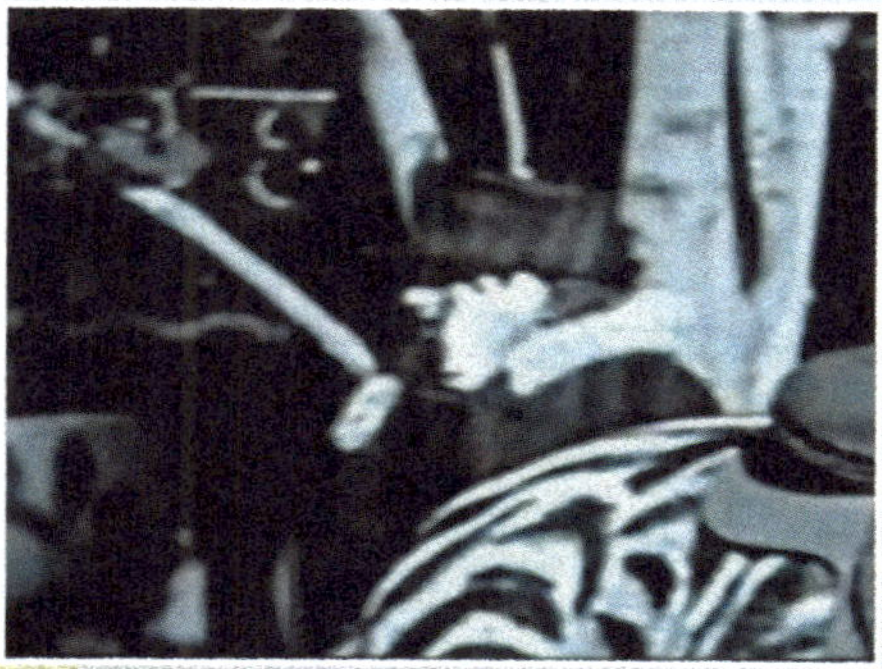

(上)サングラスとトレーナーという格好の謎の人物と、(下)携帯電話を持って話しながら、映画上映会に向かう、謎の老婦人の姿。

paranormal FILE 029

ふたりに起きた"100年差"の一致

大統領のシンクロニシティ

◀(右)アメリカ合衆国第16代大統領リンカーンと、(左)第35代大統領ケネディ。ふたりにはいくつもの偶然の一致が！

偶然とは思えないような偶然の一致を「シンクロニシティ」と呼ぶ。たとえば、ふたりのアメリカの大統領にはこんな話がある。

リンカーンとケネディ……ふたりは、暗殺された大統領という一致があるが、シンクロニシティはそれだけではない。

下院議員になった年が、リンカーンが1846年、ケネディは1946年。副大統領候補としてあと一歩のところまでいったのが、1856年と1956年。大統領になったのが、1861年と1961年。100年の差の偶然がたびたび起きているのだ。

また、リンカーンとケネディが結婚した夫人はどちらも名家の出身。結婚したとき夫人の年齢はどちらも24歳前後であった。

リンカーンが暗殺された場所はフォード劇場で、ケネディが暗殺されたときに乗っていた車はフォード社製。彼らのあとに大統領になった人物の名はジョンソン。その年齢差もちょうど100年。

これを、ただの偶然と思えるだろうか？

DATA

発生地

アメリカ

発生年

1846～1963年

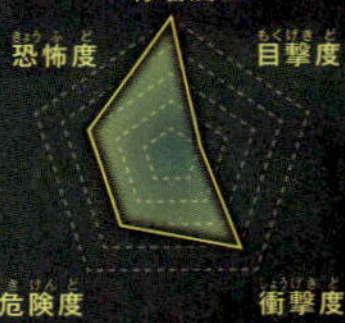

paranormal FILE 030

悲劇は予言されていた!?
タイタニック号のシンクロニシティ

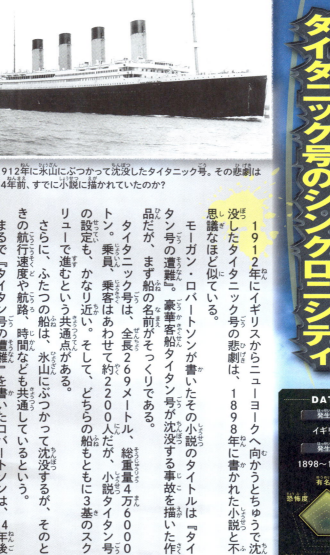

1912年に氷山にぶつかって沈没したタイタニック号。その悲劇は14年前、すでに小説に描かれていたのか?

1912年にイギリスからニューヨークへ向かうとちゅうで沈没したタイタニック号の悲劇は、1898年に書かれた小説と不思議なほど似ている。

モーガン・ロバートソンが書いたその小説のタイトルは『タイタン号の遭難』。豪華客船タイタン号が沈没する事故を描いた作品だが、まず船の名前がそっくりである。

タイタニック号は、全長269メートル、総重量4万6000トン。乗員、乗客はあわせて約2200人だが、小説タイタン号の設定も、かなり近い。そして、どちらの船もともに3基のスクリューで進むという共通点がある。

さらに、ふたつの船は、氷山にぶつかって沈没するが、そのときの航行速度や航路、時間なども共通しているという。

まるで『タイタン号の遭難』を書いたロバートソンは、14年後に起こる悲劇を予知し、モデルにしていたかのようである。

DATA

発生地
イギリス

発生年
1898～1912年

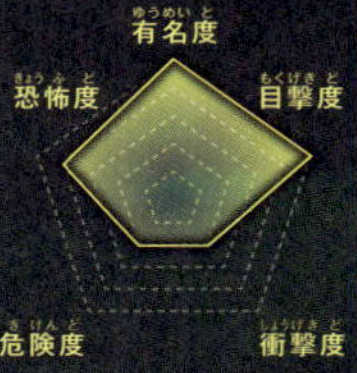

paranormal FILE 031

謎の怪光オーブ

写真に写る不思議な光の正体とは？

その場では見えなかったのに、写真に光の球のようなものが写っていることがある。それがオーブだ。霊光、光球、玉響などとも呼ばれる。

オーブは神社や滝などのパワースポットのほか、身近でもよく写されるので、きみも撮ったことがあるかもしれない。

単にホコリや水蒸気に光が当たったものなどとする説もあるが、それだけでは説明がつかないものがあるのも事実である。そのため、心霊写真のひとつとも考えられるが、正体はまだよくわかっていない。

空間に存在する魂や精霊など、何らかのエネルギーが、球状の光となって写真に写りこむものとの説もある。また、オーブは、単独でも複数でも現れ、形状も変幻自在という特徴がある。

DATA

発生地
世界各地

発生年
不特定

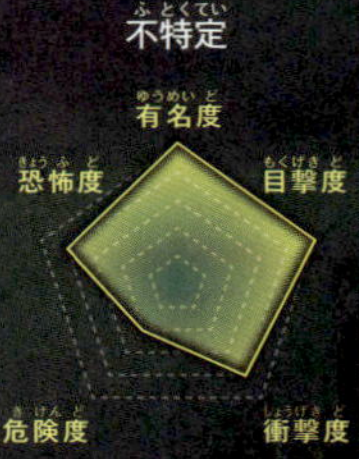

実際のオーブの写真をごらんいただこう。

それが、左のものだ。

2005年6月、アメリカ、アリゾナ州サプライズにある会社の倉庫で、たいへんめずらしいオーブが写された。そこに漂っていたのは、一般的なオーブとは異なり、なんと、光の中に人の顔があったのだ。

同地の超常現象研究家ブラッド・ベイカーによれば、建物は新しいのだが、かつてこの倉庫があった場所には、先住民の呪術師が住んでいたという。そして、呪術師が病気の治療や先祖の霊と交信していた、特別な場所であったという。

おそらくこのオーブは、そうした先住民の精霊が現れたもので、不吉な現象ではないと考えられている。実際、現場では不幸なことは起きていないようである。

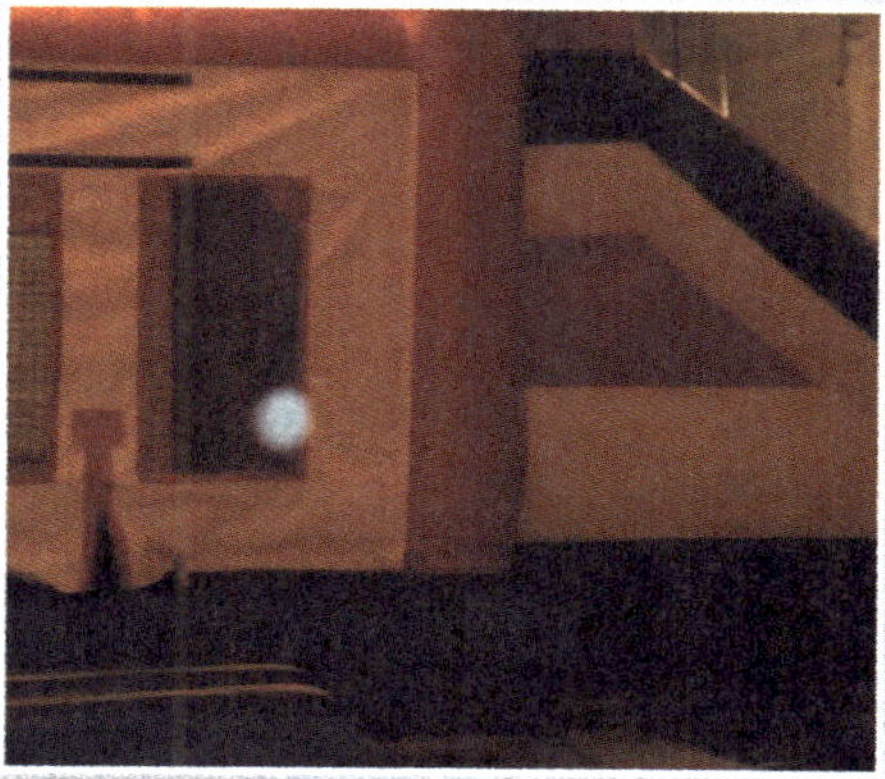

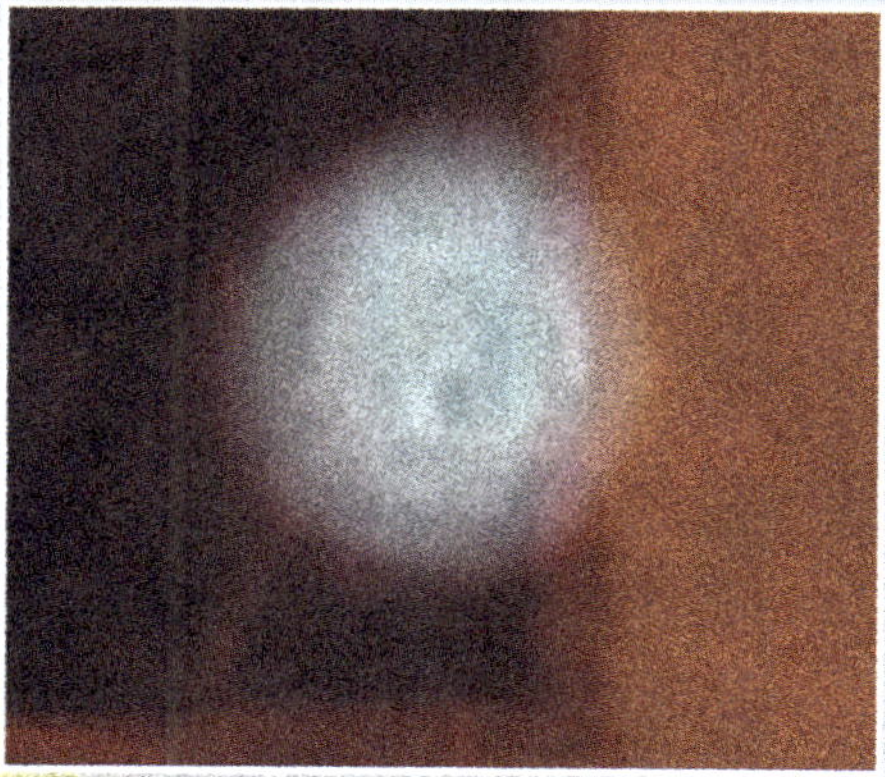

▶(上)ほの暗い倉庫に浮かびあがったオーブ。(下)拡大すると、なんと、人面のようなものが見える!

paranormal FILE 032

ヘスダーレンライト

怪光の正体はUFOとも関連がある?

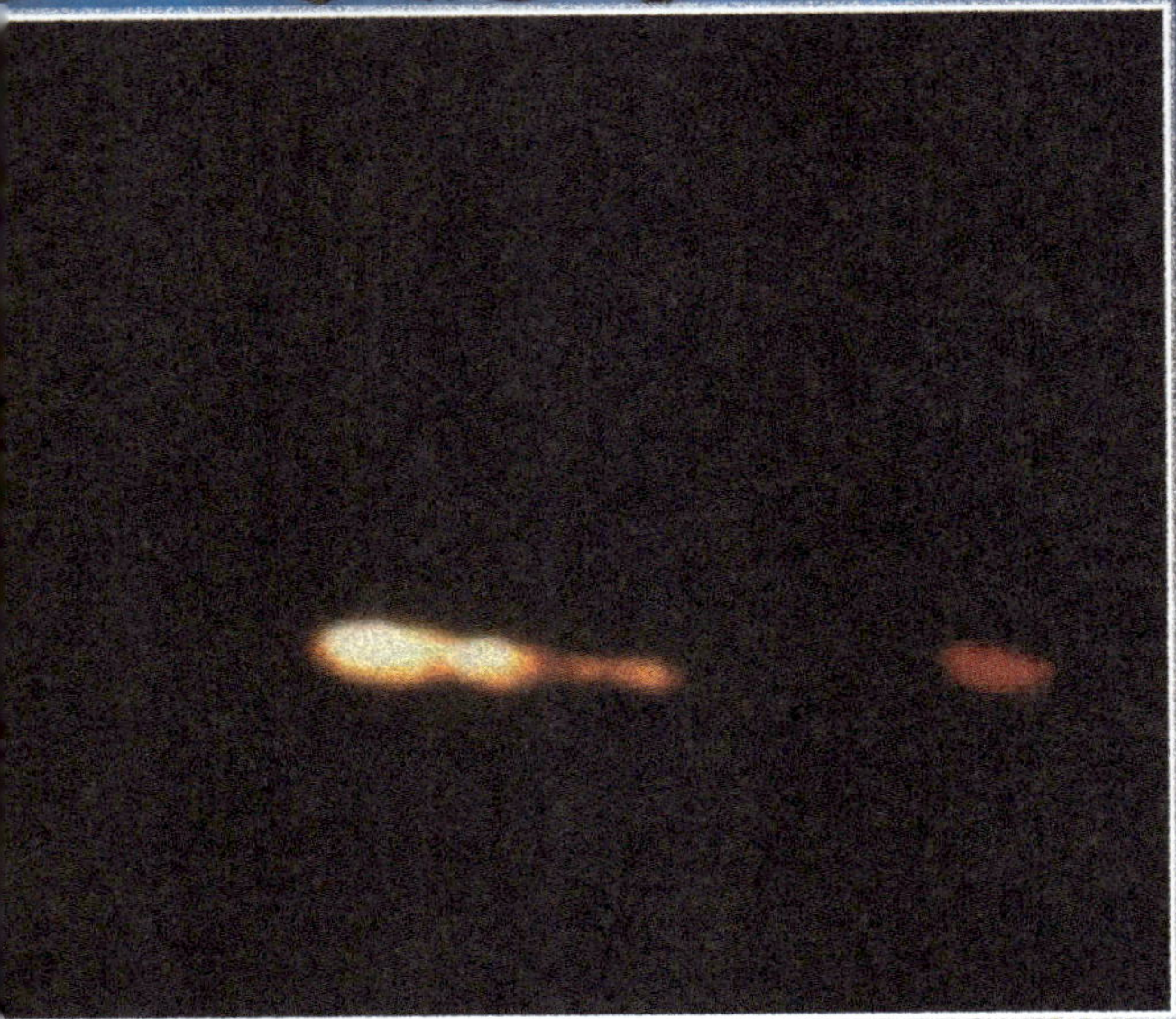

1981年以降、ノルウェー北部、ヘスダーレン峡谷で、謎の怪光が出現している。この光の球は、突然、空中に出現したかと思うと1時間以上も空中にとどまっていることもある。また、時間の経過とともに点滅したり、分裂したりという変化を見せ、ときにはゆっくりと動きまわり、そして猛スピードで飛びさるのだ。

1982年2月、UFO研究団体が行った調査で、怪光が出現すると磁気の異常が計測されることが判明。また、怪光はレーザー光線を照射されると、規則的に点滅しながら移動するとわかった。研究員たちは、この光球には知性が秘められているのではないかと指摘している。

2000年8月と2001年8月には、イタリアの宇宙物理学者たちによる調査プロジェクト「EMBLA」が調査を実施。ふだんは白色に輝く怪光が、とつぜん、

DATA

発生地
ノルウェー

発生年
1981年

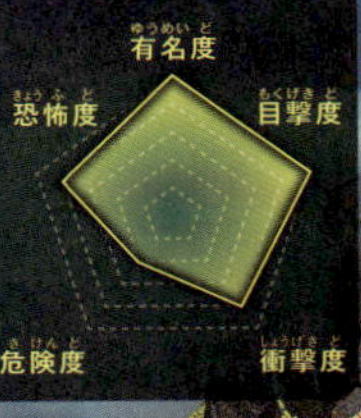

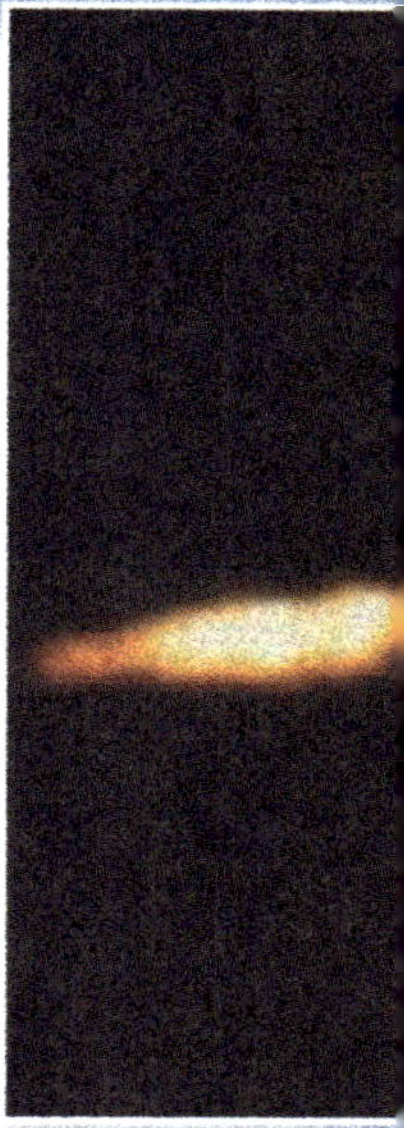

緑色に輝きはじめ、その中心部に白色の丸い物体が確認されたのだ。この物体は怪光の核（コア）ではないかと推測している。

調査で得たデータから電磁波分析などが行われ、ついに謎の怪光の実体は「プラズマ」と判明した。これは、プラスとマイナスの電気を持った粒子が入りまじった、高エネルギーの気体のことだ。

また、怪光は温度が一定であり、自ら熱を発していることがわかった。しかも、それは太陽の表面温度よりも高温だという。

では、この怪光プラズマは、いったい何なのか。ここで浮上してくるのが「UFO」説だ。謎の飛行物体UFOはプラズマを用いて飛行しているという説がある。さらに、怪光の出現と同時にUFOも目撃されている事実も興味深い。

とつじょ飛来した三角形のUFOが、怪光の頭上に停止し、その数分後に消えたこともある。20年以上にわたり目撃されたヘスダーレン峡谷の怪光には、UFOが関係しているとしか思えないのである。

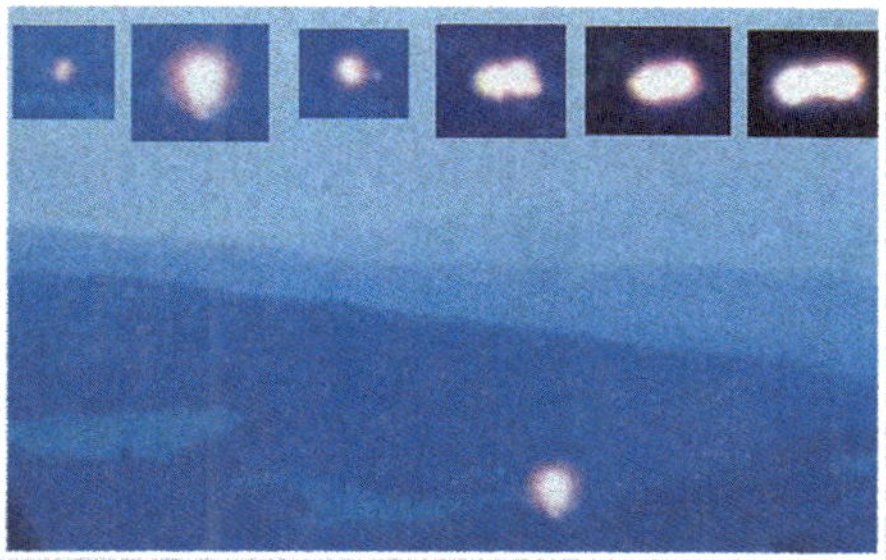

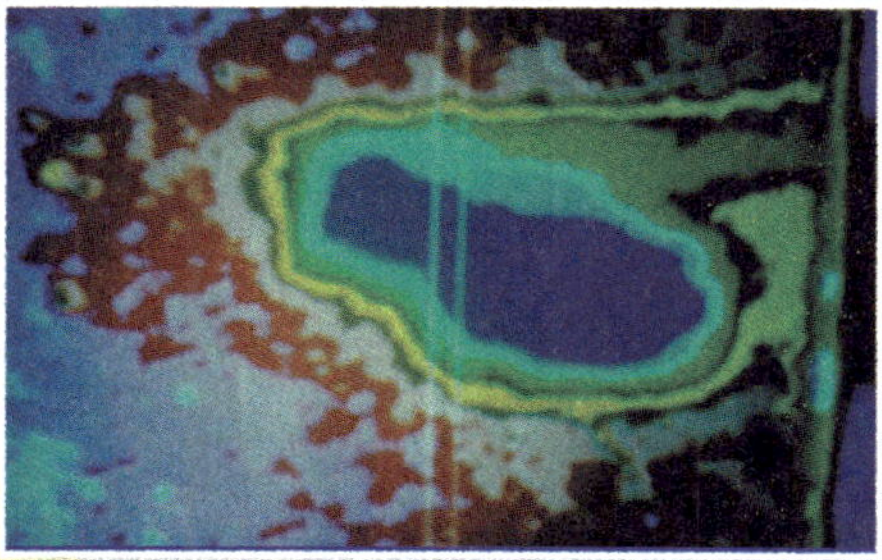

▶（上）2001年に出現した怪光の連続写真。（下）怪光の分析画像。光球の正体は、自ら高温を発する熱プラズマだったという。

人間版超常現象の記録!

歴史に残る謎の不死身人間

COLUMN

歴史上には、じつに奇妙な人物の逸話が伝えられている。そんな人物のなかでも、まさに「人間版超常現象」ともいえる、不死身伝説を残すふたりの人物を紹介しよう。

時空を超えて現れるサン・ジェルマン伯爵

サン・ジェルマン伯爵は、フランスの社交界で異彩を放った実在の人物だ。初めて記録に登場するのは1710年。作曲家ラモーの日記に記されている。

その後、伯爵はヨーロッパ各地に出現。パリの社交界で時の国王や政界の人間とも多く会い、1748年にフランス国王ルイ15世の前に現れたとき、大粒のダイヤを贈っている。

語学は万能で、フランス語のほかドイツ語、英語など12の言葉を読み書きできた。音楽や絵画の才能もあった。書物は1回読んだだけで内容を暗記してしまう記憶力も持っていた。

さらに驚愕なのは、まだ18世紀には知られていなかった汽車や飛行機についても詳しく語ったというのだ。

また、食事もせず、そのことを聞かれると「特殊な秘薬を飲んでいるので何も食べる必要がない。自分は不老不死だ」と答えた。

▲18世紀のヨーロッパで活躍したとされるサン・ジェルマン伯爵。実際の年齢は不明だ。

伯爵の年齢は2000歳ともいわれ、自身もイエス・キリストや、アレクサンダー大王など、大昔の人物にも会ったと言って、周囲を驚かせた。

1784年、ドイツで死亡したことになっているが、奇妙なことにそれ以降もヨーロッパ各地での目撃が報告されている。たとえば、ナポレオンは彼に助言を受けたという。さらに第2次世界大戦中、イギリスのチャーチル首相が対ナチス・ドイツ戦のアドバイスを受けたともいわれる。

本当に「不老不死の超人」なのか？　世界の歴史上、もっとも謎に包まれた人物だ。

サン・ジェルマン伯爵は、イエス・キリストが水をワインに変えたという「カナの婚礼」のことも、まるで見てきたかのように語ったという。

王朝を操った怪僧ラスプーチン

ロシア帝国崩壊の原因のひとつとなった、怪僧ラスプーチン。不思議な能力を持っていたという。

ラスプーチンは1871年、農家の次男として生まれた。その特異な風貌から「怪僧」と呼ばれた。

若いころから予知能力を秘め、ロシア各地の寺院や聖地を巡り歩いて、超能力に磨きをかけた。

難病を超能力で治療していったことから、彼の元には信者が集まり、「神の人」とたてまつられた。

血友病患者だったロシアのアレ

クセイ皇太子の具合が悪くなるたびに、宮廷に呼び出された。そこでラスプーチンが祈祷すると不思議なことに、体調はたちまち回復したのだ。結果、皇帝夫妻から絶大な信頼を得ることとなった。

それをきっかけに、ラスプーチンは宮廷人事にまで口をはさむようになったのだが、周囲の反発を招くことにつながってしまう。「皇帝ニコライ2世の陰の実力者」と陰口をたたかれるようになり、やがて危機感を持った宮廷貴族たちは、彼の暗殺を計画したのである。

1916年12月29日、皇帝の親戚らは、ラスプーチンを夕食に招き、猛毒の入った食事で毒殺しようとした。ところが、なんと、ラスプーチンは死ななかったのである。さらに、ピストルで銃撃され、数発の銃弾を撃ちこまれたにもかかわらず、立ちあがり、逃げだした。

しかし、追いかけられてつかまると、暴行を受け、動かなくなったところで、手足をロープで縛られ、氷のはったネヴァ川に落とされた。不死身と思われたラスプーチンの遺体は、3日後に発見された。なお、検死の結果、水中でしばらく生きていたことが明らかとなっている。

ラスプーチンと、彼の不思議な能力に魅せられたたくさんの支持者たち。

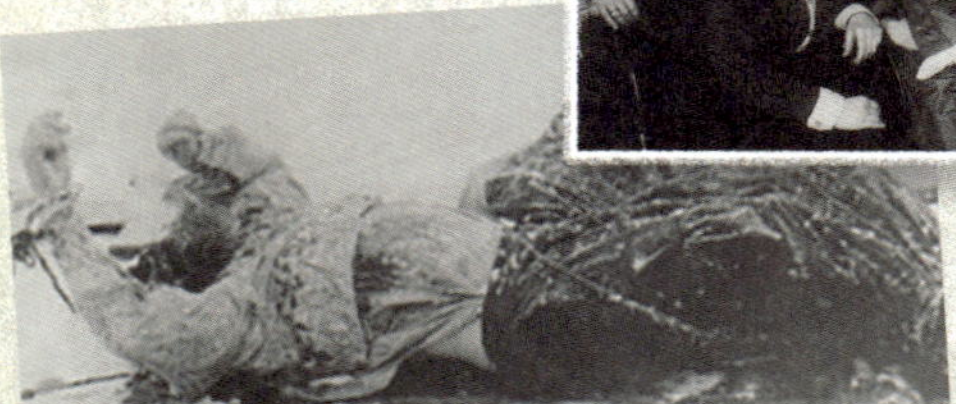

ネヴァ川から引きあげられたラスプーチンの遺体。

2章

怪奇・心霊現象編

paranormal FILE 033

船の乗員だけが謎の消失をとげた！
メアリーセレスト号事件

「おい、あの船……メアリーセレスト号じゃないか？」

1872年12月4日、場所は北大西洋アゾレス諸島近くの海洋上。付近をたまたま通りかかったディグラチア号がメアリーセレスト号を発見したのだ。

ベンジャミン・ブリッグズ船長率いるメアリーセレスト号は同年11月7日、原料アルコールを積んで、アメリカ、ニューヨーク州からイタリアのジェノバへ向けて出港したアメリカの船だった。ほぼ同時期、イギリスのデヴィッド・モアハウス船長率いるディグラチア号もニューヨークを出港しており、ブリッグズとモアハウスの両船長は顔なじみだったため、すぐに気がついたのだ。

だが――

「おかしいな……1週間早く出港したのだから、今ごろ地中海に入っているころなのに」

DATA

発生地
北大西洋

発生年
1872年

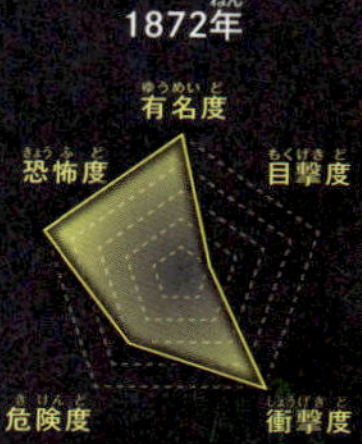

モアハウスが遠くから観察すると、メアリーセレスト号の船体にはほとんど傷もないようだ。なのに、航行せずに、ただ漂流しているように見えるのだ。

「何か事故でも起きたのだろうか？　しかし、遭難信号を出していない……」

モアハウスは、デイグラチア号をメアリーセレスト号に近づけ、声をかけた。ところが返事はない。ますますおかしい。

すぐさま、なかのようすを確認するために、数人の乗員とともにメアリーセレスト号に乗りこんだ。

船には、ブリッグズ船長と乗組員のほか、ブリッグズの妻と幼い娘、合計10人が乗っているはずだった。だが、モアハウスたちは言葉を失った——なんと、船には乗員の姿がひとりも見当たらなかったのである。

海賊に襲われたのか？　あるいは全員病死したのか？　しかし、船内をくまなく探したものの、奇妙なことに死体すら発見できなかった。

不思議なことはそれだけではなかった。

モアハウスたちが船内を調べてみると、船長室のテーブルの上に

◀アゾレス諸島の位置。この近くで、メアリーセレスト号が発見された。

は、食べかけの食事がふたり分ならんでいた。しかも温かく、コーヒーはまだ湯気を立てていた！　また、調理室の鍋はぐつぐつと煮たっていたのだ。

それだけではない。洗面所ではつい先ほどまで、ひげをそっていたような跡まであった。

「今の今まで乗員はこの船にいて、いつもと変わらない朝をむかえていたのではないだろうか」

まるで、乗員たちが一瞬にして、姿を消してしまったかのような光景だった。

さらに調べると、難破船につきものの破損箇所がまったくなかった。船の航海能力は失われていないのである。救命ボートも手つかずのまま残されていることもわかった。つまり船から脱出した痕跡もないのだ。

また、船の食料や水もじゅうぶんにあった。積荷の原料アルコールもそのままだった。

一体、メアリーセレスト号に何が起きたのか？　当然ながら、さまざまな説が唱えられた。

たとえば、積荷のアルコールが気化して爆発し、それが乗員

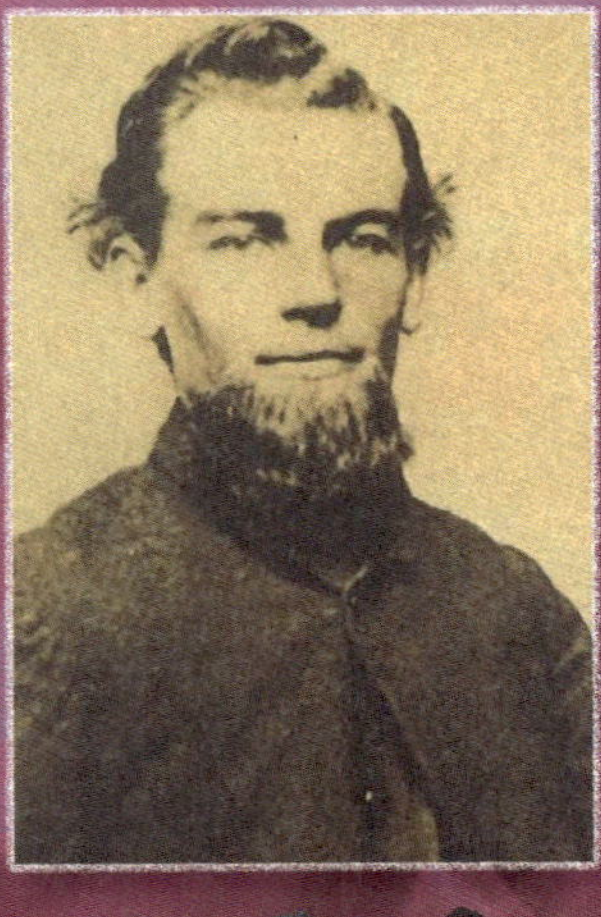

◀(右)メアリーセレスト号の船長ベンジャミン・ブリッグズと、(左)デイグラチア号船長のデヴィッド・モアハウス。

たちにあわてて船を捨てさせることになった原因ではないか、と。しかし、爆発の跡はもちろん見つかっていない。

また、バミューダ・トライアングル（12ページ）にまぎれこんだ説もある。だが、メアリーセレスト号はその海域を航海していないし、消失事件が起きたのは遠く離れたポルトガルの沖合だ。

他にも、UFOにさらわれた説、巨大イカのような生物に襲われた説、巨大竜巻に巻きこまれた説などがある。

さらにこの事件は、その奇妙さから、うわさがうわさを呼び、「船では超常現象が起きていた」とか「ブリッグズ船長の航海日誌が『妻が……』と書いたところで途切れていた」など、さまざまな尾鰭がつき、都市伝説化していった。

真偽のほどは定かではない話もさまざまに広がっているが、事実としてはっきりしているのは、〝メアリーセレスト号の乗員は、こつ然と姿を消し、その後も行方不明のまま〟だということだけである。

まさに航海史上最大のミステリー、永遠の謎としかいいようがない。

▶漂流していたメアリーセレスト号を発見した、デイグラチア号の乗員たち。

paranormal FILE 034

おとぎ話の存在ではなかった!? 妖精との遭遇事件

1917年7月、イギリスのウエスト・ヨークシャーのブラッドフォードにある小さな村で、世にも奇妙な写真が撮影された。数枚の写真に写っていたのは、ふたりの少女が、背にチョウのような羽を持つ、まるでおとぎ話に登場するような妖精と遊んでいるようすだったのだ。

写真が公表されると「コティングリーの妖精」と呼ばれ、同時に、世界中にセンセーションを巻きおこした。

当然、専門家の鑑定を受けることとなったのだが、その結果は、

「これは本物にまちがいない。妖精は実在したのだ！」

というものだった。

この妖精写真には、「シャーロック・ホームズ」シリーズなどの小説の作家としても有名な、コナン・ドイルも興味を持ったという。

DATA

発生地
世界各地

発生年
古来

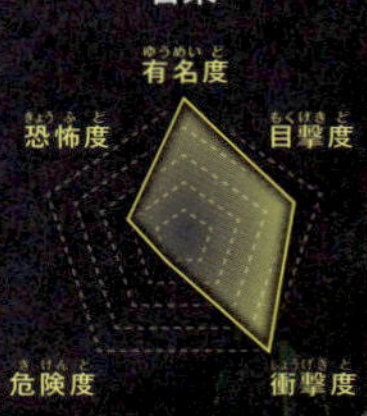

だが、それから50年以上たった1970年代も後半ごろ、問題の妖精写真を撮影した当時の少女が、「あの写真は、作ったものです」と告白したのだ。つまり、ニセ物だったのである。

少女のこの発言によって、人々の妖精写真への関心は失われていった。

ただし彼女は、一連の妖精写真のうち、1枚だけは本物だといっている。それが82ページ左の写真だ。

そういわれても疑問は残る。なぜ、本物の写真があるのに、わざわざニセ物の写真まで作って、それらをいっしょに公表したのだろうか。

さて。じつはこの「妖精写真」以外にも、イギリスを中心に、世界各地で妖精の目撃は報告されている。

妖精がほんとうにいると信じている人々の多いアイスランドでは、1990年代初頭に、首都レイキャビクの都市開発局が、変わった地図を作成し話題となった。その地図には、妖精のすみかとされる場所が、細かく記されていたのだ。

1993年9月には、アメリカ、カリフォルニア州にある、聖地

◀「コティングリーの妖精」と呼ばれる写真。発表されると、イギリス中に衝撃をあたえた。

として知られるシャスタ山で、身長30センチほどの妖精11人をある女性が目撃する事件が起きた。妖精が去った後には青い灰が残されていたのだが、それを体にぬると、傷や病気が治ったという。

また、イギリスのパワースポットとして知られるフィンドホーンでは、ある人が妖精の声を聞いた。そして妖精にいわれたとおりに農作業を行った。すると、もともと農業には不向きな荒れ地だったにもかかわらず、大きな野菜や果物、さらに南国の美しい花々までが育ったという。

さらに、目撃談だけでなく、「妖精が置いていった物」が見つかった事件もある。とくに有名なのが、アイルランド南西部のベアラ半島で発見された〝妖精の靴〟だ。

1885年、ベアラ半島の山深い奥地の山道である労働者が作業しているときのこと。労働者が土の上に何か落ちているのに気づいた。それを拾ったところ、長さ7・5センチ、幅2・5センチほどの小さな靴だったのである。

「子どもが人形遊びをして忘れていったのかな？」

彼は最初はそう思った。しかし、

◀(右)同じくコティングリーの妖精写真。一連の妖精写真は、作り物であることが明かされている。ただし、(左)この日光浴をする妖精写真だけは本物であると撮影者は告白している。

「待てよ、こんな険しい山奥に子どもが来るか？」

労働者がその靴をよく見てみると、かなりはきこまれ、かかとがすり減っていたのである！

やがてこの靴の話が知れわたると、アメリカのハーバード大学で顕微鏡検査が行われることになった。

その結果、靴は手ぬいであり、小さなぬい目や靴ひもを通す穴が作られていることがわかった。材質はネズミの皮だった。

このような〝妖精の落とし物〟は、じつはイギリス周辺では、たびたび見つかっているという。

それも靴だけではなく、2センチに満たない小さな鏡やパイプ、カップや皿や、石に穴を開けるための道具、三日月型の刃をしたノコギリなど、さまざまである。

ちなみに、妖精が作った道具を発見すると、幸運になるという、うわさもあるそうだ。

もちろん、これらの道具は人間によって作られたものだ、という説もあるが、人間が作ったにしては精巧にできすぎている。やはり妖精の物だと考えた方が、夢があって楽しくならないだろうか。

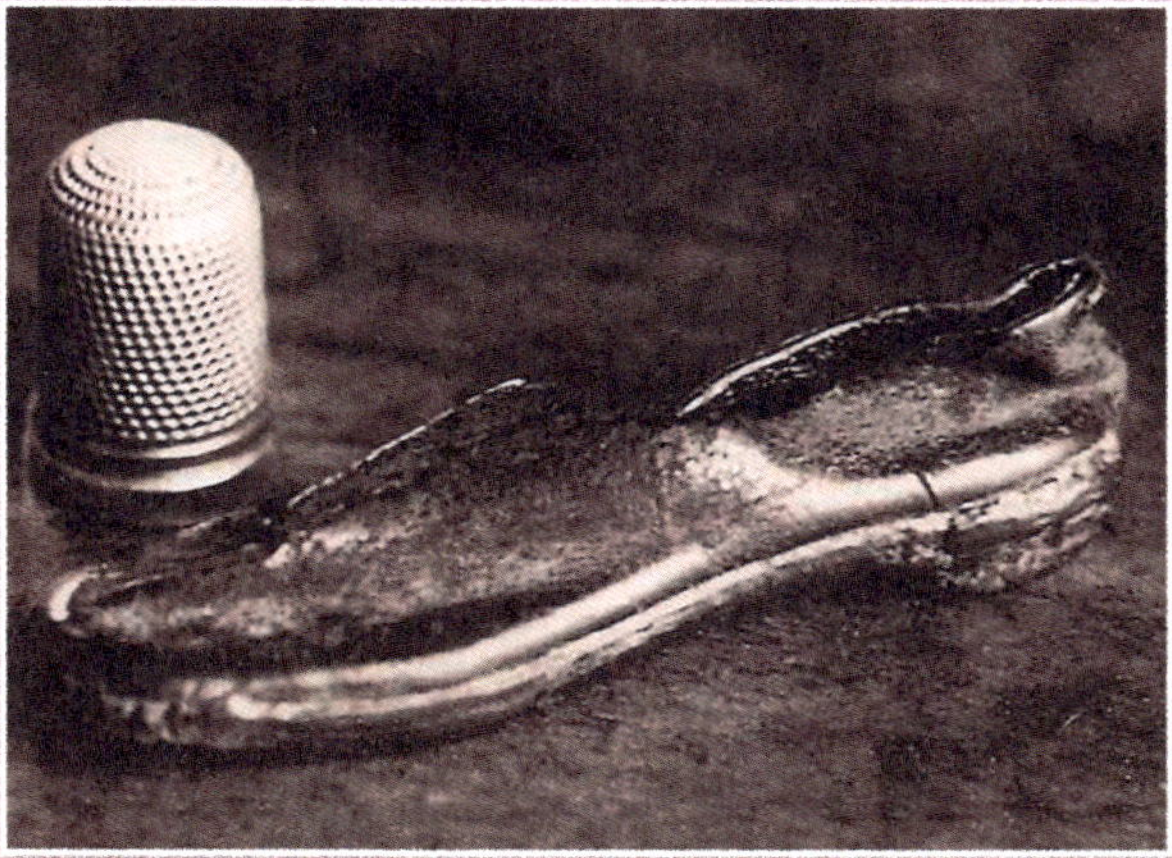

ベアラ半島で労働者が発見した、妖精の靴。

paranormal FILE
035

9人のスキーヤーが雪の中で変死！

ディアトロフ峠の怪事件

1959年1月下旬、雪山登山を何度もしている9人のスキーヤーたちが、ロシア、ウラル地方のオトールテン山へと向かった。山中にキャンプを張り、スキーを楽しむ計画だった。

だが、9人は下山予定日を20日も過ぎたにもかかわらず帰ってこなかった。そして捜索が始まった。

「おい、これを見ろ！　なぜ、こんなところにテントが設営されているんだ⁉」

捜索隊は雪山の斜面にテントを発見。しかし、ふつうはなだれに巻きこまれる恐れがある斜面に、テントは設営しない。しかも、テントは何者かに襲われたかのように、内側から引きさかれていたのである。

捜索開始後、テントから500メートルほど離れた場所で、すぐに5人の遺体が見つかったが、死因はみな、

DATA

発生地

ロシア

発生年

1959年

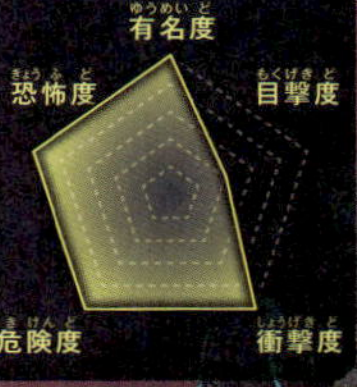

低体温症。つまり凍死なのだが、これもまた不可解だった。ふたりの遺体は、はだしに下着姿、残る3人も薄着だったのだ。雪のなか、靴もはかずに外に出るような緊急事態が起こったことを思わせた。

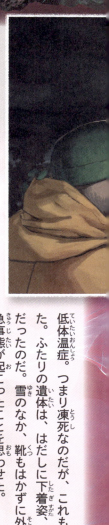

「いったい、ここで何があったんだ……」

捜索隊はあまりのことに青ざめた。疑問はあるものの、このときはまだ、スキーヤーたちの雪山遭難事故としてあつかわれていた。だが、約1か月後、残る4名の遺体が発見されると、事態は急変する。現場調査は、事故から事件に変わったのである。

というのも、まず遺体は、かくすように、4メートルもの雪に埋められていたのだ。そのために遺体の発見が遅れた。

「なぜ、こんなところに!?　何者かが雪をかぶせたのか?」

しかも、4人の遺体は、何とも痛ましい姿だった。頭骨がつぶれされている者や、外傷がないにもかかわらず肋骨が粉々にくだけている者、舌を切りとられている者もいたのだ！

「彼らは何か未知なる力によって、命を落とした

△オトールテン山へスキーに出かけた、ウラル科学研究所出身のメンバー。

ようだ」

捜索隊のメンバーのひとりは、そうつぶやいたという。

ところが、この奇妙な事件の調査は、突然中止され、何と、ロシア政府によって国家機密とされたのである。

やがてこの事件は、9人のスキーヤーのリーダーの名前から、「ディアトロフ峠事件」と呼ばれるようになった。

約30年後の1990年代、ついに事件の機密が解除された。だが、公開された機密文書は、やはり謎に満ちていた。

例えば、最初に発見された5名の遺体の肌は、褐色に変化していたと記されていたのだ。さらに彼らの衣服から、なんと高濃度の放射線が検出されていたとの記述もあった。

その原因は、いったい何か。

公開された資料のなかには、彼らのテントが設営された場所から約50キロメートル離れた地点でキャンプをしていた人が、オレンジ色で球形の発光体が浮かんでいるのを目撃していたという記録もある。

この発光体が放射線の原因なのか？　だとすれば、その正体はUFOなのだろうか。

▼山の斜面に設営されていたテント。内側から切開されており、メンバーたちは靴下や裸足でテントから逃げだしていた。

▲現場に残っていたフィルムの写真。ディアトロフ峠でテントを張るため、雪をほるメンバーの姿。

しかし、いっぽうで、これは当時、旧ソビエト連邦（旧ソ連＝現在のロシア）軍が極秘に開発した新型兵器の可能性もあるのだ。９人のスキーヤーは運悪く、ここで軍の極秘実験を目撃してしまったがために、殺されたという可能性が否定できないのである。

それを裏づけるように、９人の不可解な死の調査中に集められた現場の遺留品のなかには、旧ソ連軍の兵士のコートの一部と見られる布の切れはしまで見つかったのだ。

さらに、機密解除された軍の資料には、彼らの捜索が行われた２月20日の２週間も前に、軍の部隊がこの地域に入り、何らかの調査を行ったという書面が存在していたのである。

極秘に行われた兵器の実験中に、何らかの事故が起き（物体の爆発か？）、９人のスキーヤーはその犠牲となった。軍は、それをかくすため、現地に関係者を向かわせ、事件を機密扱いとした……そんな推測もできるかもしれない。

なお、ディアトロフ峠事件は未解決であり、ときおり、新たな説や研究結果が話題になることがあるが、真相は闇につつまれたままである。

(右)捜索から1か月たったころ、4人の遺体が発見された現場。(左)ディアトロフ峠で怪死した9人の慰霊碑。

paranormal FILE 036

乗員が姿を消した漂流船
オーストラリアの幽霊ヨット

2007年4月18日、オーストラリア北東部を漂流しているヨットが発見された。船の名前はKAZⅡ号。全長約10メートルのヨットで、クインズランド州から出発、3人のクルーが乗船していた。

だが、レスキュー隊員が船内に入ったところ、乗船しているはずのクルーは影も形もなかった。

ヨットの帆は上がったままで、エンジンはかかっており、テーブルの上には食事がならんだままだった。さらに、ノートパソコンの電源も入っており、荒らされた形跡はなかった。

しかし、奇妙なことがあった。救命具は船内に残されていたのに、救命ボートがなくなっていたのだ。

当初、3人の消失は、天候の急変による強風で、甲板上から飛ばされたのではないかと考えられた。事件前後

DATA

発生地
オーストラリア

発生年
2007年

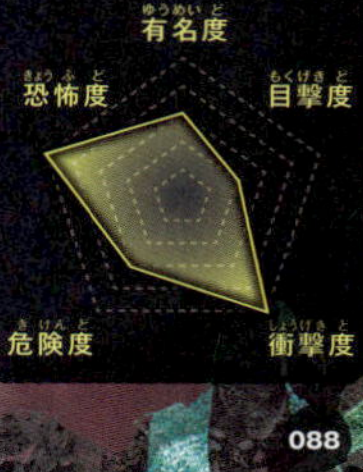

の海は荒れていたからだ。だが、強風説は決め手に欠いた。ヨットには、洗濯物や釣りざおが設置されたままで、何よりも悪天候なら、万が一に備えてライフジャケットを着ていないはずがないからだ。

こうして、原因がわからないまま、ヨットから乗員だけが消えたこの怪事件は、現代のメアリーセレスト号事件（76ページ）と呼ばれるようになった。

いっぽうで、超常現象的な説も唱えられるようになった。たとえば、UFOによる「誘拐説」。事件現場近くの沿岸部で、UFOの出現が多発しており、過去にもUFOがらみの飛行機や船舶の消滅事件が、オーストラリアでは起こっているのだ。

また、ヨットは、船や飛行機の消滅エリアとして知られる「バス海峡トライアングル」から発見現場まで漂流してきたとの説もある。バス海峡上空では、謎の発光体がひんぱんに目撃されている。UFOが飛行機や船、そして人間までも未知の領域へと連れこんでしまうのではないか、というのだ。UFOの出現とKAZⅡ号の乗員消滅には、どこかで関係があると考えられるのである。

◀タウンズビルから160キロ地点を、無人で漂流していた双胴ヨットKAZⅡ。

paranormal FILE 037

死者からの電話

事故死した男から家族への着信

2008年9月、カリフォルニア州で、列車と貨物車の衝突という悲惨な事故が発生。この事故により、25名の命が失われ、135人が重軽傷を負ったという。

じつは、この衝突事故の後に奇怪な現象が起こっていた――事故を起こした列車の乗客に、チャック・ペックという人物がいた。彼の婚約者であるアンドレア・カッツは、ニュースで事故を知り、チャックの無事を祈った。そして何度も彼の携帯電話に連絡をしたが、応答はまったくなかった。

事故が起きてから約5時間後のこと。アンドレアの携帯電話が鳴った。着信番号はチャックのものだった。彼女は

「チャック、心配してたわ。無事なの?」

と声をかけたが、応答がないまま、電話は切れた。アンドレアは、チャックが救出を求めていると理解し、すぐに救助隊に連絡を入れた。その後、何度もチャックから電話があっ

DATA

発生地
アメリカ

発生年
2008年

有名度
恐怖度
目撃度

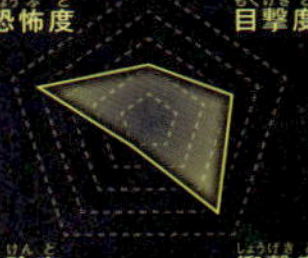

危険度
衝撃度

たが、やはり無言だった。だが、救助隊の調査で電波の発信源が、衝突した列車の先頭の車両であることがわかった。生存者がいる可能性に救助隊員たちも色めきたち、必死の救助作業が開始された。

だが、アンドレアの願いもかなわず、チャックは遺体となって発見されたのである。このとき、不可解な点があった。チャックが即死状態だったことだ。つまり、列車の衝突後、とても携帯電話がかけられる状態ではなかったのだ。だが、アンドレアやチャックの家族には、亡くなっていたかもしれない彼から35回もの着信があったのである。

さらに不思議な事実がある。本来なら、身につけているか、あるいは衝突のショックでそばに落ちているはずの携帯電話が見つからないのだ。もし、見つかれば、発信履歴が調べられるのだが。そのため、結局、この事件の真相はわからないままとなってしまった。

文字どおり死者からの電話を受け取ったということだが――じつは、死者から電話がかかってくる体験をしたという報告は世界中でいくつもある。

この現象は、死者と受け手と電話機の間に超自然的な力がはたらくことで起きると考えられている。

ただし、くわしいことは不明である。

◀(上)カリフォルニア州で起きた列車と貨物車の衝突事故のようす。(下)この事故で死亡したチャック・ペック。彼はすでに亡くなっている時間に、家族に電話をしていた!?

paranormal FILE
038

呪(のろ)われた林道(りんどう)
ゾンビ・ロード

ミズーリ州(しゅう)セントルイスの西(にし)、グレンコーにある「ロウラー・フォード・ロード」。この道路(どうろ)は、1950年代(ねんだい)から「ゾンビ・ロード」の別名(べつめい)で呼(よ)ばれている。

この不吉(ふきつ)な別名(べつめい)は、どうしてついたのだろうか。

それは、かつてここで働(はたら)いていた鉄道作業員(てつどうさぎょういん)が、墓(はか)から起(お)きあがって、ときどき歩(ある)き回(まわ)ったからとか、あるいは「ゾンビ」という名(な)の患者(かんじゃ)が、近(ちか)くの病院(びょういん)から逃(に)げだし、のちに道路上(どうろじょう)で、彼(かれ)の血(ち)でぐっしょり濡(ぬ)れたガウンが発(はっ)見(けん)されたから、などといわれている。

ゾンビ・ロードは、森(もり)や丘(おか)や墓場(はかば)を通(とお)りぬけ、メラメツク川(がわ)に面(めん)した断崖(だんがい)のところで行(い)き止(と)まる全長(ぜんちょう)3.2キロの林道(りんどう)だ。この道(みち)の怪異(かいい)の主役(しゅやく)は、森(もり)の闇(やみ)のなかに現(あらわ)れる「人間(にんげん)の形(かたち)をした影(かげ)=シャドー・ピープル」である。

もちろん通常(つうじょう)の人間(にんげん)ではない。道路(どうろ)のそばや森(もり)のなかに

DATA

発生地(はっせいち)
アメリカ

発生年(はっせいねん)
1950年代(ねんだい)から

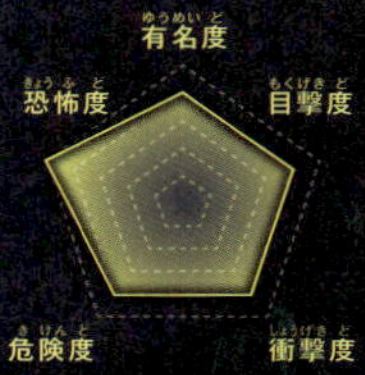

有名度(ゆうめいど)

現れる、人の形をした黒い影のようなものである。そう、影だけなのだ。だが、その影は不思議と存在感があるので、見た人はそこに人間が立っていると思ってしまうのだ。

そして、人間だと思って近づいていくと、影はいつのまにか森の闇と一体化して、姿を消してしまうという。

そんなシャドー・ピープルだが、実際に、写真にも撮られている。

2005年3月、トム・ハルステッドが、丘の頂上に立ちならぶ10体以上もの人影を発見。木々の間から彼を見おろしているような写真を撮った。

同年10月22日午前9時50分ごろ、ナンシーという女性が撮った1枚には、明らかに人間の形をした影が写しだされている。撮影した際、彼女は冷気を全身に感じ、身ぶるいしたという。

ゾンビ・ロードを徘徊しているシャドー・ピープル。その正体は、アメリカの内戦、南北戦争で命を落とした人々の霊ではないか、ともうわさされているが、その真相はだれにもわからない。

(上)ゾンビ・ロードを飛びかう、明らかに顔のように見える存在。(下)ゾンビ・ロードの丘の頂上の林から、10体以上の人のような不気味な存在が見下ろす姿が見えているが……!?

paranormal FILE 039

白装束の不気味な影

女妖怪ポンティアナック

2011年9月、インドネシアのリゾート地として知られるブキットティンギで、携帯電話のカメラで撮影されたという奇怪な映像が、動画サイトにアップされた。

その映像は、夜の路上に白装束を身につけ立っている女性の姿から始まる。だが、顔はよくわからない。

怪しい女性は、よく見ると右手に白い棒のようなものを持っており、ゆらめいたかと思いきや、空中へと上昇していくのだ。そのままあるていどの高さにまでスーッと上昇すると、次は降下し、もとの位置にもどり立ちつくす。

それから最後に、闇へと消えていくのである。

まさしくこれは、幽霊の出現現象をほうふつとさせるが、その正体は、この地元で言い伝えられている女妖怪「ポンティアナック」であり、その姿をとらえたものだという。

インドネシアやマレーシアに伝わる女妖怪ポンティアナッ

DATA

発生地

インドネシア

発生年

2011年

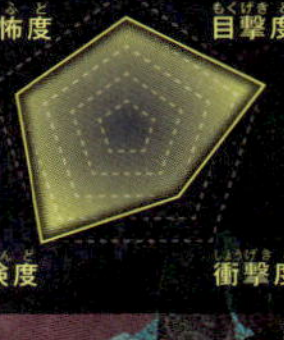

クは、一部地域では、霊ではなく吸血鬼という説もある。だが、現地の人々の多くは、出産のときに亡くなった女性が妖怪になったものだと信じているそうだ。

白装束姿で、青白い肌、長い髪が特徴で、満月の夜になると赤ん坊の鳴き声とともに現れたり、赤ちゃんを連れて出てくることもあるという。

道端や木陰での目撃例が多く、ときには産婆に化ける。そして、外に干してある洗濯物の匂いをかぎ分け、獲物をねらい定める。ねらわれるのが男性の場合、腹を引き裂き、内臓をむさぼり食うという。また、若い女性の場合は、血をすする。いずれにしても、極めて残忍で攻撃的、危険な存在だ。

目撃についてはこれまでにたいへんな報告数があり、ポンティアナックらしき姿をとらえた動画や写真もいくつか存在している。

近年だと、2023年8月、マレーシアのジョホールバルで、若手の警察官が夜間パトロール中に撮影した。これをショート動画サイトに投稿すると、瞬く間に拡散され、360万回を超す再生回数を記録したという。

目撃数も多く、動画撮影がかんたんになっている現代なので、今後ますますポンティアナックの姿が撮られる可能性も高い。それによって、この謎の女幽霊の正体が明らかになることを期待して待ちたい。

◀夜間の道路にたたずむ白装束のポンティアナック。このあと、上昇と下降を繰り返しながら消えていった。

paranormal FILE 040

誘われるようにイヌが飛びこむ
イヌが自殺する橋

「ドッグズ・リープ」とも呼ばれる、クライド川にかかるオーバートン・ブリッジ。

多くのイヌたちが身を投げるというこの橋には、何かが取り憑いているのだろうか?

イギリスには、イヌの自殺が多発するという、奇怪な橋が存在している。その橋とは、スコットランド地方のクライド川にかかる橋「オーバートン・ブリッジ」である。通称「ドッグズ・リープ（イヌ跳び）」と呼ばれている。

この橋ではなんと50年間に50匹ものイヌが橋から飛びおり自殺しているのだ。目撃者の証言では、イヌたちはまるで目に見えない何かに呼びよせられるように飛びおりたという。しかし、イヌが自殺するようなことなどありえるのだろうか？

ちなみに、調査によって、なんとイヌが飛びだす場所と、自殺する犬種が決まっていることが判明したのだ。犬種は鼻面の長いコリーとゴールデンレトリーバーであるという。

イヌをジャンプにかきたてるものは、いったい何なのか？　橋の向こうにはイヌにだけ見える何かがあるのだろうか？　すべては謎につつまれている。

DATA

発生地
イギリス

発生年
1950年代から

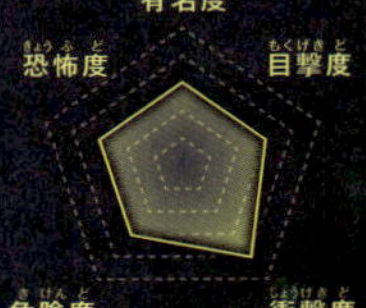

paranormal FILE 041

鮮血ほとばしる異常現象

血を流す石段の怪異

▶多量の人間の血液で真っ赤に染まった階段。下の地面には何もなかったという。

1996年のことだ。南アメリカのコロンビア北東部の都市、カルタヘナにある村で、信じられない不気味な事件が起こった。なんと、民家の玄関の石段にある裂け目から、真っ赤な鮮血が多量に流れていたのである。

家の持ち主はあまりのできごとに腰をぬかし、警察と教会に連絡。かけつけた警察によって、すぐに現場の調査がなされた。その結果、流れた血は人間の血液であると断定されたのだ。

警察は、階段の下に死体が埋まっているのではないかと調べた。しかし、この血液が土中30センチほどのところから染みだしていること以外、何もわからずじまいとなった。

なお、連絡を受けた教会の神父が、この民家で悪魔ばらいの儀式を行うと、この現象はいったんはおさまったという。だが、その後も、わずかにではあるが、鮮血がにじんでいるという。

DATA

発生地

コロンビア

発生年

1996年

有名度

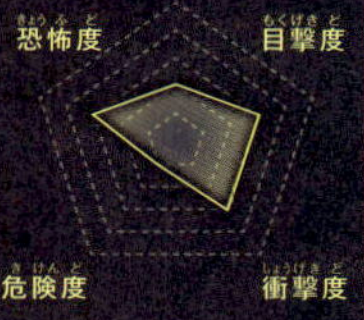

paranormal FILE 042

幽霊が何度も目撃される！

貴婦人の霊が出る街道

ドーセット州ウォッシャーズピットの街道で何度も目撃されている、白い貴婦人の幽霊の姿をとらえた1枚。

イギリスには、幽霊が何度も目撃されている街道が数多くある。そのなかのひとつが、ドーセット州のウォッシャーズピットの街道だ。この路上では、「白い貴婦人」と呼ばれる女性の幽霊が目撃され、写真まで撮られている。それも、50年以上にわたって。近くには暗くてさびしい場所も多いのだが、幽霊が現れるのは、決まってここだけなのだ。

イギリスの著名な超常現象研究家ポール・デヴェルーは、この地で目撃が報告された白い貴婦人についての70件あまりのケースを調査。するとその半分以上が、街道の特定の場所だけに現れていることがわかった。

見まちがいだとしても、なぜ同じ場所でそんなにも目撃報告があるというのか。貴婦人の霊は、やはり、この場所にうらみを残して土地にしばられて離れられなくなった幽霊（地縛霊）なのかもしれない。

DATA

発生地

イギリス

発生年

1950年代

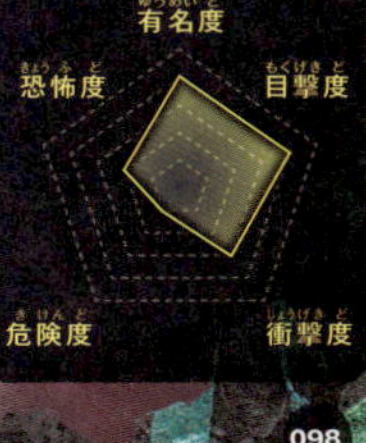

paranormal FILE 043

近づく者を殺す丘
デッドマンズ・ヒル

奴隷の呪いの恐怖が、現代でも続いているミネソタ州の恐怖エリア、デッドマンズ・ヒル。

近づくと呪われるといわれている場所が、ミネソタ州南部にある。その名をデッドマンズ・ヒル（死人の丘）という。

1860年代のアメリカ南北戦争が起こる少し前、この地で非業の死をとげた奴隷がいた。彼の遺体が丘に埋められ墓標が作られた後から、怪事件が起こりはじめた。

まず、ある雪の日、丘でふたりの男性が立てつづけに死んだ。外傷さえなく、死因は心臓発作によるものと考えられた。ただし、死体のそばには、雪の上に点々と続く足跡が発見された。奇妙なことにその足跡は丘の墓標で消えていたという。このことから、男性たちの死因は奴隷の呪いといううわさが立ちはじめたのだ。

近年も、肝試しのつもりだったか6人の若者が墓標に近づいたが、3人が原因不明の心臓発作を起こした。

近くの町の住人たちは、「今でも奴隷の呪いは続いている」と信じているという。

DATA

発生地

アメリカ

発生年

1960年代

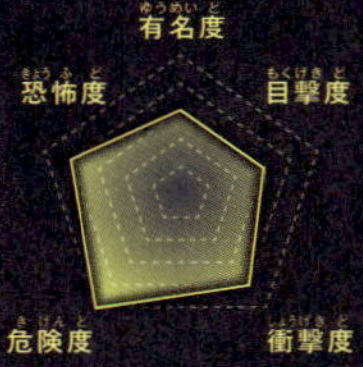

paranormal FILE 044

幼子イエス像の奇跡
成長するイエス像

△(右)カマナグ家のサントニーニョ像。43センチほどの像だった。(左)成長したサントニーニョ像の身長は58センチに!

フィリピン、カヴィテ州のオリヴィア・カマナグの自宅に、高さ43センチのサントニーニョ像がある。

像に変化が起きたのは、1991年12月26日のことだ。

「Tシャツとショートパンツを絹のローブに取りかえてほしい」

サントニーニョ像がカマナグにそう声をかけたという。

びっくりして像の足元を見ると、靴がやぶれ指がのぞいている。身長を測ってみると、58センチになっていた。じつに15センチも大きくなっていたのである。

奇妙な出来事はそれだけでは終わらなかった。難病に苦しむ人がこのサントニーニョ像に祈ると、像から指示されたカマナグが患部に手をかざし、病を癒す。また、像がカマナグに治療に必要な薬の名を告げることもあるという。

こうして彼女が治療した患者は、現在までに、数千人をこえているそうだ。

DATA

発生地

フィリピン

発生年

1991年

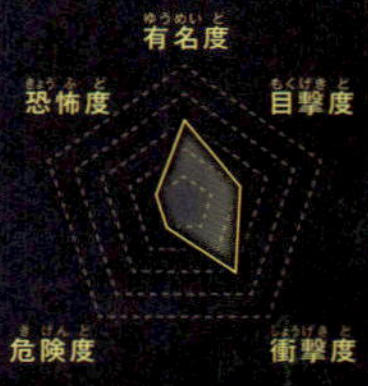

paranormal FILE 045

お菊人形

髪の毛が伸びつづける！

(右)お菊人形。髪の毛は腰のあたりまで伸びているが、現在は伸びていない。ただし、顔つきは大人びてきているという。(左)お菊人形が安置されている北海道の萬念寺。

日本で「成長する人形」として知られるのが、北海道石見沢市の萬念寺に安置されているお菊人形だ。この人形は、古ぼけた着物姿の全長40センチほどの市松人形である。

この人形は１９１８年に17歳の兄・鈴木永吉が歳の離れた2歳の妹・菊子へのおみやげに買いあたえたものだった。菊子はこの人形を大切にしていたが、翌年、かぜをこじらせて3歳で亡くなってしまった。悲しんだ永吉は、人形を菊子の仏壇に安置し、生前の菊子を思いだしながら祈った。

その後、永吉は引っ越しの際、自分の父親のお骨とともに、人形を萬念寺にあずけた。十数年後、父と妹の供養に萬念寺を訪れた永吉は驚いた。人形の髪が以前より長くなっていたのだ。永吉は人形を改めて寺に納め、永年供養してもらうことにした。

なお、最近は人形の髪はのびていないが、１９８２年ごろより口が開きはじめ、顔つきも大人びてきているという。

DATA

発生地
日本

発生年
1918年以降

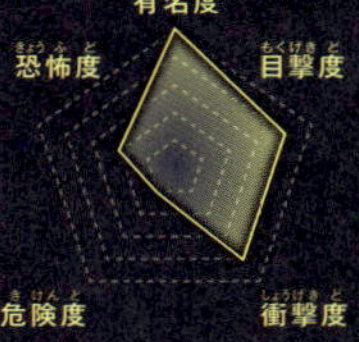

paranormal FILE 046

ドッペルゲンガーが写っていた
自分が撮った写真に自分が！

▲リサが写した写真。奥の車のリア・ウィンドウには、女性の顔が見える。その顔はリサそのものだったという。

自分とまったく同じ姿をした、自分そっくりの人間のことを、ドッペルゲンガーという。また、自分のドッペルゲンガーに出会った者は、数日のうちに死ぬともいわれている。

2003年、ニューヨーク州の高校教師リサ・ステーシーは、自分が写っている写真を見て、恐怖にふるえた。その写真には2台の車が前後にならんで写っている。ところが……

「これ、私だわ。私が車の中にいる！」

そんなことは、絶対にあるわけがなかった。その写真を撮ったのは、リサ本人だったからである。

写真は、以前、リサが乗っていた車をある男性にゆずった際に、記念に撮ったものだった。そういえば男性と写真を写したとき、前に停めた車のなかにだれかがいたような気がする。

その車の中にいただれかこそ、リサ自身のドッペルゲンガーだったと考えられるのである。

DATA

発生地
アメリカ

発生年
2003年

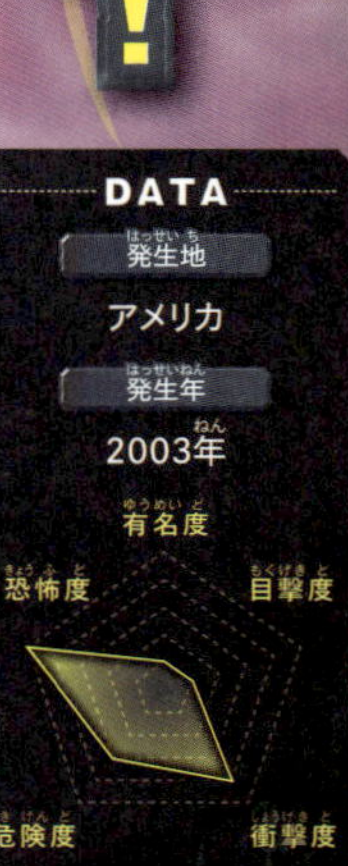

paranormal FILE 047

呪われた踏切

少女の霊がたたずむ怪奇スポット

2001年に撮影されたサン・アントニオの踏切。写真左の丸で囲んだ部分に、半透明の少女の幽霊が写っている。

踏切で撮られた写真には、無数の発光体が写りこんでいる。これは何なのか?

テキサス州のサン・アントニオにある踏切は、アメリカでは怪奇スポットとしてよく知られた場所で、多くの人が線路内に引きずりこまれる体験をしている。

1998年8月24日、深夜のドライブを楽しんでいた若い女性の4人組が、踏切近くにさしかかったとき、正体不明の光が無数に浮かんでいるのを見た。女性たちはこの奇妙な光の撮影をした。すると、突然車が勝手に動きだし、誘いこまれるように線路内に侵入してしまったのだ。

2001年には、若い女性がこの踏切を撮影した1枚の写真が話題となった。なんと、踏切のかたわらに半透明の少女の幽霊が写りこんでいたのだ。

この踏切では、1940年代、列車とスクールバスが衝突する大事故が起き、バスの運転手と10人の子どもが死亡したという。写真の少女はこのとき犠牲になったひとりだったのだろうか。

DATA

発生地	アメリカ
発生年	1998年から

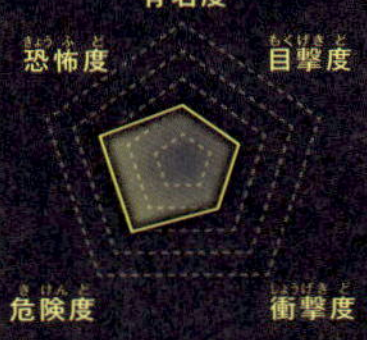

夫婦板

樹齢500年の大木に起きた奇跡

茨城県取手市にある福永寺の敷地には、かつて、樹齢500年にもなるカヤの巨木があった。寺の住職、加藤善勝さんは、1954年に亡くなるまで、このカヤの木を大切にしていた。戦時中の食糧難の時代に、このカヤから採れる実を食料にし、命をつないでいたのだ。

しかし、1968年ごろ、このカヤの木は福永寺の霊園を広げるため、伐採され、建物の材木として建材店に引き取られていった。

それから数年たった1976年のことだ。福永寺のカヤを建材に使った新築の家の床に、奇妙なしみが浮きだしてきたのである。

そのしみはやがて、「人の顔」とはっきりわかるようになった。気味が悪くなったこの家の住人は、床に使われた木が、福永寺にあったカヤだと知り、顔が浮きでた

DATA

発生地
日本

発生年
1982年

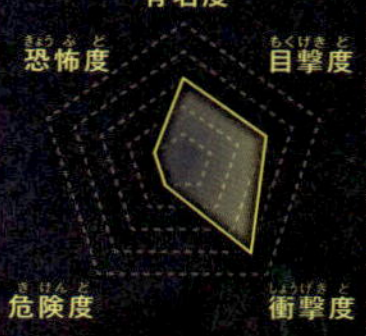

部分を切り取り、福永寺に奉納したのである。

１９８２年、この板を見て、住職の息子・裕治住職は驚いた。その「人の顔」は、父の顔だったのだ。父の魂が、カヤの木に宿ったと考え感動したという。裕治住職は、木の板に浮かぶ父の顔を「霊顔」と呼び、寺の本堂に安置した。

それからしばらくした１９９０年。さらに驚くべきことが起きた。裕治住職が木の板をふき清めていると、板の裏にも、不思議な形をしたしみが現れているのに気がついたのだ。それは日がたつにつれ、女性の顔を形づくっていった。その顔は、裕治住職の母だったのだ。

これは、木目が作った偶然なのだろうか。いや、それは考えられない。なぜなら、木目なら厚さわずか2センチの板の表と裏はほぼ似た形になるからだ。

生前から仲がよかった夫婦が、亡くなった後もカヤの板木の表と裏に宿る。まさに夫婦円満の姿といえるだろう。木には霊が移りやすいという説もある。このカヤの木の板には夫婦が宿り、今も寺の行く末を見守っているのかもしれない。

▶夫婦板の実際の写真。(上)板の表面に現れた加藤さんの「霊顔」。(下)板の裏に現れた、まち夫人の「霊顔」。

paranormal FILE 049

何かを伝えようと現れたのか？
床に浮かびあがった顔

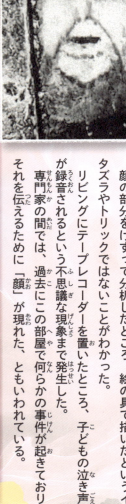

▶(右)ペレイラ家のリビングの敷石に浮かびあがった人の顔。(左)顔の部分拡大。決して人が描いたものではないことが判明している。

アンダルシア地方の小さな村に暮らすマリア・ペレイラの家に怪奇現象が起こったのは、1971年8月23日のことだ。リビングの床の敷石に、人の顔が浮きでてきたのである。

ペレイラは気味が悪くなって、その浮きでた顔の上をセメントでぬり固めた。ところが、ぬり固めたセメントの上に、すぐに、同じ顔が浮きでてきたのである。

それだけではない。部屋のあちこちに顔が現れては、消えるということが続き、浮きでた顔の数は、数千にも達した。顔の部分をけずって分析したところ、絵の具で描いたというイタズラやトリックではないことがわかった。

リビングにテープレコーダーを置いたところ、子どもの泣き声が録音されるという不思議な現象まで発生した。

専門家の間では、過去にこの部屋で何らかの事件が起きており、それを伝えるために「顔」が現れた、ともいわれている。

DATA

発生地

スペイン

発生年

1971年

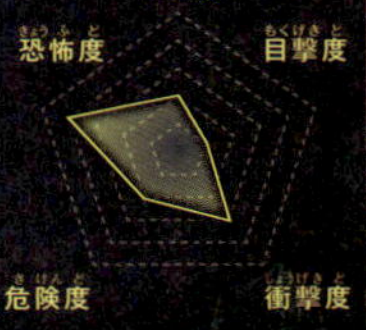

paranormal FILE 050

壁に浮きでた霊の顔

怪奇現象を引き起こす顔が出現

...a Woman Has Grow...
On Our Wal...

The ENQUIRER's Great Ghost Stories — this one by Robert E. Stansberry ..., who describes the ghostly face that mysteriously appeared in the paneling ...trange face in the wood was confirmed by Russell Reams, manager of ...o., Bay City, Tex., an expert on paneling. He told The ENQUIRER: "I've ...ng in wood that looks so ...person. It's incredibly life... ...looked at the wall I could ...ediately." If you've had a ... why not share it with EN... We'll pay you $150 if we ...ar story to: Great Ghost ...AL ENQUIRER, Lantana, ...nber to include your name, ...e number.

STANSBERRY
...gn of a ghost in our ...e eerie face that ap... ...en years ago on the ...r den — the face of a ...rough the years, the fea... ...nan have ...detailed, ...ed in the ...ood, and ...paneling ...r in the ...stly face. ...ght years ... woman ...and my

GREAT GHOST STORIES

MYSTERIOUS FACE on the wall belongs to a woman that Robe...

△ロバート・スタンベリー宅の壁に不気味な霊の顔が浮かびあがったことを報じる新聞。

テキサス州ハンブレックスのロバート・スタンベリーの家では、マホガニーという木材で作った壁に不気味な模様が現れた。それは人の顔のように見えるものだった。

「これは光の加減で顔に見えるだけだ」

「単なる木のしみだろう」

などの意見が出たが、熟練した木材建築の職人が徹底的に調べたところ、この「顔」は錯覚でも彫ったり描いたりしたものでもなく、明らかに浮きでているということがわかった。

なお、「顔」の出現とともに、家では物が浮いたり、爆音が鳴りわたったりするポルターガイスト現象が発生、さらには「顔」によく似た女性の幽霊が出没しだし、家族は恐怖にふるえた。

一家は引っ越しを検討したものの、引っ越し先にも霊がついてくるのではないかと戦々恐々としているというのだが——その後、一家が結局、どうしたのかわかっていない。

DATA

発生地
アメリカ

発生年
不明

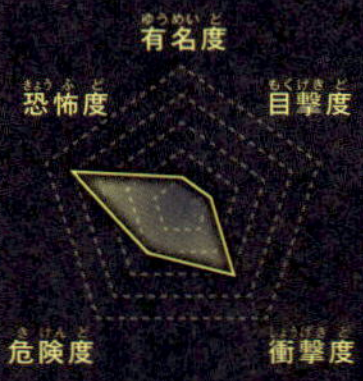

paranormal FILE 051

亡き夫の顔が出現!
怪奇現象をもたらす顔

夫が亡くなって4年後、自宅の壁に突然、夫とはっきりわかる顔が浮かびあがった!

浮きだす謎の「顔」が、だれの顔なのか、はっきりしている場合がある。

2012年9月のある夜、カンブリア州カーライルにすむアンドレア・サミュエルズがベッドに入ったときのこと。彼女が、ふと壁に目をやったとき、異変に気づいた。なんと、そこには4年前に亡くなった夫のブライアンの顔が浮きでていたのだ。しかもその顔が、じっと彼女を見つめているではないか。

言葉を失いあっけにとられた彼女は、壁に現れた夫の顔と3時間ほど見つめあったという。

その後、今度はバスルームに、亡くなったペットのボクサー犬の姿まで出現した。さらに、家具が急に壊れたり壁にかけた絵が落下したりするなど、怪奇現象が多発した。

アンドレアは、神父を呼び、聖水をまいて除霊をしてもらった。今は平穏な暮らしをしていると信じたい。

DATA

発生地
イギリス

発生年
2012年

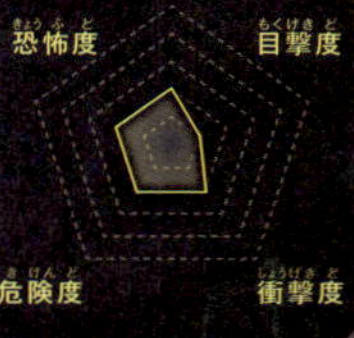

paranormal FILE 052

殺された女性の怨念か？
怨霊の姿が浮かびだす！

▶プレストン家のリビングの暖炉から壁にかけて浮かびあがった、指先まで鮮やかにわかる女性の影。

浮かびだすのは顔だけではない。アメリカ、ルイジアナ州ニューオーリンズのプレストン家の居間に浮かびだしたのは、手をあげた女性とおぼしき人の姿のしみだったのだ。

じつは、この家にプレストン一家が住むはるか前より、おそろしいうわさがあった。

それは19世紀初めのこと。この家に住んでいた妻が夫に殺され、ちょうどしみが浮きでたあたりの壁に、死体を埋めこまれたというのだ。妻の姿が見えなくなった直後、この家の壁は新しくぬり固められたようだ。当時、殺人事件として捜査もされたが、夫がいろいろといいわけをし、うやむやになったという。

心霊研究家は、壁のしみは女性の怨霊で、遺体が壁のなかに埋められていることを怨んで現れたのではないか、という。なお、しみの由来を知ったプレストン一家は、こわくなってすぐ引っ越したという。

DATA

発生地

アメリカ

発生年

不明

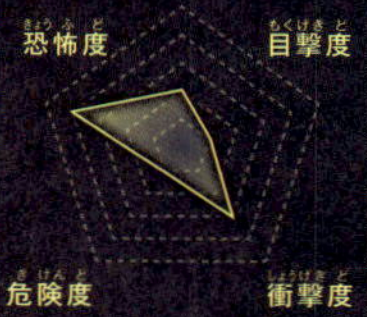

paranormal FILE 053

変化するドクロが出現

非業の死をとげた女性の怨霊か？

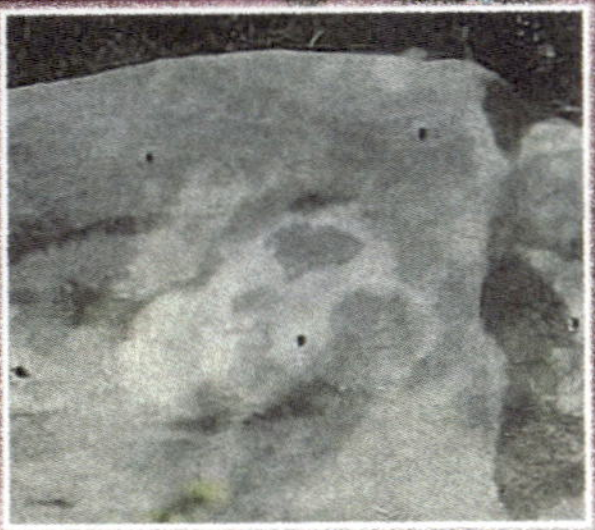

(右)土砂崩れ防止用のコンクリート壁に浮かびあがったドクロ。(左)ドクロの部分拡大。年々、形がはっきりしてきて、苦しげな表情になっていったという。

高さ20メートル以上ある土砂くずれ防止用のコンクリートにドクロを思わせる「顔」が浮かびあがった。しかも、毎年、表情を変えるという。

場所は茨城県水戸市の県道沿いで、ドクロの大きさは1メートル四方。1988年12月ごろに発見された際には、工事関係者は染みだした山肌の水が、たまたまドクロの形になったものと考えていた。

ところが、ドクロの下部には骨格さえ見てとれ、風雨にさらされても消えることはない。それどころか、ドクロはますます形をはっきりとさせていった。さらに、数年たったころには、その表情が悲しげ、苦しげなものになっていったのである。

これを見た霊能者によれば、現場近くで非業の死をとげた女性の怨霊ではないか、という。その怨霊が、ドクロとして浮かびあがり、表情も変化させているのだろうか……。

DATA

発生地

日本

発生年

1988年

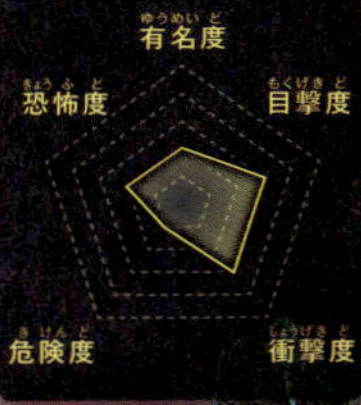

paranormal FILE 054

死の真相を伝えにきた!?
墓前に浮かぶ有名女優の霊顔

(右)ハリウッドのトップスターだったマリリン・モンロー。(左)霊媒師ジョン・メイヤーズが撮影したモンローの墓に浮かびあがった、モンローの顔。

マリリン・モンローといえば、1950年代にハリウッドのトップスターとして大人気を博した女優だ。亡くなったあとは、カリフォルニア州のウエストウッドメモリアルパークに眠っている。そんなモンローの墓の前で、霊媒師ジョン・メイヤーズが写真を撮影した。その写真に、モヤのようなものが写しだされた。よく見れば、モンロー本人の顔をしていたのである。

モンローは人気絶頂の1962年8月5日、36歳の若さで、自宅の寝室で死んでいるのが発見された。マスコミはこぞって「睡眠薬の大量服用による中毒死で、自殺をした」と発表した。しかし、モンローの死には、「ほんとうは自殺ではなく、何者かによって殺されたのではないか」、という話まで浮上したのだ。

メイヤーズは、「彼女は自分の死の真相を伝えるために墓前に現れたのではないか」と語っているのだが……。

DATA

発生地
アメリカ

発生年
不明

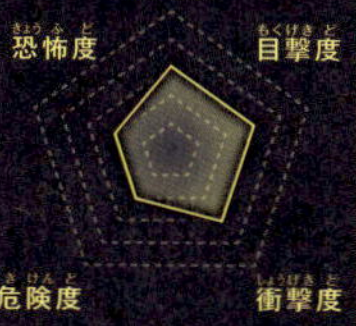

paranormal FILE 055

その死をおしむ人々の願いが届いた？

教会の壁に亡き牧師の顔出現

オックスフォードの教会の壁に現れたルデル牧師の「霊顔」。

イギリス、オックスフォードのとある教会の部屋の壁では、1921年に白い塗料のようなしみが現れはじめた。それは、時がたつにしたがって、しだいに人の顔のような形になってきたのである。

これはだれなのか？

じつは、この部屋には、熱心な布教活動を続けて1898年に亡くなった、ディーン・ルデルという牧師がその家族とともにまつられている。

彼の死をおしむ人々の気持ちが、ルデルの魂に届いたのだろうか？　死後、彼にそっくりな顔が浮かびあがったようなのだ。

さらに、ルデルの顔の隣には、なんとルデルの妻によく似た顔まで浮かびあがった！

同教会を訪れる人々の間では、この霊顔を「ルデルの奇跡」と呼んでいる。

DATA

発生地

イギリス

発生年

1921年

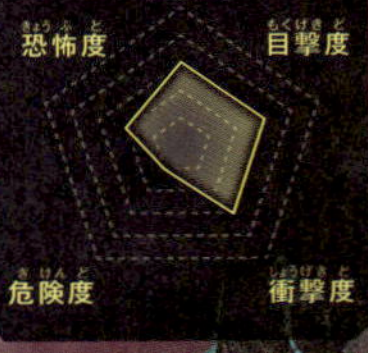

paranormal FILE 056

教会の壁の聖者

神父と子どもの霊が出現

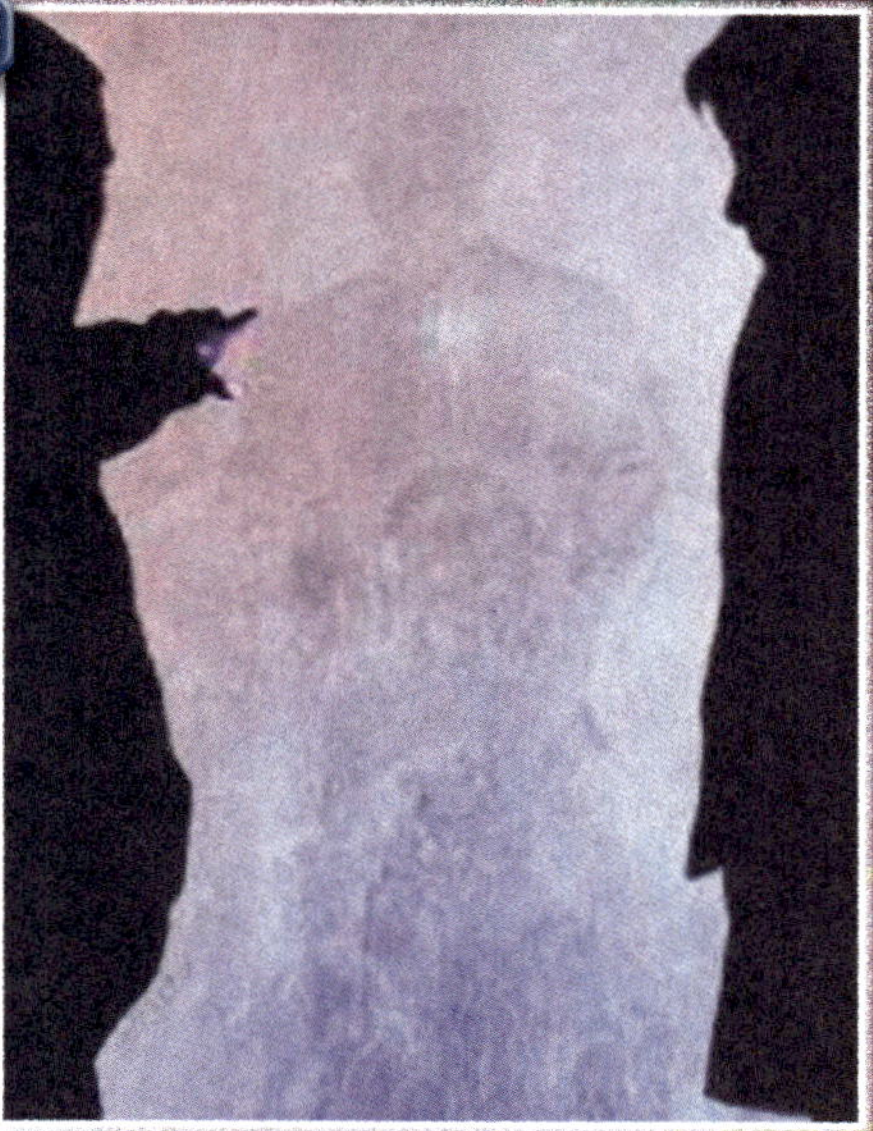

クリスト・レイ・デ・トーメ教会の壁に浮かびあがったウルタド神父と子どもの霊の影。

2005年9月、チリの首都サンティアゴの教会クリスト・レイ・デ・トーメでは、教会の壁に謎の大人と子どもの人影が浮きでたという不思議な現象が起きた。

この話はすぐにマスメディアに知られることとなり、写真とともに公開された。そこには確かに、大人と子どもの影がはっきりと現れている。しかも、大人が子どもの肩に手を置き、見守っているかのようにも見える。

クリスト・レイ・デ・トーメ教会の神父、エルナン・エンリケによれば、現れた大人の影は、かつてこの教会の神父だったウルタドだという。

生前のウルタド神父は教会で貧しい子どもたちのめんどうをみており、子どもたちの肩に手を置いては「大丈夫、神がきみたちを救ってくれる」と、安心させていた。ウルタド神父は生前の功績により、「聖者」の列に加えられたという。

DATA

発生地
チリ

発生年
2005年

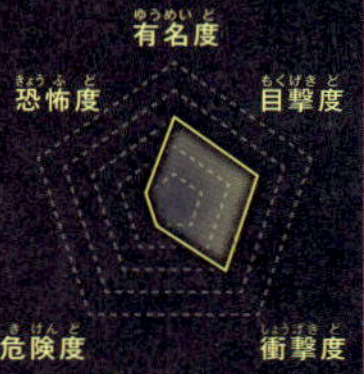

寺の板に現れた胎児霊顔

ご利益のある地蔵堂内の板

ご利益をもたらす、胎児を思わせる「霊顔」。

福島県福島市の大林寺にある、水子供養のための地蔵堂内の板には、1982年3月22日の午後、とつぜん、人間の顔と思われるようなものが浮かびあがった。

当日昼前まで地蔵堂で供養していた住職も、多数の参拝者もだれひとり、この顔の出現に気がつく者はいなかったことから、まさに〝とつぜん〟現れたとしか思えないのだ。

この顔を見た住職は、胎児だと思い、さらに角度によって表情を変化させることに驚いた。

そして、奇跡が起こった！――「寺をお参りしたら九死に一生を得た」「夫婦仲が円満になった」などという声が聞かれはじめ、福島県近隣の県からも、多くの人がお礼参りに訪れるようになったというのである。

結局、この胎児（？）の霊顔の由来は不明なままだが、邪悪なものではないのは明らかだろう。

DATA

発生地
日本

発生年
1982年

有名度

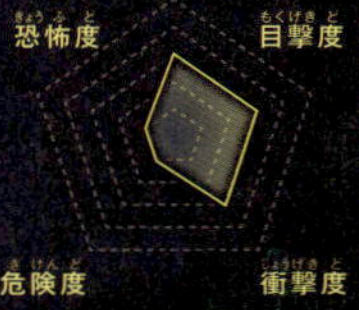

paranormal FILE 058

少女の霊が宿っているのか!? 橋脚に浮かぶ霊の姿

(右)落書きだらけの橋脚に浮かびあがった少女の霊の姿。(左)グレーの塗装でぬりつぶされたが、少女の頭部だけは残されている。

今から40年ほど前、神奈川県川崎市の第三京浜道路の高架下で、奇怪な現象が起きた。橋脚のひとつに、不思議な形のしみが浮かびあがってきたのだ。そのしみは、まるで人間の女性のようにも見える。やがて、この付近では怪奇現象が起こりはじめた。

雨が降る深夜のこと。どことなく生温かい風が吹いてくるほうを見ると、そこにはしみの浮かびあがった橋脚が……。そして、

「助けて、助けて……」

と、かすかに少女の声が聞こえてくるのである。このしみには、少女の霊が宿っているのだろうか……。

その後、しみはグレーの塗装により、落書きごと消されることとなり、怪異は起きることがなくなった。

しかし、なぜか少女の姿のうち、頭の部分は上から消されることなく、残ってしまった。これは消さなかったのではなく、消せなかったのだともいわれている。

DATA

発生地
日本

発生年
1985年ごろ

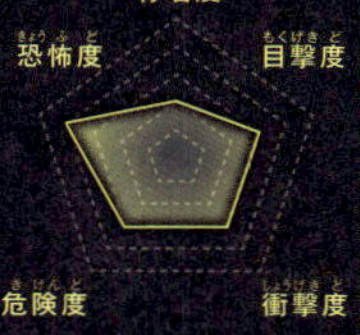

paranormal FILE 059

バイクが幽霊をひいた？

突然飛び出してきた顔のない謎の存在

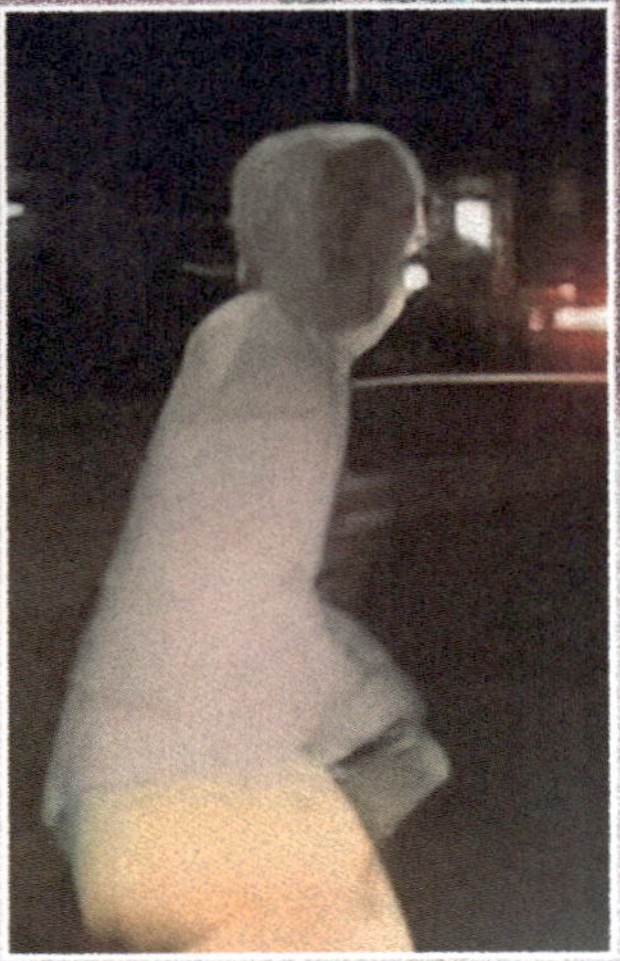

(右)バイクの走行中に撮影された、白っぽい服を着た怪人物。(左)怪人物の拡大。顔はまるで何かでぬりつぶされたように、ぼんやりとしている。

2024年3月9日午前3時ごろ、カール・ダガスは友人と、フィリピンの国道をバイクで走っていた。するととつぜん人影が現れ、彼のバイクの前に飛びだしてきた。急なことにブレーキをかける間もなく、「ひいた!」とカールは思った。

だが、どういうわけだか衝突した際の衝撃がなく、バイクは何事もなくそのまま走りつづけたのだ。驚いたカールはスピードを落として振り返ったが、道路上にひいた人の姿はなかった。

ヘルメットに装着してあったカメラの映像を確認してみると、道路の真ん中にとつぜん人影が現れるようすが確かに映っていて、カールのバイクの進路に近づいている。しかも映像をよく見ると、その人影の顔には目や鼻がなかったのだ!

事件は地元紙やニュース速報でも取りあげられた。カールは「衝突したと思った瞬間、不気味な冷気を感じた。もしかしたら、ぼくは幽霊をひいてしまったのではないか」と語っている。

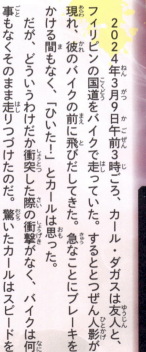

DATA

発生地

フィリピン

発生年

2024年

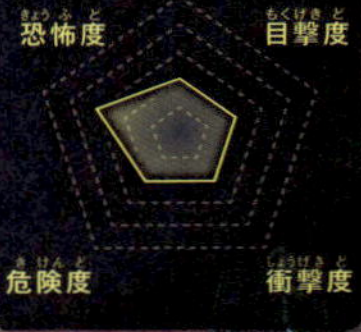

paranormal FILE 060

呪いの言葉が刻まれた彫刻

災いをもたらす石

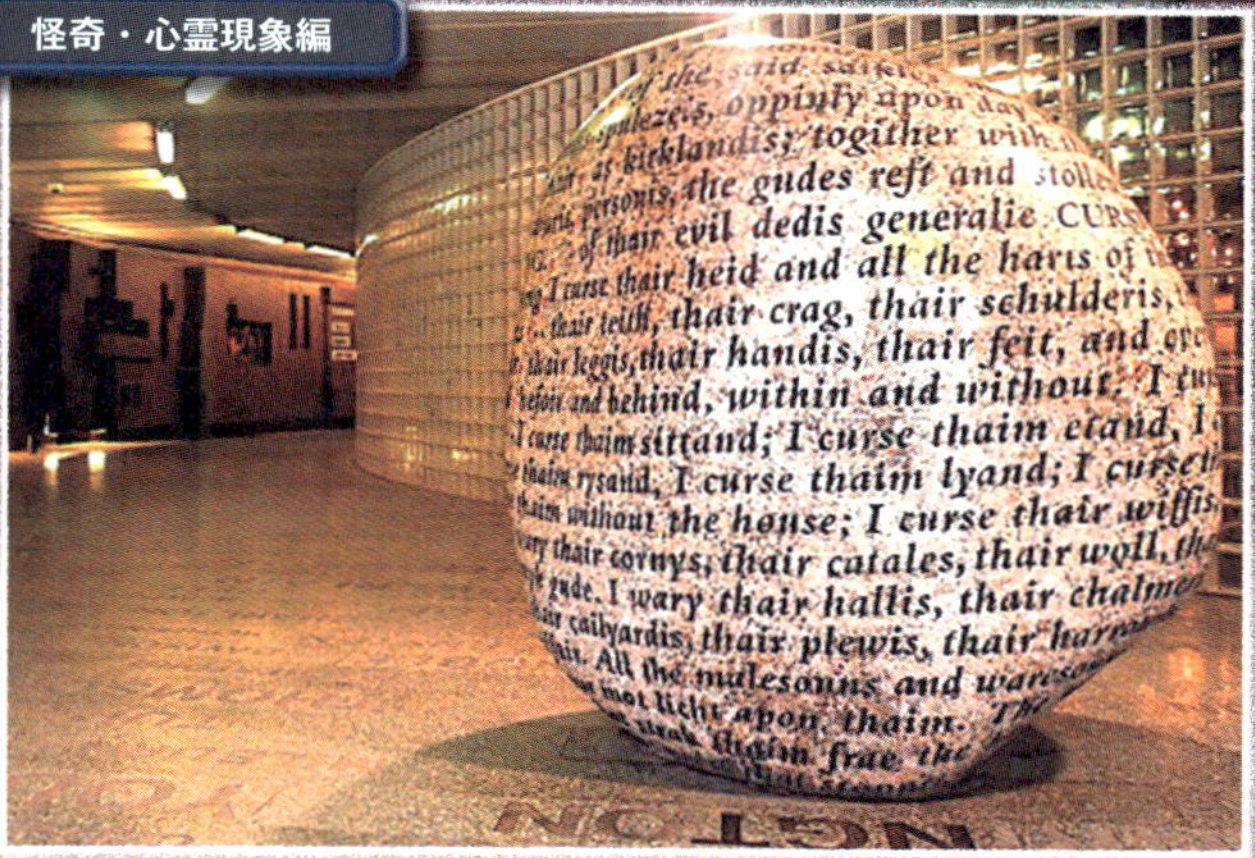

北西イングランド、カーライル城のすぐそばにある地下道に置かれた呪いの言葉が刻まれた石。

2011年11月18日、イングランドで「呪いの石」と呼ばれる芸術作品を撤去しようとしたジム・トゥール議員が、心臓発作で急死するという奇怪な事件が起きた。

石はゴードン・ヤングという彫刻家が2001年に制作した作品で、グラスゴーの大司教だったギャビッド・ダンバーの残した1069語の呪いの言葉のうち、300語ほどが刻まれている。呪いの言葉といっても、世の中を呪う言葉ではなく、人を守るための言葉である。

「2005年に地元で起きた洪水は、呪いの石のせいではないか。また、2001年の口蹄疫（家畜がかかる病気）の広がりもこの石のせいにちがいない。だから早急に撤去しよう」

というトゥール議員の提案は、議会で否決され、彼は数年後に急死してしまった。この不可解な死が呪いの石のせいだとうわさされるようになったのである。

DATA

発生地：イングランド

発生年：2011年

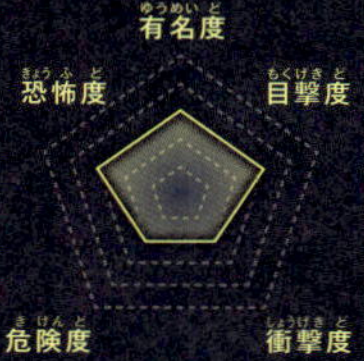

paranormal FILE 061

古城をさまよう幽霊が写真に写った！ ダドリー城の貴婦人

「ちょっと……これ、見て！」

イギリス人女性エイミーは、青ざめた顔で恋人に写真を見せた。それは、２０１４年8月30日、ふたりで同国バーミンガムを観光したとき訪れた、古城ダドリー城内で撮ったスナップ写真だった。

「何だ、この前のダドリー城の写真じゃないか」

「城の入り口のあたりを見てよ！」

エイミーが指さす場所には、明らかに幽霊らしきものが写っていたのだ！

城の入り口を撮った1枚に、見慣れない女性の姿のようなものが写っていた。その部分を拡大して見ると、灰色の服を着た女性であることがわかったのだ。エイミーによれば、ファインダーをのぞいたときには、まったく気づかなかったという。

DATA

発生地

イギリス

発生年

2014年

イギリスの古城には、幽霊が取り憑いているとうわさされるものも珍しくないという。

なかでも、1071年に建てられたダドリー城は、多くの霊が取り憑く、もっとも呪われた城だともいわれている。エイミーの写真の被写体は、そんな霊のうちの、灰色の貴婦人と呼ばれる幽霊と考えられた。この灰色の貴婦人は、何世紀にもわたって、ダドリー城に取り憑いている有名な幽霊なのである。

そして、この灰色の貴婦人は、正体についても昔から語られてきた。それは、ドロシー・ボーモントという女性の霊だとされている。

ドロシーは女の子を出産したあと、間もなくして、赤ん坊とともにこの城で亡くなった。息を引きとるまぎわ、彼女は亡くなった娘の隣に葬られること、夫に葬式に出席してもらうことを望んだのだが、両方ともかなわなかったという。

それが未練となって、彼女の霊が今なお、城とその近辺の土地をうろつき回っているというのだ。

◀(上)ダドリー城。矢印の位置に幽霊が写っていた。(下)上写真の矢印が指す部分の拡大。灰色の貴婦人と呼ばれる幽霊の姿がわかる。

paranormal FILE 062

亡き娘との交信を写真にとらえた！
霊界通信に成功した男

死んだ人と、交信ができる……そんな、にわかには信じられない実験に、これまで挑んだ科学者や発明家は、じつは多い。発明王エジソンが晩年、霊界通信装置の開発に取り組んでいたのは有名な話だ。とはいえ、さすがのエジソンでも、失敗に終わっているようだ。

だが、不可能ではないものなのかもしれない。なんと、霊界との通信に成功したという人物がいるのだ。それは、西ドイツ（現在のドイツ）の科学者クラウス・シュライバーだ。

シュライバーは妻や子、親類、友人の多くと死別していたことから、もう一度交流をできないかと死者との交信手段を研究していた。そんなある日、偶然にも死者の声を録音するのに成功したという。

そして、この研究をきっかけに、霊界から技術指導を

DATA

発生地

ドイツ

発生年

1985年

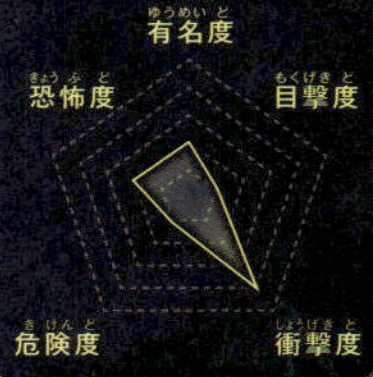

受けながら研究を進めた。

その結果、1985年、光電子フィードバック方式という方法を用いて、死者の姿をテレビの画面に映しただけでなく、交信にも成功したというのである。

シュライバーの発明——霊界テレビのしくみはすごくシンプルなものだった。昔のテレビは、番組受信に使われていないチャンネルでは「シャー」というホワイトノイズという音がしていた。この画面をビデオ撮影し、スロー再生すると、死者の姿が映しだされ、しかも話しかけてくるという。

シュライバーはこの発明で、亡き娘との交信に成功し、その証拠に娘の姿を撮影、公開した。

現在、世界各国でシュライバーの技術の研究が進められており、ラジオやパソコンなどの電気機器を使った死者との通信手段の開発が続けられているという。

この技術が進歩し、もし死者との交信が自由に行えるようになれば、人類最大の謎のひとつ、死後の世界が明らかになるだろう。

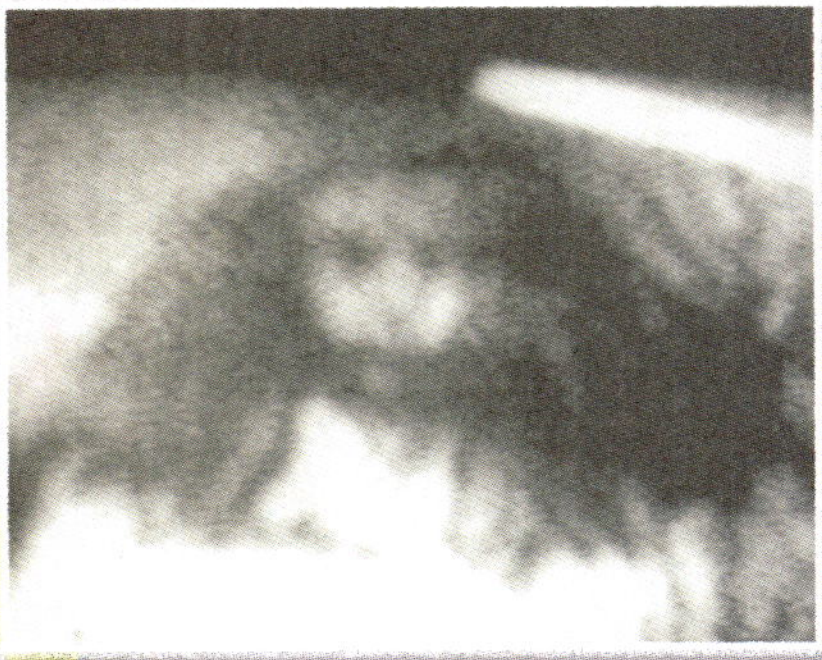

▶(上)霊界通信に成功したクラウス・シュライバー。(下)シュライバーの霊界通信によって、テレビ画面に姿を現した、亡き娘カリン。

幽霊坂（ゆうれいざか）

あるはずのない道が現れる！

トンネル内部の壁ににじみでている、人の顔を思わせるしみの数々。トンネル内にすむ霊の姿なのか？

不気味な旧佐敷トンネルの入り口のようす。この付近は「幽霊坂」とも呼ばれ、怪奇現象多発地域だ。

「あなた、そっちは道がないわ！」

車の助手席に乗っていたI子さんは、運転する彼氏が急にハンドルを切ったので叫んだ。車は道路から飛びだし、杉林へ転落した。運転をしていた彼氏をせめるI子さんに対し、彼氏は、林のなかに道が見えたと主張しつづけた。

この、道がないところに道が現れる怪異が発生したのは、熊本県葦北郡の旧国道3号線にある、旧佐敷トンネル付近。一帯は、幽霊坂と呼ばれる怪奇現象多発地域だった。旧佐敷トンネル内部の壁には、まるで人の顔を思わせるしみも見られる。

さらに、このトンネルの手前には、不思議な地蔵があり、この地蔵のそばに、決して車を停めて降りてはいけないのだというのだ。1992年4月28日、Hという男性がそれを試した。車から降り、路上に出ると、心臓が止まりそうな強烈な圧迫感に襲われたのだ。彼は、あわててその場から退散したという。

DATA

発生地	日本
発生年	不明

有名度

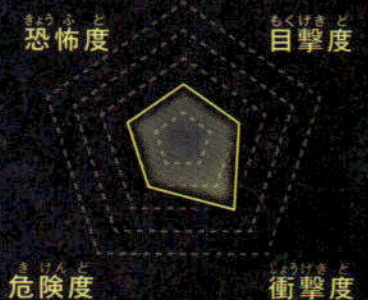

人は死んでも再び生まれ変わるのか？

本当にあった生まれ変わり現象

人は死んで肉体が滅びても、魂は残り、
新たな肉体に宿って生まれ変わるのだろうか？
世界各地では、そんな生まれ変わり現象を証明するかのような
不思議な事例が数多く報告されている。

COLUMN

世界でもっとも有名な転生者

生まれ変わった人を「転生者」というが、なかでもインドのシャンティ・デヴィは、もっともよく知られる人物だ。

シャンティは1926年にデリーに生まれ、4歳になったときとつぜん、前世での生活のことを語りだした。そして、シャンティが前世で夫だったと主張する人物に、彼女が語ったことを書いた手紙を送った。その返事は驚くべきものだった——真実である、と。

1935年、シャンティの前世の夫が彼女と面会。結果、前世の夫は、亡くなった妻と自分しか知らないこともシャンティが知っていたことなどから、亡くなった妻だと断言した。

この話は新聞などを通じてインド中に知れわたったことから、国や研究機関での調査が行われることに。

するとシャンティの前世での証言と一致する事実が次々と判明した。

そして、シャンティの転生は、“真実”と判定された唯一の事例となったのである。

▲前世の記憶を持つ女性シャンティ・デヴィ。

COLUMN

インドの殺された少年

1979年、インドのマディヤ・プラデシュ州の村に生まれたギリラジ・ソニは、2歳のころ、自分は「スバン・カーン」の生まれ変わりだと名乗りだした。スバンという人物は、1978年にアラムという場所で起きた殺人事件の被害者だった。

じつはギリラジの後頭部にはアザがあるが、スバンはそこを刺されて亡くなったのだ。

さらに、ギリラジはヒンドゥー教徒だが、なぜかイスラム教の祈りを唱えることができた。そして、スバンはイスラム教徒だったのである。

この話は話題となり、スバンの未亡人がギリラジを訪ねてきた。ふたりが話した結果、ギリラジが生まれ変わりであることが裏づけられた。

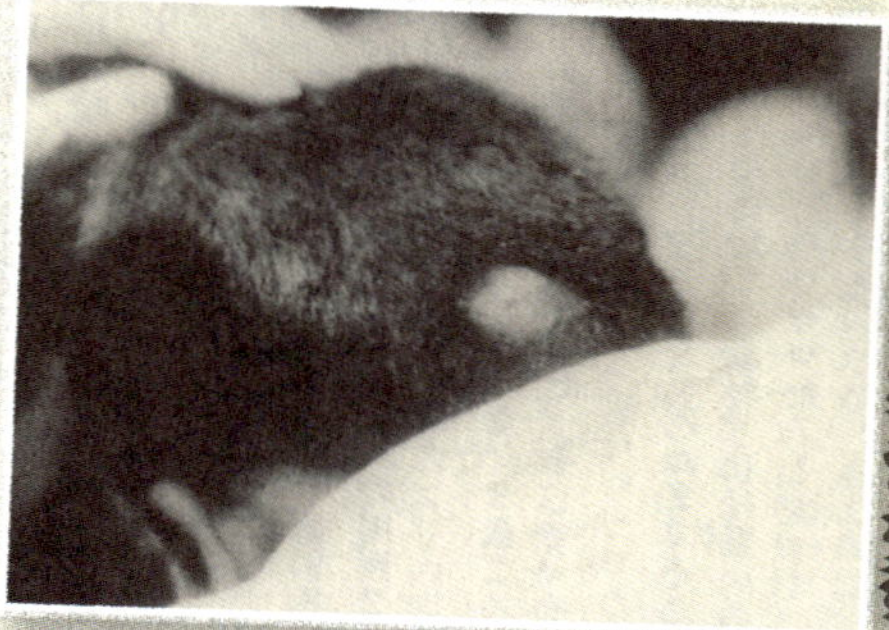

▲ギリラジの後頭部のアザ。スバンが刺された場所と一致する。

複数の前世を持つ将軍

生まれ変わりは何度もあることを示すのが、歴史上の有名人でもある、アメリカ陸軍のジョージ・パットン将軍だ。

パットンは、初めて訪れる場所なのに、見たことがあるという体験を何度もしていた。しかも、ガイドをやとわなくても、町のあちこちを、道もまちがえずに歩くことができたのだ。

さらに彼は自分の書いた本の中で、古代ギリシャの歩兵だったことや、ナポレオンに仕えた陸軍元帥だったことなどを書いている。そのほとんどの前世が、兵士として戦ってきたものであり、パットン自身も勇猛な司令官として名をはせたのである。

◀アメリカ陸軍の英雄ジョージ・パットンは複数の前世の記憶を持っていた。

火星人の生まれ変わり

最後は、とんでもない生まれ変わりの事例を報告しよう。1996年、ロシア、ボルゴグラード州のボリスカは、なんと火星人の生まれ変わりだというのだ。

ボリスカは乳児のころから泣かないし、病気にもかからなかった。生後わずか8か月で、完璧におしゃべりができた。両親は当然、驚いたが、さらに信じられないことが続いた。

ボリスカが2歳になると、太陽系のすべての惑星の名前ばかりか、多くの銀河の名前や数まで正しく語り出したのだ。両親が教えていないのに！

このうわさはたちまち町中に広まり、人々は好奇心からボリスカに会いにやってきた。そこで、ボリスカは地球外生物の話や、地球には3メートルもある古代人種がいたことなどを語った。多くの人は子どもの作り話とおもしろがった。

しかし、ボリスカに会った天文学者や歴史学者、UFO学者を含むさまざまな分野の科学者たちは、ボリスカの語る話には真実がある、という結論を出した。彼が使う外国語や科学専門用語は、本来、特殊な分野を研究する人の間で使われるものだったからだ。

そしてボリスカは自らについて「前世では、14歳ごろまで火星に住んでいた」ことを語った。

はたして、彼は火星人の生まれ変わりなのだろうか!?

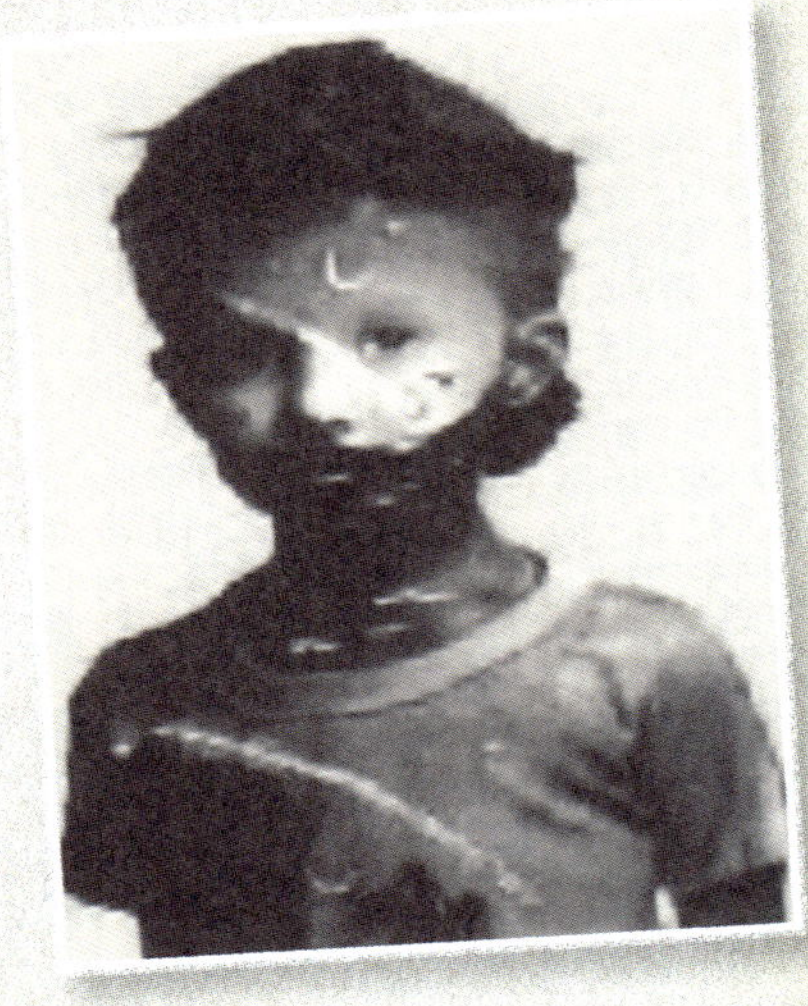

▶自ら「火星人の生まれ変わり」と語る少年ボリスカ。彼によれば、火星人は現在、火星の地下に暮らすともいう。

paranormal FILE 064

幽霊出没の噂が絶えない街道

イギリス幽霊街道

イギリスには98ページで紹介したように幽霊街道がいくつもある。目撃される幽霊は場所によってさまざまな姿だ。他の幽霊街道も見てみよう。

街道筋に現れる幽霊として、イギリスでよく知られているひとつが「黒い幽霊修道士」だ。

グロスターシャーの古い街コッツウォルドの大修道院近辺の「カウル・レイン（修道士の頭巾横町）」で多く目撃され、その名のとおり幽霊修道士は頭巾をかぶっているのである。

また、幽霊修道士はウィンチコム周辺の道路でも目撃されている。この付近を訪れたポーラという女性は奇妙なものを見て、何だろうと思った。

それは、頭巾をかぶりローブをまとった集団が軽快に歩いてくる姿だった。しかし、よく見ると足がないのだ。

DATA

発生地
イギリス

発生年
不明

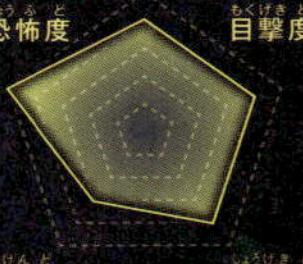

ポーラは一定のリズムで移動する集団を見て、恐怖をおぼえた。こわくなった彼女は、家族がいる場所まで急いで移動した。ところが、あたりの木々の数がさっきより減り、小道の位置も少しずれているように感じた。あったはずの深いくぼみもなくなっていた。

だが、すぐに景色はもとどおりになった。ポーラは後に、そのときのことを「まるで別の時代にまぎれこんだようだった」と語った。彼女は幽霊の目撃と同時に、タイムスリップしたのだろうか。

他にも、幽霊街道として名高いのは、ロンドンとブライトンを結ぶA－23という幹線道路。この街道では、白いトレンチコート姿の幽霊が道路を横切ったり、クリケット選手の格好をした幽霊が現れたり、明るい色の服を着たふたり連れが車のヘッドライトに照らされた瞬間、溶けて消えたりするなど、かなりの数のドライバーが奇怪な現象に遭遇しているのである。

また、幽霊街道に現れるのは、人間の幽霊だけではない。ハイウェイM－6号線では、運転手の乗っていない、ぼろぼろの小型トラックがとつぜん現れ、消えるという事件も報告されている。

街道の幽霊は、このように修道士をはじめとする幽霊、そして幽霊自動車など、街道ごとに特徴的だ。街道の幽霊の目撃報告数から、見まちがいですまされないことだけは確かだろう。

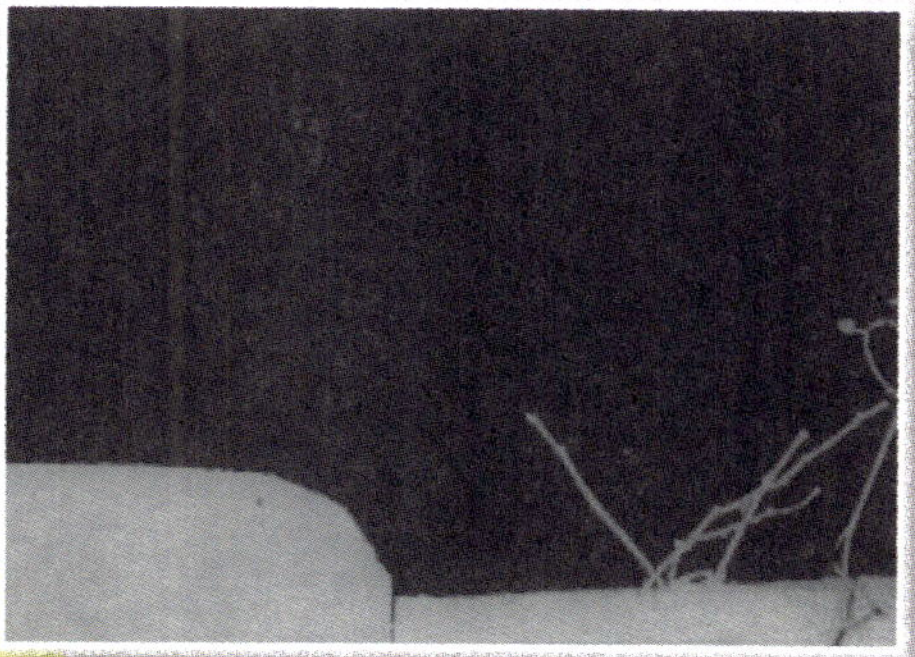

◀コッツウォルドの街道で写された幽霊修道士の姿。

paranormal FILE 065

何もないところからとつぜん車が現れた

ロシア幽霊自動車の出現

2014年3月31日、ロシアの交差点で、じつに不可解な幽霊事件が起きた。その霊は人間の姿ではなく車、つまり「幽霊自動車」だったのである。

この幽霊自動車が、交差点で信号待ちをしていたドイツ車の前にとつぜん、姿を現した瞬間の衝撃的な動画が公開された。これは、交差点で左折待ちしている自動車のダッシュボードに設置されたドライブレコーダーが偶然、とらえたものである。

その奇怪さから、この映像は話題を集め、またたくまに世界中で反響を巻きおこすこととなった。

ほんの数秒の短い映像だが、そこからわかる状況を紹介しよう。

映像にあるのは、一見すると、多くの車で混みあった交差点である。先行するドイツ車が進行方向に車影がな

DATA

発生地

ロシア

発生年

2014年

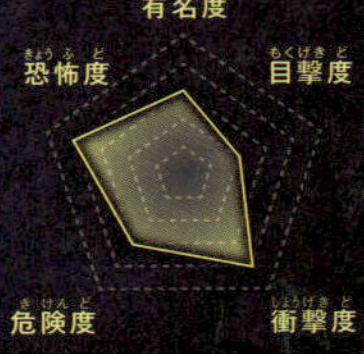

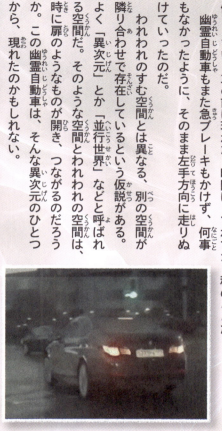

いことを確認して発車したところ、とつぜん、フッと右側から車が現れて、〝通過〟していったのだ！　ドイツ車が急ブレーキをかける間もない出来事だった。

じつにおかしなことに、その映像には、この車が走ってくるところは写っていない。まるで、幽霊のように、いきなり車の前に現れているのである。

あらためて動画をストップモーションで観ると、幽霊自動車は、いかにも見えない空間から、停まっている車の前に現れた。時間にしてわずか2秒のことだ。

幽霊自動車もまた急ブレーキもかけず、何事もなかったように、そのまま左手方向に走りぬけていったのだ。

われわれのすむ空間とは異なる、別の空間が隣り合わせで存在しているという仮説がある。よく「異次元」とか「並行世界」などと呼ばれる空間だ。そのような空間とわれわれの空間は、時に扉のようなものが開き、つながるのだろうか。この幽霊自動車は、そんな異次元のひとつから、現れたのかもしれない。

(上)交差点で信号待ちをしているドイツ車。(下)すると、とつぜん、その前に右側から車が現れ、通り過ぎると消えてしまった！

paranormal FILE 066

大規模交通事故現場で目撃された！

散歩する幽霊

▲男性のような人影が、画像左から右方向へ歩いていく姿が確認できるが……。

▲男性のような人影は、しだいに体が透明になり、最後には消えてしまったのだ！

ワイオミング州ジャクソン。この街のメインストリートではかつて、大規模な交通事故が発生していた。この交通事故では、同時に火災も起こり、多くの人命が失われた。

その事故後、現場周辺の道路では、さまざまな怪現象が起こりはじめたのである。

怪現象のなかでも、もっとも多くの目撃者がいるのが、夜な夜な、歩道を幽霊が散歩するというものだ。

2014年4月30日、その道路の街頭に設置された監視カメラが、ついにうわさの霊の姿をとらえた。道路をカメラ画面の左手方向から歩いてきた男性のような人影は、最初はふつうに歩道を歩いている。ところが、カメラの前を横切る間に、頭からしだいに体が透明となり、それが足首まで進み、最後には消えてしまったのである。その間、わずか数十秒。どう考えても、この人影は、幽霊としか考えられない。

DATA

発生地

アメリカ

発生年

2014年

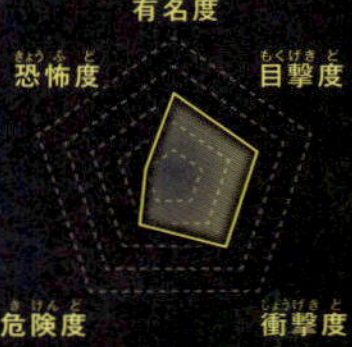

paranormal FILE 067

聖地で複数のカメラにとらえられた！
青いドレスの幽霊

▶サンピエトロ大聖堂内の聖ペテロ像の斜め前上空に、青いドレスを身にまとった女性のような姿が、写真にとらえられた。

バチカン市国は、世界でもっとも小さい独立国であると同時に、キリスト教最大宗派カトリックの総本山でもある。そんな聖地を代表する建造物、サンピエトロ大聖堂のなかにある、聖ペテロ像の前で、不可思議な物体が撮影される事件が起きた。

2007年8月のこと。聖ペテロ像の前で撮影されたスナップに、聖ペテロ像の斜め上の空間に浮くように、青いドレスを身にまとった女性のような姿が見えるのだ。

しかし、写真に鮮明に写っているにもかかわらず、撮影時だれひとりとして気がつく者はいなかった。

さらに不思議なのは、同じ日、別の観光客が撮ったビデオにも、この青いドレスの女性霊がはっきりと映っていたが、このビデオの撮影者も、撮影時には気がついていなかった。

このカメラがとらえた、青いドレスの女性霊は、悲しげにも見えるその姿から、この世に未練を残した女性だったのだろうか。

DATA

発生地
バチカン

発生年
2007年

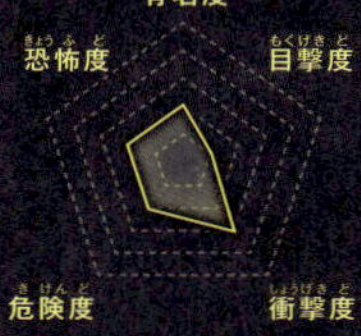

paranormal FILE 068

ガスマスクの怪人

都市伝説は事実だったのか!?

ガスマスクに軍服の異様な怪人の後ろ姿。

2013年8月、ある1枚の写真がスイスで話題になった。それは、身長約1・9メートル。古い軍用のマント、ブーツ、軍用のガスマスクのようなもので顔をおおった異様な姿をした怪人のものだった。

じつはスイス西部の森林地帯、マウレ・フォレストでは、そのような姿をした怪人の目撃が2000年代初頭から続いており、人々を不安におとしいれているという。

怪人を直接目撃した人によれば、ガスマスクの下は暗く、目も顔も見えなかったという。また、少し変わった証言内容としては、「手に花束を持っていた」という人もいるという。

はたして、今回撮影されたガスマスクの怪人は、本物なのだろうか。あるいはだれかのいたずらなのだろうか。もし事実なら都市伝説ではなかった可能性が高まる。

なお奇妙なことに、その後の続報はないようだ。

DATA

発生地

スイス

発生年

2013年

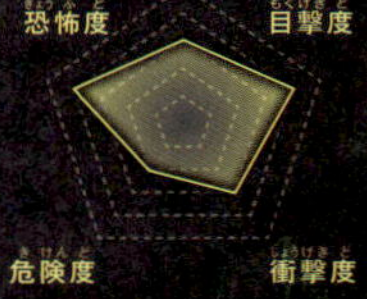

paranormal FILE 069

かけぬける姿が中継された!
スタジアムの幽霊サポーター

幽霊サポーターがスタジアムの観客席に出現。画面の左から右へかけぬけていく。

幽霊サポーターは画面中央にあるフェンスをすりぬけて姿を消したという。

ボリビアの首都ラパスにあるエルナンド・シレス競技場は、通路で幽霊が目撃されるなど、以前から怪奇的なうわさがある競技場である。そこで、2014年4月17日、観客席をかけぬける幽霊の姿が、テレビ中継のカメラにとらえられた!

ザ・ストロンゲストとデフェンソール・スポルティングの試合がロスタイムにさしかかったときのことだ。ふと、カメラが観客席を映すと、左手からとつじょ黒い人影が現れたのである。

その黒い影の幽霊は、人がまばらにいる観客席を、なんのためらいもなく走り、画面の左から右へと十数秒でかけぬけた。とちゅうのフェンスを〝すりぬけ〟て、だ。

この幽霊を現場で見た人がいたのかは不明だが、中継をテレビで見ていた人々からは、「幽霊サポーターが出現した!」「なぜかけだしているのか?」など驚きの声が上がっている。それにしても、いったい、何者だったのだろうか?

DATA

発生地
ボリビア

発生年
2014年

有名度
恐怖度
目撃度
危険度
衝撃度

paranormal FILE 070

霊がすみつく競技場

話し声が聞こえ、霊の目撃が続く

▶フロンティア・フィールドを覆うように、霊のエネルギーらしきものが撮影された!

ニューヨーク州の総合競技場、フロンティア・フィールドでは、幽霊が目撃されたり、無人の通路で不気味な話し声が聞かれたり、怪現象のうわさが絶えない。

2003年9月18日、この競技場で、心霊研究家のJ・バークハートが代表をつとめる超常現象研究団体「ロチェスター・パラノーマル」による調査が行われた。

その結果、霊体と思われる白いもやが撮影された。そのもやが、霊の正体なのかは不明だが、どうやらこの競技場にはかなり強い〝負のエネルギー〟を持つ霊がいるらしいことが判明したという。

さらに、不気味な人の顔がいくつも浮かびあがるという超常現象まで撮影されたのである。

バークハートは調査の結果を受け、「霊との交信を試みる必要がある」と述べた。フロンティア・フィールドには何がいるのか不明だが、謎の解明が待たれる。

DATA

発生地

アメリカ

発生年

不明

有名度

恐怖度

目撃度

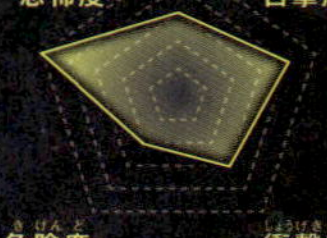

危険度

衝撃度

paranormal FILE 071

その掛け軸は生きているのか？

目を見開いた生首画

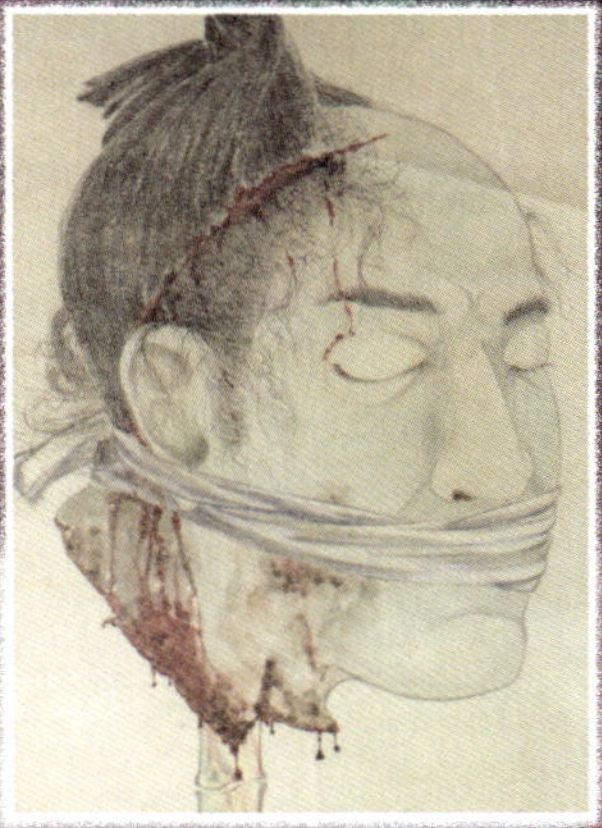

（右）金三郎の掛け軸。目を閉じて描かれているのだが……（左）生放送中に映し出された場面。なんと、目を見開いた！

1976年8月20日、朝の情報番組で取りあげられた生首の絵が、放送中に目を見開いた！　問題の絵は江戸時代末期に、京都町奉行所の役人だった渡邊金三郎が、近江（現在の滋賀県）で暗殺されたときに描かれたもので、血の色には遺体の血液が使われたという。

この掛け軸は、1972年に青森県弘前市の詩人が京都の古書店で見つけて購入し、自宅のタンスにしまっていた。ところが、タンスのある部屋で寝ていた詩人の母親が、おそろしいうめき声を何度も聞いたのである。詩人も試しに寝てみると、やはり自分にも聞こえてきたという。

生放送中に、目を見開いた生首の絵は、しばらくの間カメラをにらみつけていたが、スタッフはそれに気がつかず、49秒もの間、放送が続けられた。また、視聴者からは「あたりを見渡すように目が動いた」との連絡もあったという。

DATA

発生地
日本

発生年
1976年

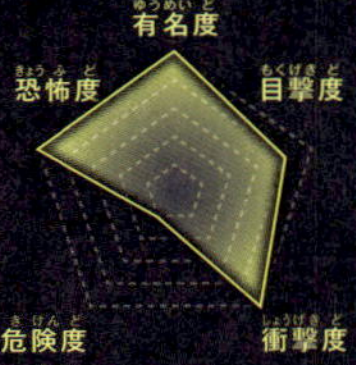

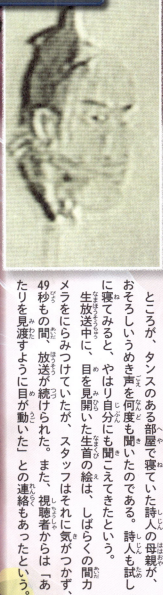

paranormal FILE 072

怪奇現象をもたらす呪われた絵
『もだえ苦しむ男』

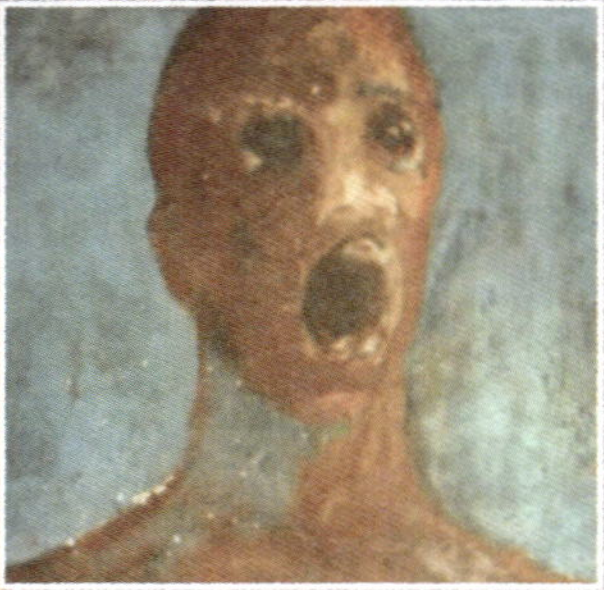

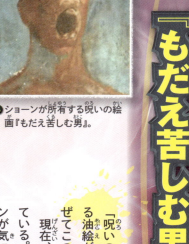

ショーンが所有する呪いの絵画『もだえ苦しむ男』。

絵の前に監視カメラを設置したところ、白いものが横切っていく様子がとらえられていた!

「呪いの絵」と呼ばれる絵のなかで近年、大きな話題を集めている油絵が『もだえ苦しむ男』だ。作者は、自分の血を絵の具にまぜてこの絵を描き、完成と同時に自殺したのだという。

現在、この絵はイギリス在住のショーン・ロビンソンが所有している。もともとは彼の祖母が、友人からゆずられ、それをショーンが気に入って、もらい受けたのだ。そして、ショーンの家で、怪奇現象が始まった。

最初は、だれかが壁をたたいたり、ひっかいたりするような音が鳴りひびきだした。さらに寝室のベッドの足もとに、だれかが立っているような気配を感じたり、ささやき声を聞いたりするようになった。ショーンは絵が置いてある部屋に監視カメラをセットし、この絵を撮影した。すると、白いもやのような物体が、絵の前を通過していったのである。もしかすると、絵を描きあげて自殺した作者の怨霊なのかもしれない。

DATA

発生地

イギリス

発生年

不明

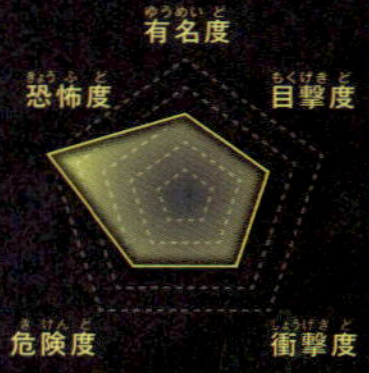

paranormal FILE 073

所有者が必ず不幸になる！
世界一恐ろしい絵

▶歴代の所有者はみな、不幸になっているという。中国のネット掲示板では「世界一恐ろしい絵」として話題になった。

この絵は、東南アジアの某国に実在した人妻を描いたものだ。この絵のモデルとなった女性は、夫が愛人を作り、絶望の果てに自殺してしまったのだという。

その悲劇のあと、女性のこの世のものとも思えない美しさから、絵を買いたいという人が続出した。ところが、絵を所有した人は、精神的な病をわずらい、治療法のわからない病気を発症し、薬もきかないために苦しみぬいて死んでいったのである。

なお、この絵は「世界一恐ろしい絵」というふれこみで、中国のネット掲示板で公開された。これをきっかけに、見た者は所有者のように不幸になる、というものから、男性が夜中にこの絵をしばらく見つめていると、この絵がほほえみかけてくる、といったものまでさまざまなうわさが広まった。

それにしても不幸をもたらす原因は、やはりモデルとなった人妻の怨念なのだろうか。

DATA

発生地
東南アジア

発生年
不明

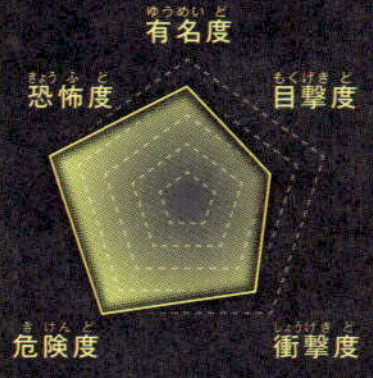

paranormal FILE 074

地獄の支配者がとりついた人形

キャベツ畑人形の悪霊

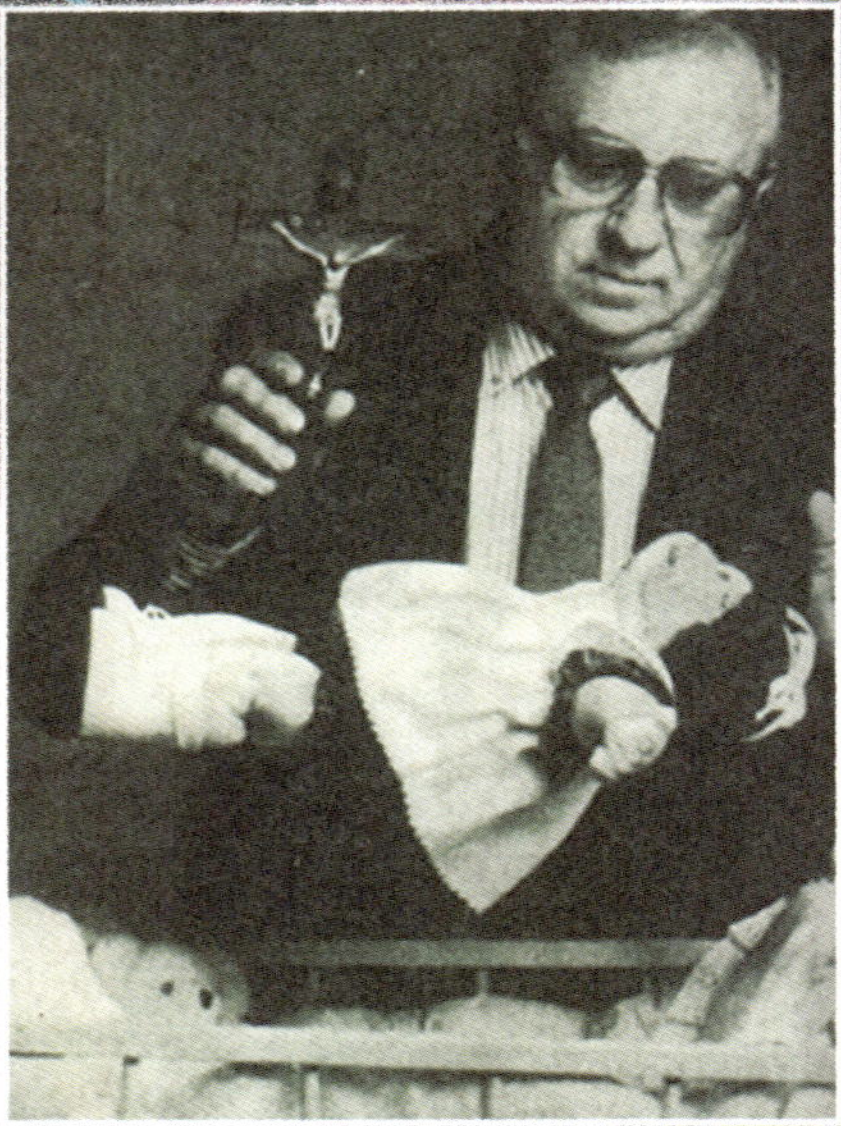

キャベツ畑人形の悪霊をはらうエクソシストのエド・ウォーレン。

かつてアメリカで爆発的に売れた「キャベツ畑人形」に悪霊が乗りうつった！

1983年、コネチカット州にすむ、アンナ・ベリーは、その年のクリスマス・プレゼントでキャベツ畑人形をもらった。しかし、数日後から奇妙なことが起きた。夜になれば食器棚から皿やカップがひとりでに飛びだし、家具が勝手に動く、部屋の電気はついたり消えたり、壁をたたく音がした。ポルターガイスト現象である。

そして、キャベツ畑人形は、ベッドの上に立ち上がり、目を真っ赤にしてアンナをにらみつけ、こう言った。

「わたしは、地獄から来た支配者なのだ」

アンナはエクソシスト（悪魔ばらい）のエド・ウォーレンに救いを求めた。ウォーレンがかけつけると、十字架を振り、人形の動きを止めた。その後人形は聖水をかけて埋葬されたという。

DATA

発生地
アメリカ

発生年
1983年

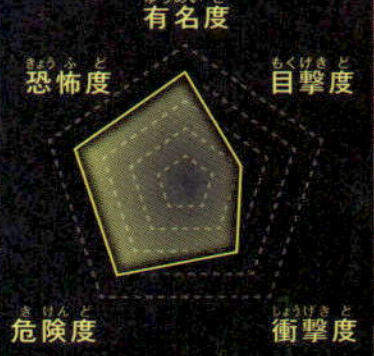

paranormal FILE 075

見たと同時に僧侶が亡くなった！
日本最古の心霊写真

写真師の三田弥一が撮影した、日本最古と呼ばれる心霊写真。住職の背後に女性の霊の姿が写っていた。

日本最古の心霊写真といわれるものがある。1879年、横浜市にすんでいた三田弥一という写真師が、保土ケ谷の天徳院という寺の住職を撮影したものである。住職の顔の横に、女性らしき影が映っているのがわかるだろう。

住職は、この写真に写った女性を見た瞬間、もだえ苦しんで亡くなってしまったというのである。

女性の正体は、住職の妻だという。ある質屋の娘が、住職のもとに嫁いできた。しかし、夫婦の仲は悪く、妻は病気がちで寝こむことも多かった。しだいに嫌気のさしてきた住職は、看病もせず、水すらもあたえずに妻を衰弱死させたというのである。妻は亡くなる直前、住職にこう言った。

「覚えていろよ、今に取りついてやる」

妻の亡くなる前に残した言葉を思いだし、その恐怖から亡くなってしまったというのだ。

DATA

発生地
日本

発生年
1879年

有名度

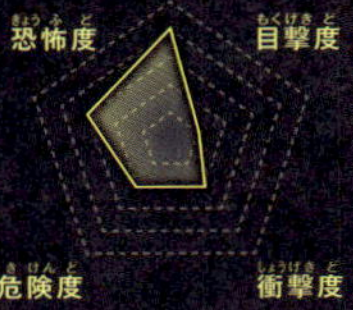

paranormal FILE 076

幽霊ヒッチハイカー

深夜に現れる女幽霊の恐怖！

1992年、ケント州。真夜中にメイドストン・ロードを走行中の車の前に、とつぜん、若い女性が飛びこんできた！

「うわああっ」

ドライバーがあわてて急ブレーキをかけるも、残念ながら女性をさけることはできなかった。だが、ドライバーがひいてしまった女性を確認しようとすぐに車外に飛び出すと……

「い、いない!?」

なんと、ひいたはずの女性はおろか、周囲には血痕も残っていなかったのだ。

そして奇妙なことにこの年10月から11月にかけて、走行中の車に若い女性が飛びこみ、消えるという事件が3度も発生したという。

DATA

発生地

イギリス

発生年

1992年から

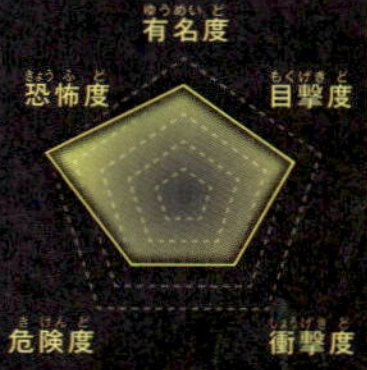

事故を報告したドライバーによれば、ひかれたのはいずれも若い女性で、彼女はひかれた瞬間、まるでのぞきこむように車内を見つめていたという。

地元の人々は、この奇怪な事件をこううわさした――

「ブルーベリー・ヒルの幽霊のしわざだ」と。

じつは、メイドストン・ロードの通るブルーベリー・ヒルでは、1965年11月9日、悲しい交通事故が起きていた。その日、結婚式に向かうとちゅうだった花嫁、ジュディス・リンガムをはじめ3人の女性が、この事故で死亡していたのである。

その女性たちの幽霊が現れたのではないか、というのだ。

メイドストン・ロードの幽霊が話題になって間もない1993年1月6日午前1時近くのことだ。ドライブから帰宅中のメイデン一家が、新たな幽霊を目撃した。

「あんなところを人が歩いているぞ……」

ブルーベリー・ヒルの近くを通るオールド・チャタム・ロードを走行中、長いドレスを着た老女が横切ろうとするのが見えたのだ。ヘッドライトで老女を照らすと……

◀幽霊が出現することで話題となったブルーベリー・ヒル。

「うわっ！」

メイデン一家は恐怖に凍りついた。老女の顔には生気がなく、しかも、目は黒目だけ。ぽっかり開いた口からシューシューと不気味な音が鳴っているのが、閉めきった車の窓を通して聞こえてきた！

さらに老女は手にした小枝の束を、彼らに向かって振りつづけたのだ。

「ま、魔女だ！　あれは魔女だ！」

恐怖にかられたメイデン一家は車を急加速し、その場を通りすぎようとした。ところが、次の瞬間、老女の姿はとつぜん消えてしまったのだ。

そして、この老女とまったく同じと思われる幽霊が、後日、ブルーベリー・ヒルA229号線を走行中のタクシードライバーに目撃されたのだ。

つまり、ブルーベリー・ヒル周辺では、若い女性と老女、2体以上の幽霊が現れているのである。

これらの例のように、道路のわきに立ち、ヒッチハイクをするかのように現れる幽霊は「幽霊ヒッチハイカー」と呼ばれて

▶1965年11月に起きた、花嫁をふくむ3人の女性が死亡した交通事故。彼女たちの幽霊が現場に現れている?

いる。

幽霊ヒッチハイカーは、その地域の開発時期に合わせて語られはじめることが多いともいわれている。ここで紹介したブルーベリー・ヒルでも、1992年から1993年にかけて、大規模な土地整備開発が行われている。

なぜ、そのような一致がおこるのだろうか。一説には、地域の開発に反対する人々が、わざと幽霊のうわさを流すことで、開発を中止させようとしているからだ、とも考えられている。事実、ブリーベリー・ヒルでも、土地開発が終わった1993年以降、うわさが流れなくなったからなのか、幽霊ヒッチハイカーの目撃談はほとんど出てきていないのだ。

しかし、ブルーベリー・ヒル付近で報告された「車に飛びこんでくる女性の霊」や「長いドレスを着た老女の霊」の目撃談を、人が流したただの作り話だと決めつけてよいものだろうか？　それにしては、証言内容が細かく、あまりにも話がリアルすぎるのだが。

今後も現地で新たな幽霊目撃談が出てくる可能性は、否定できないのである。

▶（右）とつじょ、道路に姿を現した幽霊ヒッチハイカーのイメージ。（左）出現する幽霊ヒッチハイカーの姿はこのようなイメージか？

paranormal FILE 077

アメリカの幽霊ヒッチハイカー
恐怖の幽霊メアリー

幽霊ヒッチハイカー（140ページ）は、アメリカでも報告されている。イリノイ州シカゴ郊外のレズレクション共同墓地近くに出現する、白いドレスを着た美少女の幽霊もそのひとつだ。

その幽霊は1931年、舞踏会の帰り道、不幸にも酔っぱらい運転の車にひき殺されて死亡し、この墓地に埋葬されたメアリーだとされる。

幽霊目撃が始まったのは、1939年10月31日のことだった。その日、ジェリー・バロスはダンスホールで、かわいらしい少女と出会い、ダンスを楽しんだ。その後、ジェリーは少女を車で送っていくというと、少女は「レズレクション共同墓地で降ろしてほしい」といった。墓地とは妙だと思いながら、ジェリーは墓地の近くで降ろした。すると、車を降りて墓地の入り口まで歩いていっ

DATA

発生地
アメリカ

発生年
1939年

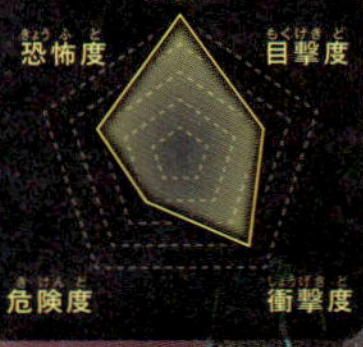

た少女の姿が、とつぜん、消えたのだ！　そこでジェリーは気がついた。幽霊だったのだと。ゾッとし、一目散に帰宅したという。

同じような事件はその後も続いたが、1976年、さらにメアリーの実在をしめすかのような証拠が残る事件も起きている。

その年10月末、墓地のなかに白いドレスを着た少女が、ゲートをつかんで出たがっていると、地元のアーチャー警察署に通報があった。その通報を受けた巡査はパトカーで現場に急行。

そこで巡査は驚いた。少女はいなかったが、墓地正面ゲートの青銅製のバーが2本、かなりの力でおし広げられていたのだ。そのようなことは、人間では不可能だ。巡査は、やはり地元で有名な幽霊メアリーのしわざかと納得した。

地元の人々はメアリーについて、こう語る。

「もし夜、あなたが舞踏会用のドレスを着たままヒッチハイクをしている美少女を見かけたら、車に乗せてやってほしい。彼女はよろこぶはずだし、またそれが供養にもなるのだから」

不慮の事故死をとげたメアリーのヒッチハイクは、今もなお続いているのだろうか……。

(上)メアリーが埋葬されているレズレクション共同墓地。(下)幽霊メアリーが消えた墓地のゲートのバーの表面には、にぎった手のあとが残っていた。

paranormal FILE 078

呪われた〝世界でもっとも奇妙な建物〟
ウィンチェスター・ミステリー・ハウス

カリフォルニア州にある「ウィンチェスター・ミステリー・ハウス」は、世界でもっとも奇妙な建物として知られる。そのいわれかたのとおり、じつに不可解な屋敷なのだ。

広大な建物には１６０の部屋、約1万枚の窓などがあり、行き止まりになる階段、９６０枚のドア、40本の階段、47個の暖炉などが点在する。さらに、開けても壁しかないドアのように、機能しない設備が多数あり、曲がりくねって3キロもある廊下など、でたらめとしか思えないような造りをしているのである。

この奇妙な建物は、１８８４年からサラ・ウィンチェスターによって、彼女が亡くなる１９２２年まで、増改築がくりかえされた。なぜそのようなことを行ったのかというと、それは、ウィンチェスター家にかけられた呪

DATA

発生地
アメリカ

発生年
1884年

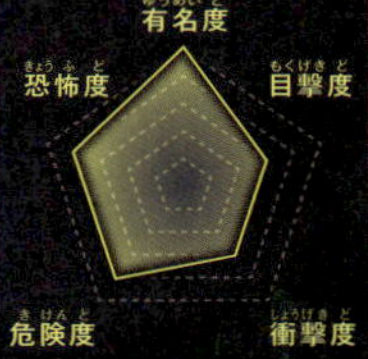

いから逃れるためだった。

ウィンチェスター家は、当時、爆発的に売れた「ウィンチェスター銃」の発明によって、瞬く間に大富豪になった。ばく大な財産を親から受けついだウィリアムは、サラと結婚、娘をさずかったのだが――娘とウィリアムがあいついで急に亡くなったのだ。

残されたサラは、次は自分が死ぬ番ではないか、とこわくなり、霊媒師を訪ねた。すると、霊媒師から「ウィンチェスター銃で死んだ何百万人に呪われていること、この呪いから逃れるためには、家を増築しつづけ霊の目をあざむくしかないと、告げられたのだ。

この助言に従い、サラは生涯にわたり家を広げつづけたのである。

なお、興味深いのは、欧米では不吉な数字としてきらわれる「13」に、サラがこだわっている点だ。たとえば、建物の階段は13段、舞踏室のシャンデリアは13個、各部屋の窓は13枚、バスルームは13室。さらに石畳は13あり、ヤシの木の数も13本という。

しかしそのおかげか、サラはその後38年も生きた。

屋敷は現在、歴史的建造物として観光地になっているが、今でも幽霊の目撃談はつきないのだという。

◀増改築がくりかえされた呪われた館。

paranormal FILE 079

修道女の霊がさまよう!

ボーリー牧師館の怪異

DATA
発生地
イギリス
発生年
13世紀
有名度 目撃度 衝撃度 危険度 恐怖度

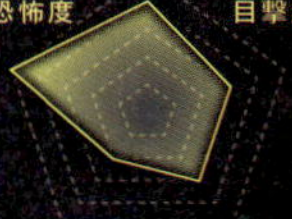

イギリス、エセックス州の村ボーリーには、こんな話が伝わっている。

13世紀のことだ。村の近くの女子修道院の修道女が、若い修道士と恋に落ち、かけ落ちをした。だが、馬車に乗りこんだときにとらえられ、修道士は絞首刑に、修道女は生きうめにされた。

以来、深夜になると2頭の馬にひかれた中世風の馬車がボーリー村を走るようになった。馬車をあやつる御者には首がない。この御者の正体こそ、絞首刑にされた修道士なのである。

馬車の行き先はボーリー牧師館。数々の超常現象が起きることで有名な「幽霊屋敷」だ。

そして、この屋敷で起こる超常現象のなかでも、とくに知られているのが、〝さまよう修道女〟の存在だ。そ

の正体は、生きうめにされた修道女といわれている。

1929年6月12日、イギリス心霊科学協会のハリー・プライスは、ボーリー牧師館の調査を開始した。プライスと助手は、そこで庭をさまよう修道女の霊の姿を確認し、撮影に成功した。さらに数々の霊現象を体験したのである。

だが、10年後の1939年2月27日深夜、調査は中断せざるをえなくなった。牧師館で火災が発生したのだ。

この火災の消火作業中、人々は恐ろしいものを目の当たりにした。それは、建物の燃えさかる炎の中で、正体不明の人影がおどりくるう姿だった。消火に関わった多くの人が、それを同時に目撃している。とても錯覚や見まちがいとは考えられないのである。

のちに調査を再開したプライスは、地下室の井戸の近くの地中で、女性の頭蓋骨とあごの骨を発見した。この骨は、伝説の修道女のものなのだろうか。いまだ答えは出ていない。

(上)火災にあう前のボーリー牧師館。(下)ボーリー牧師館の庭をさまよう修道女の霊。

paranormal FILE 080

リジー・ボーデン・ハウス

今も怪奇現象が続く恐怖の館

1892年8月4日、おそろしい事件がマサチューセッツ州の屋敷で起きた。この屋敷に住むボーデン夫妻が斧でめった打ちにされて殺されたのだ。容疑者は、夫婦の娘リジーと家政婦だった。しかし、ふたりは事件発生当時から、無実を主張。裁判でも無罪となり、真犯人は最後まで見つからず、事件の真相は謎となっている。

この惨劇の舞台となった家は現在、宿泊施設となっており、夫婦が殺害された部屋に泊まることまでできる。

だが、いわくのある屋敷だけあって、怪奇現象が後をたたない。どんなことが起こるのか、2003年8月、女性記者が取材を兼ねて宿泊したときの事例を紹介する。

まず、記者が屋敷に足を踏み入れた瞬間霊気のようなものを感じ、ゾッとしたという。

彼女は容疑者となったリジーの部屋で寝ることにした

DATA

発生地
アメリカ

発生年
19世紀

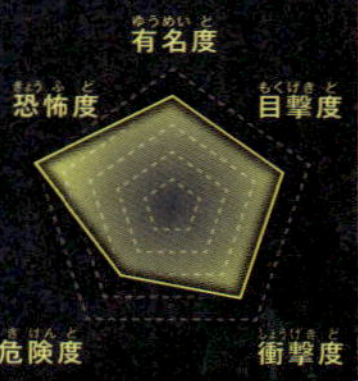

が、午前2時すぎにだれかが歩く足音を聞き、目が覚めた。と、その瞬間、部屋の壁に、苦しむ表情の女性の顔が浮かびあがっているのを見たのだ。彼女は恐怖にかられベッドカバーで頭をおおって、一夜を過ごした。

このリジー・ボーデン・ハウスで、もっとも怪異が集中しているのが地下室だ。殺人事件の際、犯人が血のついた凶器を洗い、返り血で汚れた服を捨てた場所だという。

記者がこの地下室で写真を撮影したところ、幽霊そのものは写っていなかったが、何か得体のしれない白いもやのようなものが写っていた。

また、彼女が撮ったほかの写真には、黄金色に光る球体や奇怪な影がはっきりと写っていたのである。

謎の足音、写真だけで確認できるもやや球体……呪われた屋敷の怪異は事件から100年以上たつ今も、しずまることなく続いている。

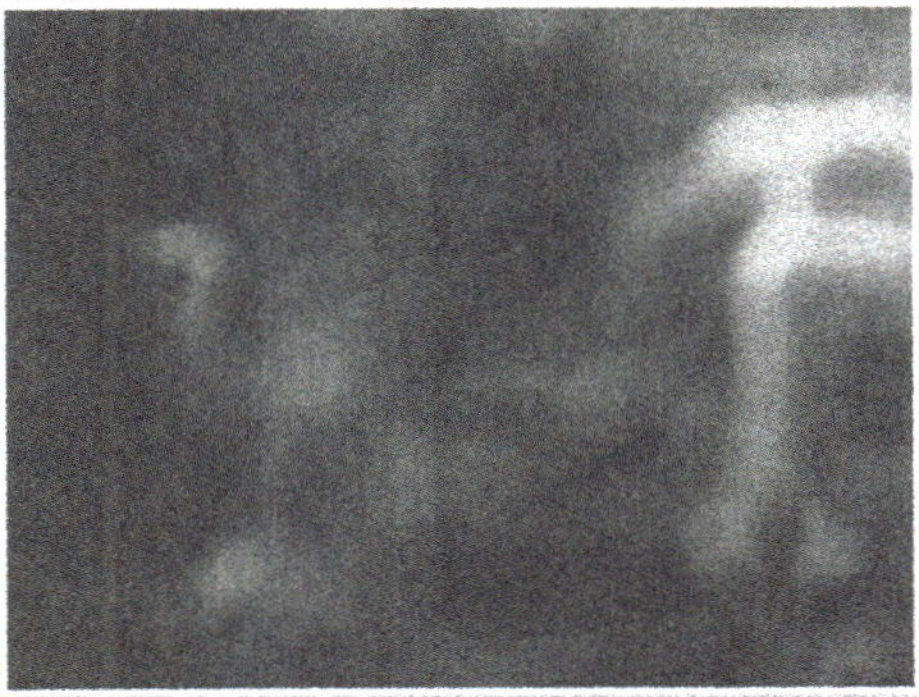

◀(右)かつての事件現場、通称「リジー・ボーデン・ハウス」は、現在、宿泊施設として一般公開されている。(下)怪異が多発する地下室を撮影した写真には、不思議なもやが写っていた!

paranormal FILE 081

ペティボーン・タバーン・ハウス

無人の部屋から女性の歌声が響く！

アメリカでも有名な幽霊が出るレストラン、ペティボーン・タバーン・ハウス。

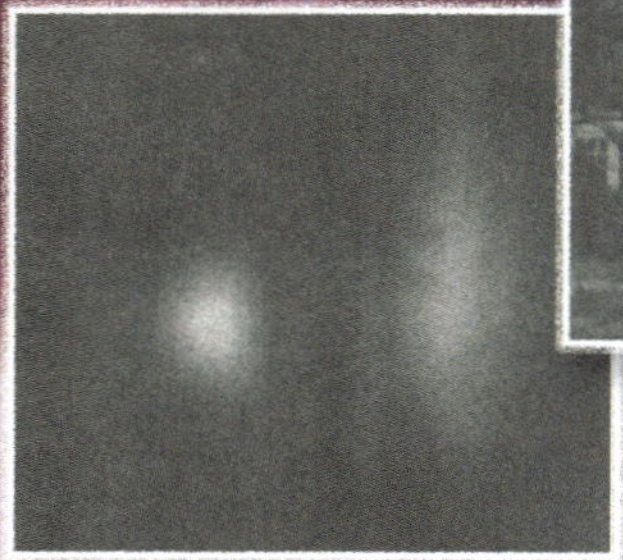

歌声が聞こえてきた3階の部屋を撮影したところ、奇妙な光が写りこんでいた。

アメリカの呪われた屋敷のなかでも、有名な幽霊屋敷が、ペティボーン・タバーン・ハウスだ。1788年、ジョナサン・ペティボーン大佐がコネチカット州に建てた屋敷で、1973年にレストランチェーンに買いとられた。そして、従業員や客の多くがこの屋敷で、1860年代に起きたアメリカ南北戦争当時の兵士の姿をした幽霊に話しかけられている。

2002年9月のある夜には、従業員3人が閉店後、1階玄関ホールに立っていると、上の階から女性の美しい歌声が聞こえてきた。3人は懐中電灯を片手に階段を上がると、歌声にまざって、廊下に複数の足音が響きわたった。

歌声は、今は使われていない3階から聞こえてきていたが、3人が階段の一番上に来ると、ピタリとやんだ。3人は中をのぞいたが、真っ暗で静かだった。だれもいなかった。正体は不明だが、この屋敷に幽霊がすんでいるのはまちがいないようだ。

DATA

発生地

アメリカ

発生年

1970年代

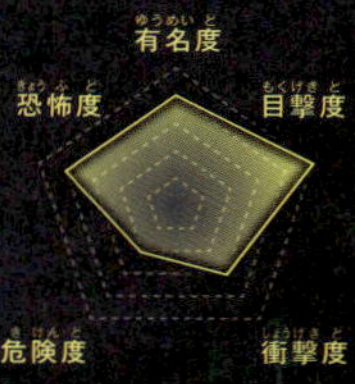

paranormal FILE 082

転落死した女性の霊がすむ
ジョージ・ワイス・ハウス

△ジョージ・ワイス・ハウスの外観。アメリカ建国にかかわったジョージ・ワイス、そして女性の霊が出現するという。

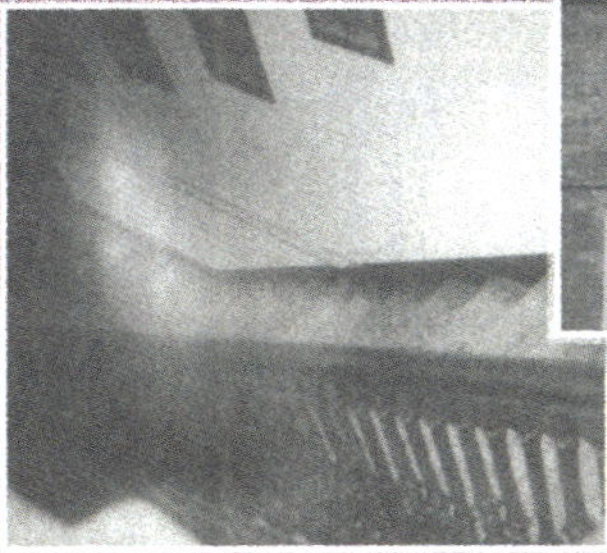

△ジョージ・ワイス・ハウスの階段を撮影したところ、下のほうに人影のようなものが写った。これは?

バージニア州の観光地ウイリアムズバーグには、イギリスの植民地だった時代からの建物がそのままの形で残る一画がある。そこに建つジョージ・ワイス・ハウスには、屋敷の主だったジョージ・ワイスの幽霊がすみついているという。

ワイスはアメリカ建国にかかわった人物のひとりだった。だが、この屋敷で、財産をねらわれ親族に毒殺されたという。

さらに、この屋敷では、アン・スキップウィズという女性の幽霊が、たびたび目撃されている。

スキップウィズはワイス屋敷に向かうとちゅう、はいていたハイヒールが壊れたが、そのまま屋敷の階段を上った。直後、階段から転げ落ちて死んでしまったのだ。以来、屋敷では片方の足だけハイヒールをはいて階段を上る足音が聞こえるという。

数年前、観光客の女性が夜に階段を撮影したところ、もやのようなものが写った。これは、スキップウィズの霊なのだろうか。

DATA

発生地

アメリカ

発生年

1770年代

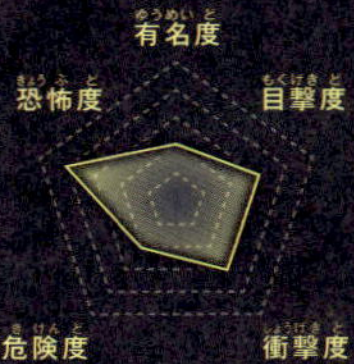

paranormal FILE 083

邪悪な霊が住人にきばをむく！

スタイアル・ミル・ハウス

近隣では「悪霊の屋敷」と噂される、スタイアル・ミル・ハウスの外観。

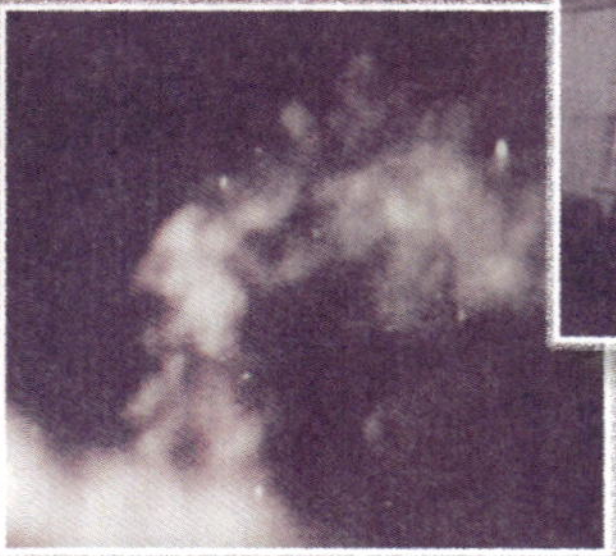

霊能者が屋敷の庭を撮影したところ、もやのような影が写し出された。

イギリスの田舎町に建てられたスタイアル・ミル・ハウスは、かつてここにすんでいた屋敷の主人が、心の病にかかり、地下室で大勢の使用人を殺害したという屋敷だ。

1997年の春、この家にアンソニー・ドットとその家族が引っ越してきた。妻のモーラがリビングにいると、

「モーラ、モーラ……」

と、うめき声が聞こえ、天井の照明器具がいきなり落下し、近くにいた娘のジョディが下敷きになりかけた。

さらに、ジョディが何者かに引っかかれ、深い傷をつくり、服が引き裂かれた。見れば、娘が大切にしていたクマの人形の前足に、娘の裂かれた服や血がついていた。

「この人形には悪霊が憑いている！」

すぐに霊能者を呼ぶと、悪霊ばらいの儀式をし、人形を燃やした。その後、アンソニー一家は屋敷を去ることにしたという。

DATA

発生地

イギリス

発生年

不明

有名度

恐怖度　目撃度

危険度　衝撃度

貴婦人の霊がさまよいつづける ハンプトン・コート・パレス

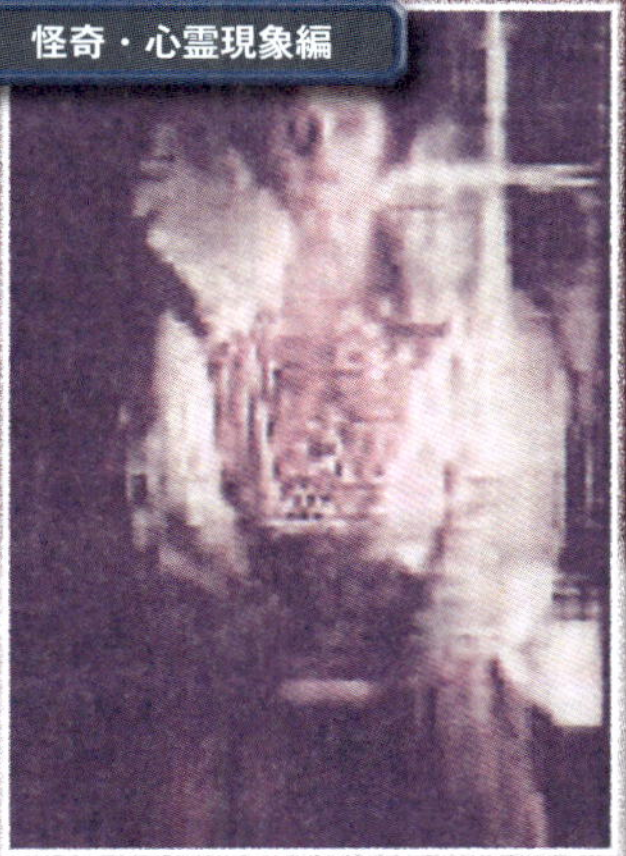

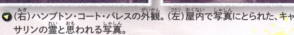

(右)ハンプトン・コート・パレスの外観。(左)屋内で写真にとられた、キャサリンの霊と思われる写真。

ロンドンのハンプトン・コート・パレスは、ヘンリー8世などの国王がすんだことで知られている。しかし、幽霊屋敷としても有名である。幽霊の正体は、ヘンリー8世の3番目の妻で王子を出産後に死亡したジェーン・シーモアや、5番目の妻でヘンリー8世に処刑された妻キャサリン・ハワード、さらにはヘンリー8世自身であるとされている。

のちにこの宮殿は一般公開され、白いローブを身にまとった半透明の人影が目撃されたり、訪れた女性が気を失ったりするなど、300人以上が心霊現象にあっているのだ。

2000年5月、ハートフォードシャー大学の心理学者リチャード・ワイズマン教授を中心としたチームが、調査を開始し、訪問客が異変を感じる場所があることをつきとめた。

「特定の場所でしか心霊現象が起こらないということは、何らかの原因があるはずだ」と、ワイズマン教授は語っている。

DATA

発生地
イギリス

発生年
16世紀

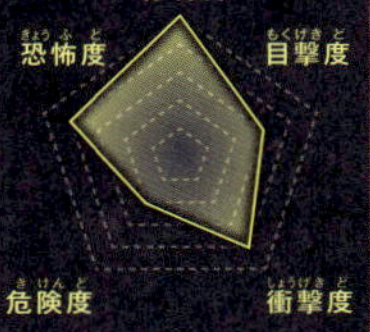

paranormal FILE 085

燃える幽霊船

船乗りが恐怖に襲われる！

カナダのノーサンバーランド海峡は、昔から炎に包まれた幽霊船が出現することで知られている。古くは1880年の話だ。

それは、グラハムという船長の船が同海峡を航行中、とつぜん、3本マストの、真っ赤な炎に包まれ炎上する黒船が出現したというもの。海岸の町の人々も、この船に気づき、大騒ぎになった。グラハムはボートを海に下ろし、炎上する船に近づいた。しかし、目の前にあったはずの炎上する黒船は、ふいに消えてしまったのである。

この燃える幽霊船があいつぎ目撃される事件も起きている。1965年11月26日のことだ。

ピクトゥーにすむある夫人が夕食のしたくをしていると、窓辺に見える海に、炎に包まれた船の姿を発見。彼女は大声で近所に知らせ、多くの人々がこの船を見

DATA

発生地

カナダ

発生年

1880年代

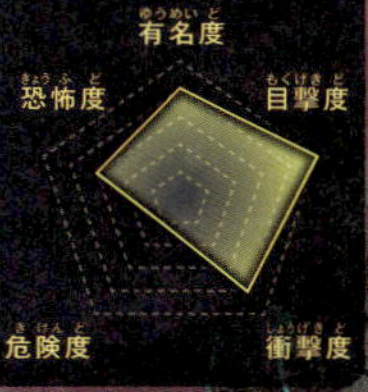

た。しかし、燃える船は焼けくずれないため、人々は幽霊船だと悟った。やがて船は消えた。

その2日後の晩、やはり夫人が幽霊船の姿を発見。今度は幽霊船出現のニュースが約6キロ先の町にまで伝わり、集まった100人を超す人々がその目で目撃したのである。そして、多くの人が見つめるなか、やはり幽霊船は闇に溶けこむように消えていった。

地元ピクトゥーに住む、ある郷土史研究家は、この幽霊船がノーサンバーランド海峡を中心に100マイル前後の区域にしか出現しないことを指摘。また、緯度40度前後の区域には磁気異常が観測され、船の消失などの怪現象が起こることが知られているが、幽霊船出現は、まさにその区域で起きているのだ。

では、燃える幽霊船現象はいかなる原因で発生するのか。

この疑問にたいし、アメリカの超常現象研究家ラリー・アーノルドは、4次元空間から投影された立体映像の一種と推測した。彼は、磁気異常が怪現象の源になっているとし、4次元空間もその磁気異常で作りだされているという。燃える幽霊船の映像もそこから浮かびでてくるというのだ。

近年、他の研究家もこの磁気異常のデータに注目している。燃える幽霊船の正体が解明される日は近いかもしれない。

◀海上に現れた幽霊船出現の様子を描いたイラスト。

paranormal FILE 086

船を追う亡霊たち

海面に漂うふたつの顔

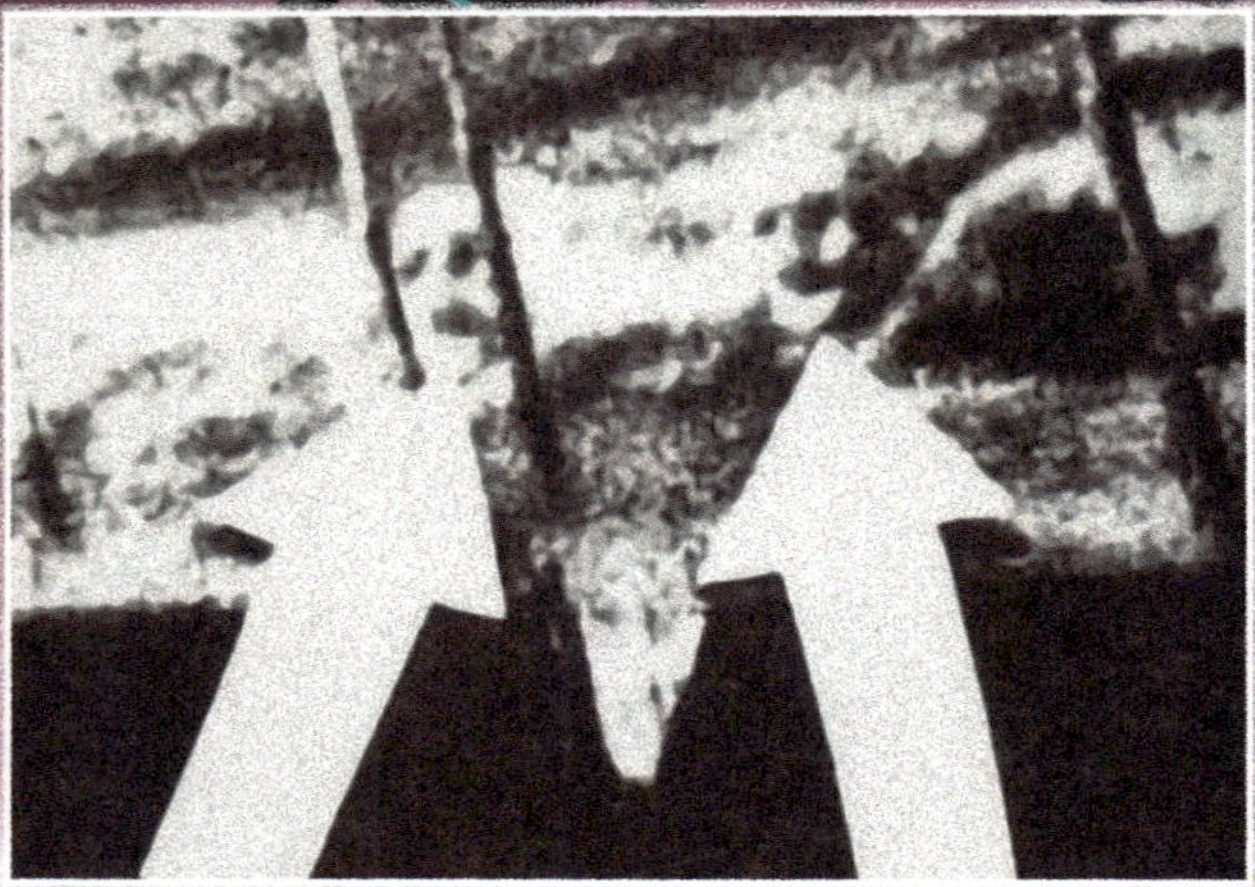

△輸送船を追うように現れた霊の姿をとらえた写真。

1924年12月4日、輸送船ウォータータウン号で、ガス中毒死したふたりの水夫の葬儀が行われ、遺体はメキシコ沖の海に流された。その翌朝、船上で葬儀を行った場所にある2本の支柱の間に、死亡したふたりの水夫そっくりの顔が見えたのだ。

水夫の幽霊は、翌日も、次の日も、さらに次の日も出現しつづけた。ところが、不思議なことに輸送船がパナマ運河から大西洋にでると、まったく現れなくなったのである。輸送船はその後、目的地に到着し、積み荷を降ろし帰路についた。

だが、輸送船がふたりの水夫の葬儀を行った海域に再び出たとき、またも幽霊が現れたのである。

「あああ、幽霊だ！　あのふたりだ！」

船長はすぐさま、その様子を撮影した。するとそのなかの1枚に、ふたりの水夫と思われる顔が確かに写っていたのである。この写真は幽霊を写したものとして、大変貴重な1枚となった。

DATA

発生地
メキシコ

発生年
1924年

- 有名度
- 目撃度
- 衝撃度
- 危険度
- 恐怖度

paranormal FILE 087

第2次世界大戦中の飛行機が出現！

シェフィールドの幽霊飛行機

（上）1948年11月、シェフィールドに墜落したアメリカのB-29爆撃機と同型機。（下）この事故で命を落としたランドン・トラナー機長。

1995年4月、シェフィールドで犬の散歩をしていたトニー・イングルがなにげなく空を見あげると、第2次世界大戦当時のプロペラ戦闘機が低空飛行していた。この飛行機は無音で飛行しており、少し先の丘のむこうに姿を消した。

この目撃から2年後の1997年3月、トニーが目撃した場所から16キロ北の地点で、再び幽霊飛行機が現れる。

そして、この幽霊飛行機は、なんと、墜落してしまった。爆発音とともに煙が上がり、すぐさま墜落地には100人の警察と山岳救助隊、ヘリコプターが出動した。ところが飛行機の残骸どころか、何も見つからなかったのである。

じつは、このシェフィールドでは、第2次世界大戦中から、多くの墜落事故が起き、多くの乗員が命を落としているといわれている。飛行機墜落事故と、あいつぐ幽霊飛行機目撃事件は何か関係はあるのだろうか。

DATA

発生地

イギリス

発生年

1995年

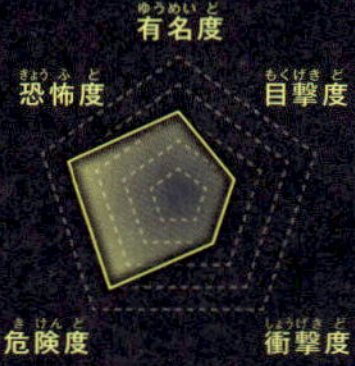

paranormal FILE 088

超常現象の起こる機体

コスフォード空軍基地の幽霊爆撃機

イギリス、ウルヴァーハンプトンにあるコスフォード空軍基地。ここにあるイギリス空軍博物館に展示されている爆撃機アブロ・リンカーンRF398には、奇妙な話がつきない。

展示されているこの飛行機の部品には、墜落した軍用機の部品が使われているといううわさがあるのだ。

そのためか、この爆撃機の機内には霊がすみついているともいわれている。たとえば操縦席に何者かの人影が見えたり、ハンドルがひとりでに動くという怪異が起きているのだ。

まるで墜落した軍用機の乗員の霊が取りつき、その部品がこの飛行機に使用されていることを裏づけるかのようだ。

また、博物館内に響きわたる怪音も、よく聞こえてく

DATA

発生地

イギリス

発生年

不明

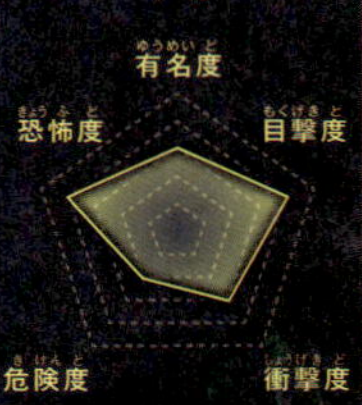

るという。

1987年6月20日の夜、同空軍博物館には、機内から何者かの声が聞こえるという情報を得た超常現象研究家たちが集まっていた。

彼らは機体の各部に小型マイクを取りつけ、録音を開始した。すると、かすかな声とエンジン音などが聞こえた。

「うわさは本当だったのだ」

彼らはその後も録音を続け、テープに記録される奇妙な音声も日を追うごとに増えていった。

現在もアブロ・リンカーンＲＦ398はイギリスでもっとも有名な幽霊飛行機として知られている。声の主は機内に巣くう霊なのだろうか。

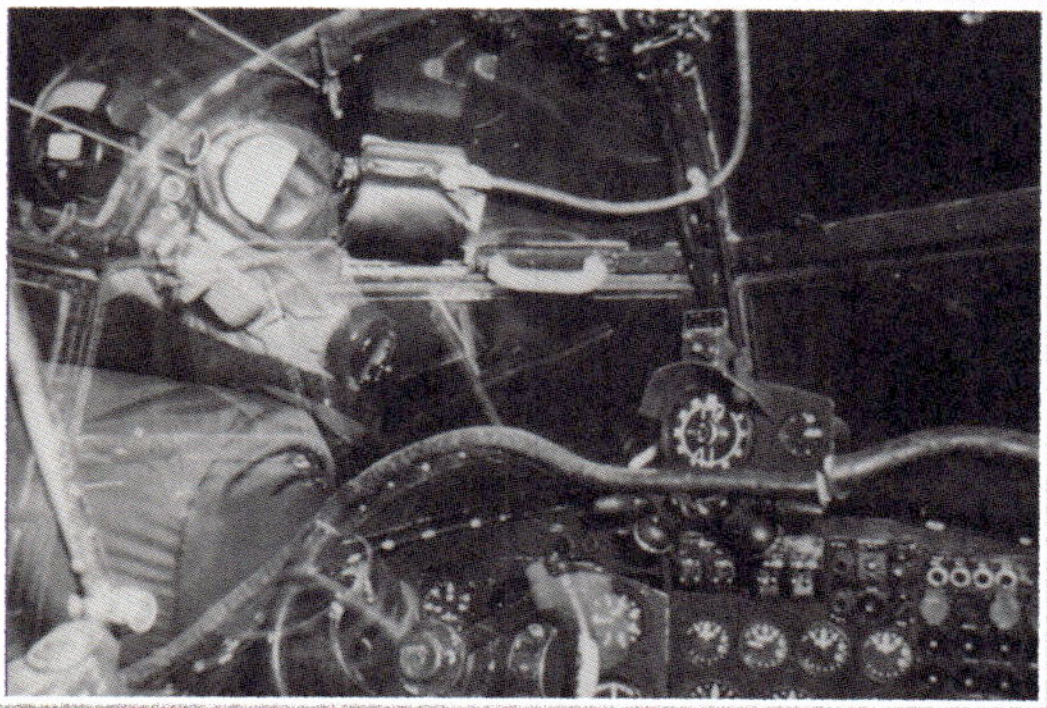

(上)コスフォード空軍基地のイギリス空軍博物館に展示された、幽霊が出るという爆撃機。(下)アブロ・リンカーンＲＦ398の操縦席。怪奇現象の報告はあとをたたない。

paranormal FILE 089

呪われたエンジン

事故を引き起こす機関車エンジン

△2001年2月28日、グレート・ヘックで起きた列車事故の様子。この機関車のエンジンは呪われているのだろうか。

2001年2月、グレート・ヘック付近で死者10人を出す、地元ではイギリスの鉄道事故史上、大きなもののひとつとされる列車事故が起きた。進行する列車が対向する貨物列車と線路上で正面衝突し、脱線したのだ。

車両も機関車も大破したが――奇妙なことがあった。なぜか、機関車が積んでいたエンジンは傷ひとつなかったのである。

その後、補修された機関車は使用されていたのだが、2004年11月にまた死者を出す事故を起こした。

今度も車両は損害を受けたが、またも、この車両のエンジンは無傷のままだったのだ。このため、〝呪われたエンジン〟として知られるようになったのである。

このエンジンは今も使われているのだろうか。だとしたら、このような事故が起きないことを祈るばかりだ。

DATA

発生地
イギリス

発生年
2001年

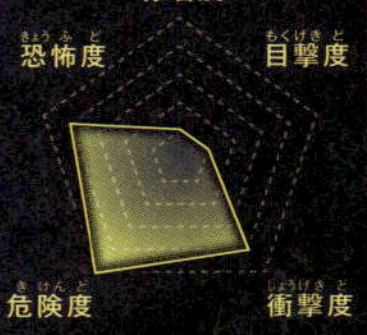

▶（右）Kさんが見えない力で引っぱられたという橋の地点。（左）現在では改装されており、奇妙なことが原因での交通事故は起きていない。ただし、周辺では霊の姿を見たといううわさは続いているという。

paranormal FILE 090

目に見えない力が車を引っぱる
怪奇現象の起きる橋

1986年10月24日深夜、仕事帰りのKさんは、東京都足立区の荒川にかかる江北橋をぬける道路をバイクで走っていた。Kさんが橋にさしかかったとき、バイクがぐいぐいと欄干のほうへ引っぱられだしたのだ。あわてて急ブレーキをかけた。バイクは激しいスリップ音をあげ、車体はスピンした。

Kさんはこの異常体験を友人に話したところ、この橋では、これとよく似た怪異が起きるといううわさがあることを知った。また、この橋は怪現象の多発とともに、交通事故も多いのだという。

その原因は、橋に出没する霊のせいではないか、といわれている。橋のたもとでは女性の霊の目撃談も多くよせられており、その霊が怪現象や事故を引き起こしている、というのである。そのため、地元ではこの橋を「お化け橋」と呼ぶこともあるそうだ。

DATA

発生地
日本

発生年
不明

有名度

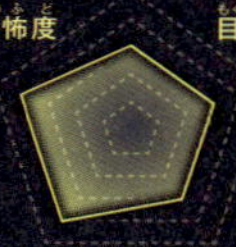

paranormal FILE 091

幽霊出没があいつぐ怪奇スポット
関山トンネルの幽霊

山形県と宮城県の県境にある関山峠。この峠のトンネルは、幽霊目撃の多発スポットである。実際に幽霊と出会ってしまった人の話がいくつもあるのだ。その幽霊遭遇事件で典型的なのが、タクシーに乗る幽霊談だ。

ある日の夜、タクシー運転手のEさんが仙台に向かって走っていた。すると、トンネルの少し手前で、若い女性が手をあげていた。

「こんな時間にあんな場所で……」

女性を乗せると、行き先を告げられた。

「作並温泉の××病院まで」

Eさんが目的地に向けてタクシーを走らせ、ふとルームミラーで後部座席を見ると……

「い、いない!?」

さっき乗せた女性の姿はこつぜんと消えていた。あわ

DATA

発生地
日本

発生年
不明

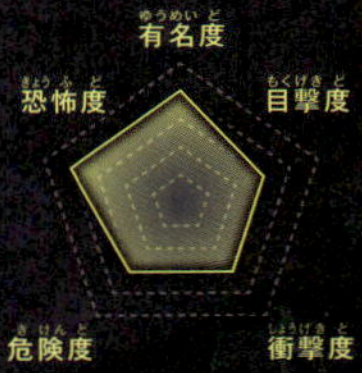

てて停車し、後部座席をよく見ると、女性が座っていたところがぐっしょりとぬれていた。

――別の話では、若い女性が子連れの女性だったりなどのちがいはあるが、おおむね同じ話だ。

このような出来事は、関山峠の国道が1963年に整備される以前、旧道の時代から起きている。

そして、旧道時代は道はばもせまく、多くの交通事故が起きていたのである。実際、犠牲者の霊をなぐさめるための卒塔婆と慰霊碑もある。

また、昭和30年代後半には、関山峠旧道付近で母と娘が交通事故にあって亡くなっている。この事故の直後から、母娘の幽霊出没のうわさが語られるようになったのだ。

現場を見た霊能者によれば、この旧道で事故死した成仏できない霊たちが、今は使用されていないこの道路より、通行量の多い現在の国道のトンネルに出るのだという。こうした霊たちによる怪異が、今も起きているのだろうか……。

(上)幽霊の目撃事件が多発する、関山峠にある関山トンネル。(下)旧関山トンネルの近くの草やぶには、慰霊碑がまつられている。

奇怪な証拠の数々

巨人は実在した！

われわれ人類の祖先が誕生する以前、太古の地球には
巨人たちが暮らしていたという伝説は、
世界各地に残されている。

COLUMN

発見された巨人の足跡

巨人が本当にいた可能性を示す証拠——巨人の足跡が、世界各地で見つかっている。たとえば1982年にはアメリカ、テキサス州のパラクシー川流域で、約1億4500万年前～6600万年前の白亜紀の地層から、恐竜の足跡を追いかけるように続く60センチの人間の足跡が発見されたのだ。

また、南アフリカ国境近くで発見された足跡はさらに巨大で、およそ120センチ。推定身長7.5メートルの巨人の足跡が、2億年～30億年前の岩から発見された。

これらの事実は、太古の地球を巨人が歩いていた証拠ではないか。

▲南アフリカ山中で発見された2億年以上前の巨人の足跡。なんと120センチ！

▲恐竜と巨人の足跡。巨人のものは60センチもあった。

伝説の巨人ネフィリムの指

2012年、ドイツで長さ97センチのミイラ化した巨大な指が公開され、「ネフィリムのものか?」と注目された。ネフィリムは、『旧約聖書』などに描かれる、神と人間の間に生まれた巨人だ。

右に紹介した写真を発表したグレゴリー・シュペリが1988年に撮影したものだという。彼が時をへて公開したのには理由がある。

シュペリはエジプトが好きで、発掘作業を行っていた。

1988年の調査旅行の最後の日のことだ。盗掘者グループから彼はこのミイラ化した指と、本物であるという証拠を示す指のレントゲン写真を見せられた。

△巨人ネフィリムの指のミイラとされる写真。

シュペリは「売ってほしい」と伝えたが拒否され、結局、写真撮影だけで終わってしまったのだという。

2009年、シュペリは再びエジプトを訪れたが、盗掘者グループとは会えなかった。そこで、自分なりに巨人の指について関係しそうなことを調べあげ、ギザのピラミッドに巨大すぎる石棺があるのを知り、“かつてこの地に巨人ネフィリムが存在していた”との確信にいたった。

そして指の画像を一般公開し、新たな情報を募ることにしたのである。しかし、情報は得られていないようで、その謎は今なお、解きあかされていない。

△ネフィリムの指のレントゲン写真。

COLUMN

続々と見つかる巨人化石

世界各地から、巨人の化石が発見され続けている。

2012年7月19日には、イラク政府の報道官が「キルクーク、カラールの丘陵地帯で、身長3メートルにも達する4体の巨人化石骨を掘りだした」と発表したと、イラクの通信社が報じた。

イラクばかりではない。エジプトやインド、アラスカでも1970年代から2000年代にかけて、同様の巨人化石の発見が続いている。

これほどの世紀の大発見なのに大きく報じられないのは、「ダーウィンの進化論と矛盾する」という点が大きいからだ。ダーウィンの進化論は考古学界や科学界では絶対で、仮に進化論を否定すると、その学者は追放されてしまう。

それにしても、実際に巨人の骨はある。巨人が残した遺物もある。かつて巨人族は確かに地球上にいたのではないか。

◀2012年、イラクで発掘されたという巨人の全身化石。

▶アラスカで発見された巨人の頭骨。

3章（しょう）
超自然現象（ちょうしぜんげんしょう）編（へん）

paranormal FILE 092

ミステリー・サークル

一夜のうちに現れる謎の図形

ひと晩のうちに農作物がなぎたおされて描かれる奇妙な円形、イギリスを中心に世界各地で4000件以上の報告があるミステリー・サークル。

なかには、人間のいたずらで作られたものもあるというが、原因がまったくわからないものもかなり存在しているのだ。

じつは、サークル内では強い電磁波が記録されたり、たおされた農作物の茎が編みあげられているなど、人間の手で作られたとは考えられない痕跡が数多く残っているものもあるという。

さらに、軍事施設や研究所など、一般人が立ち入れない、警戒厳重な場所にも、ミステリー・サークルは出現している。となると、だれかが侵入して、いたずら目的で作ることなど考えにくいだろう。また、この怪図形が

DATA

発生地

イギリスほか

発生年

1970年代

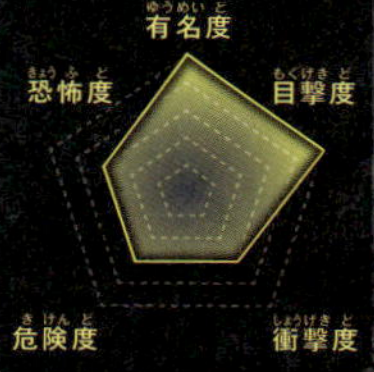

現れる前夜には、UFOの目撃が数多く報告されていることから、UFOの着陸跡ではないか、とのうわさも絶えないのである。

ミステリー・サークルで特徴的なのは、年々、その形状が複雑に進化していることだ。目撃されはじめたころは、単に円形のものが多かったが、しだいに巨大化し、円形の組み合わせという複雑なものも現れるようになった。1990年代以降は、より細かく、まるで絵画のような美しいものも出現するようになった。なかには、何を描いているのかはわからないが、〝何らかの意味がこめられている〟のではないかと考えさせられるものも登場している。

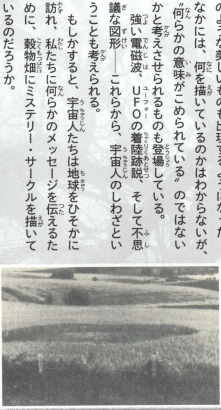

強い電磁波、UFOの着陸跡説、そして不思議な図形――これらから、宇宙人のしわざということも考えられる。

もしかすると、宇宙人たちは地球をひそかに訪れ、私たちに何らかのメッセージを伝えるために、穀物畑にミステリー・サークルを描いているのだろうか。

(上)1980年、イギリスのホワイトホース・ヒルに現れたミステリー・サークル。(下)1981年、イギリス、チーズフットヘッドに出現した3つのミステリー・サークル。

超！衝撃スクープ!!

複雑化するミステリー・サークル！

2024年6月、イギリスのウィルトシャーのストーンヘンジ近郊に出現。5本の腕のようなものが放射状に伸びている。

2012年7月、イギリス、エチルハンプトンに出現したサークル。目に見えないエネルギーを発しているとうわさされた。

2024年7月、イギリスのハンプシャーに出現した、幾何学模様の複雑なサークル。いったい、何を意味するのか？

2011年6月、イタリアのポイリーノに出現したサークル。シュメールの神を意味するという。

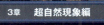

▶2002年8月、イギリスのハンプシャー州に現れたサークル。このサークルを描いた宇宙人の肖像なのか?

◀2011年7月、ドイツのミュンヘンに出現したサークル。宇宙を思わせる星型なのは何か意味深だ。

▼2014年4月、イギリス、ウィルトシャー州で発見された、多重三角形のタイプ。

▶2012年6月から8月の間に3段階にわたって形づくられた、イギリス、ウィルトシャー州のミステリー・サークル。

paranormal FILE 093

アイス・サークル

氷のミステリー・サークル

不思議な円状のものといえば、ミステリー・サークル（170ページ）が代表的だが、それとは異なる謎のサークル現象はほかにもある。そのひとつが、アイス・サークルだ。

これは、寒さの厳しい地域の川や湖で、円盤状の巨大な氷が水のなかに浮かぶ現象だ。不思議なことに、周辺の水は凍っておらず、そこに氷の円盤だけが浮かんでいるのである。

アイス・サークルは、自然現象だと考えられている。なぜ、円盤状になるのかについては、次のとおりだ。

まず、極端な寒さによって川の表面が凍る。そこに水の流れが加わったことで、表面の氷は渦をまきはじめる。しだいにそれが大きくなってできるのではないか、というのだ。

DATA

発生地
世界各地

発生年
1930年

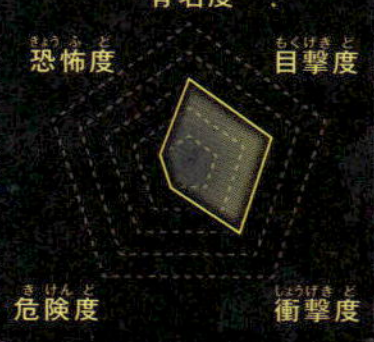

だが、自然現象という解釈では片づけられないアイス・サークルも存在する。

たとえば、2009年にイギリスで見つかった直径約10メートルのアイス・サークル。これは、川の流れに流されずにその場で回転を続けていたという。しかし、〝一度、回転を止めた〟というのだ。

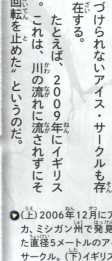

不思議なことはまだある。右の写真を見てほしい。これは、2008年のロシアで撮影されたアイス・サークルだが――水面に浮かぶ大きなアイス・サークルの周囲に、無数の小型アイス・サークルが浮かんでいるのがわかるだろう。川の流れだけでこの状態になるのはなぜなのか。

さらにアイス・サークル出現前に赤く光るUFOの目撃報告もある。アイス・サークルと何らかの関係があると主張する人もいる。

はたして、アイス・サークルは自然が作りだしためずらしい現象なのか、それとも超自然的な力によって作られた謎の現象なのか。

▶(上)2006年12月にアメリカ、ミシガン州で発見された直径5メートルのアイス・サークル。(下)イギリスのアイス・サークル。一度回転が止まったあと、再び回りはじめたという。

paranormal FILE 094

スノー・サークル

一夜でできた謎の雪模様

2007年11月22日、ロシアにあるカザン公園に雪が降り積もったのだが、なんと、一晩のうちに、直径50センチの円を中心にまるで波紋のように同心円状の模様を描いて、約30メートルも広がっているのが発見された。それが、上の写真である。

これはいったい、何が起こったのだろうか。

じつは、同じような現象は、ロシア、エカテリンブルクにある裁判所の庭にも出現していた。隣接していたアパートの8階に住む女性が、午後10時ごろ、寝室の窓から降り積もった雪が同心円状に広がり、不思議な模様のサークルを形づくっているのを発見した。

さらに、だ。スノー・サークルが出現する場所は、ロシアに限定されるものではなかった。チェコのプラハでも現れたのである。

DATA

発生地
ロシアほか

発生年
不明

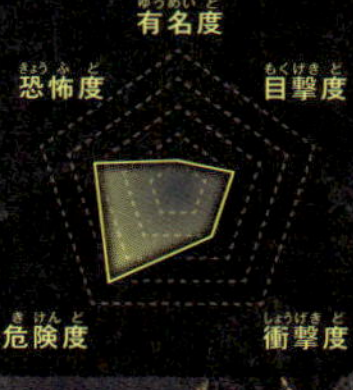

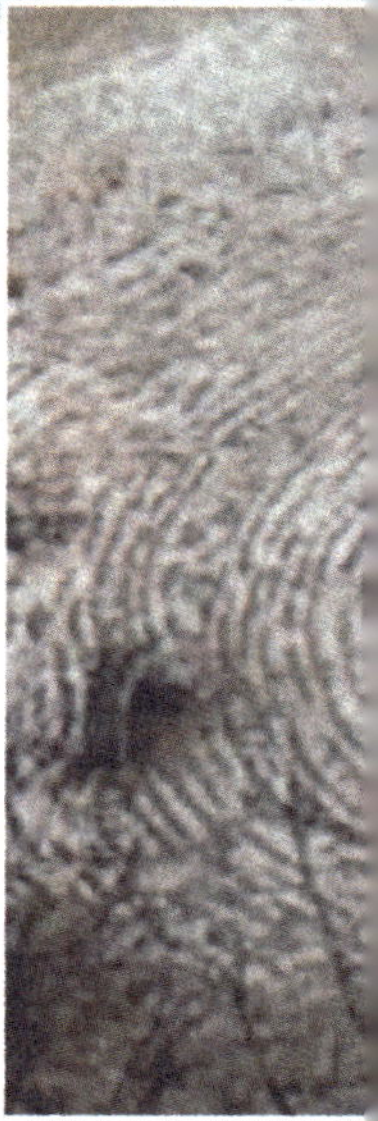

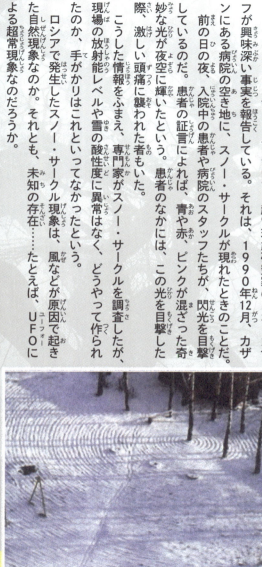

ロシアにせよチェコにせよ、出現したスノー・サークルは、いずれも直径50センチの円を中心に、幅約10～15センチの同心円が重なり、約30メートルにわたって広がっていたが、いたずらでこのようなものが作れるものだろうか。

じつはスノー・サークルについて、超常現象研究家のレオ・カザフが興味深い事実を報告している。それは、1990年12月、カザンにある病院の空き地に、スノー・サークルが現れたときのことだ。前の日の夜、入院中の患者や病院のスタッフたちが、閃光を目撃しているのだ。患者の証言によれば、青や赤、ピンクが混ざった奇妙な光が夜空に輝いたという。患者のなかには、この光を目撃した際、激しい頭痛に襲われた者もいた。

こうした情報をふまえ、専門家がスノー・サークルを調査したが、現場の放射能レベルや雪の酸性度に異常はなく、どうやって作られたのか、手がかりはこれといってなかったという。

ロシアで発生したスノー・サークル現象は、風などが原因で起きた自然現象なのか。それとも、未知の存在……たとえば、UFOによる超常現象なのだろうか。

◀チェコのプラハに出現したスノー・サークル。

paranormal FILE 095

フェアリー・サークル

どうやって作ったのか？　謎の水玉模様

〝妖精の輪〟、フェアリー・サークルと呼ばれる謎の現象がある。２０１４年ごろから、直径2～15メートルの穴が規則正しく無数に草原を埋めつくしていることが発見され、知られるようになったものだ。

この「穴」ができる現象は、ナミビアとオーストラリアの砂漠に限定されていると考えられていた。

だが、事例が報告されて、情報が蓄積されていくとともに、その後、新事実が次々と明らかになっていった。

ごく一部でしか見られない現象だと思われていたが、実際はそうではなかったのだ。はるかに広範囲に広がっていることがわかり、これまでに世界中でなんと、263以上の場所で確認されているのである！

このフェアリー・サークル、「サークル」というくらいなので当然、円形をしている。出現する場所では、そ

DATA

発生地
世界各地

発生年
不明

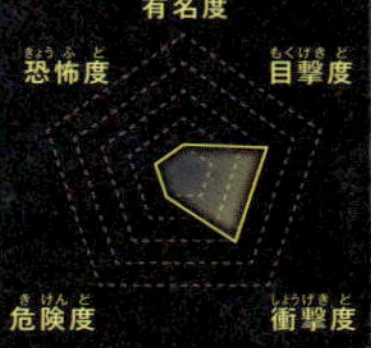

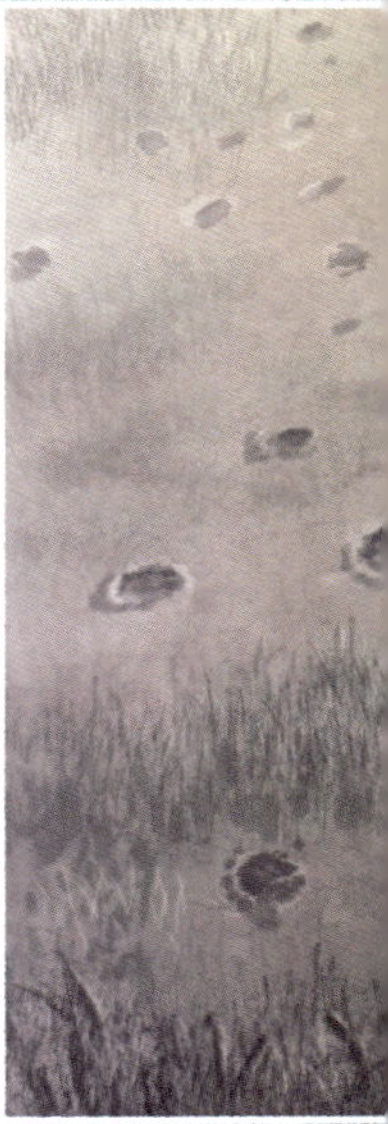

の数はなんと数千にもおよぶのだ。また、それらはわずか数十センチの間隔で位置しており、広い範囲に水玉模様のようなものを生みだしている。

フェアリー・サークルは主に平らで乾燥した、不毛で動物が住みにくい地域に出現するようである。

フェアリー・サークルができる原因は、シロアリによるものだとか、植物の毒素によるなど、さまざまに唱えられているが、いずれも決定的なものではない。さらにいえば、なぜフェアリー・サークルがますます広まっているのかも謎のままなのだ。

この謎を解明すべく、現在、環境科学者らにより、どんなところにフェアリー・サークルが分布しているのかなどの地図づくりや、発生原因の研究が始まっているという。近い将来、その謎が解き明かされるのを期待して待とう！

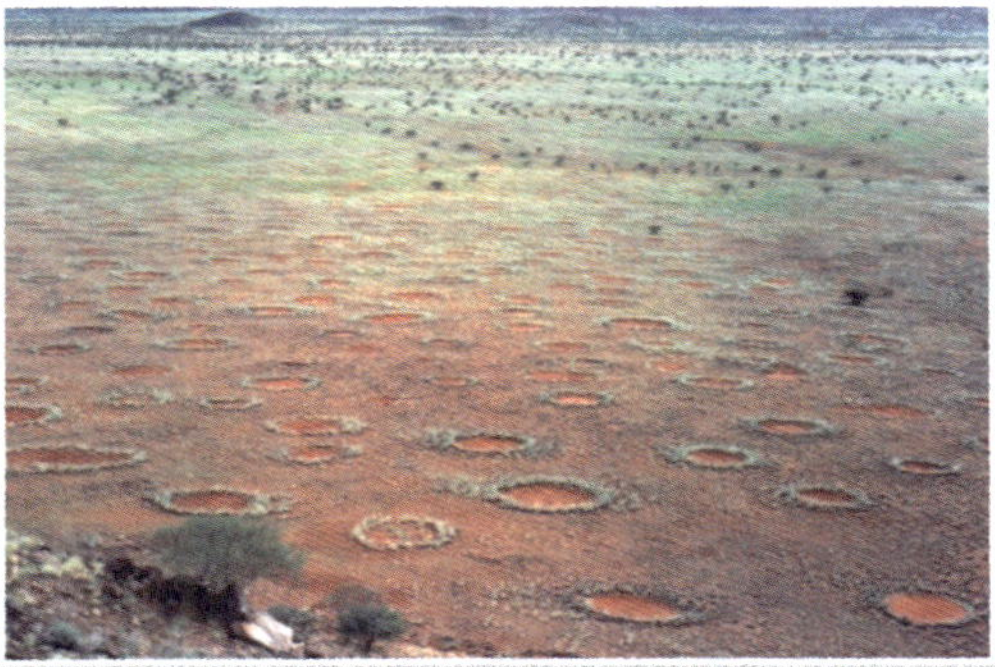

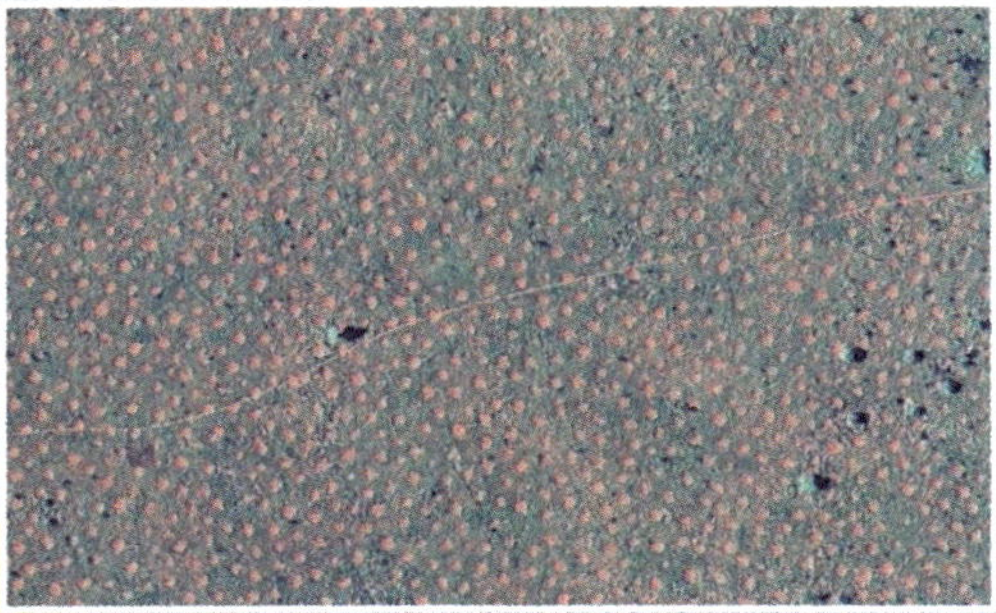

◀(上)ナミビアの砂漠に現れたフェアリー・サークル。(下)西オーストラリアの砂漠に現れたフェアリー・サークル。

paranormal FILE
096

空から謎の落下物！
ファフロッキーズ現象

空から降ってくるものといえば、雨や雪、雹などが思い浮かぶだろう。ところが、世界には、たまに信じられないものが降ってくる。それは生物だったり、鉄の塊だったり、常識外れなものばかりだ。このような超常現象は「ファフロッキーズ現象」と呼ばれている。

世界各地では、驚くべき天空からの落下物事件が頻繁に起きている。最新で話題のものを紹介しよう。

2024年5月、イランのヤスジ市で激しい雨が降るなか、空から魚が降り、駐車中の車の間に水しぶきを立てて着地するという、異常な現象が起きた。その様子は動画で撮影され、イラン国内のソーシャルメディアでまたたくまに広まった。

この、空から魚が降ってきた出来事について、台風か海上の旋風が魚を吸いあげ、その後すぐに雨となって再

DATA

発生地
世界各地

発生年
不明

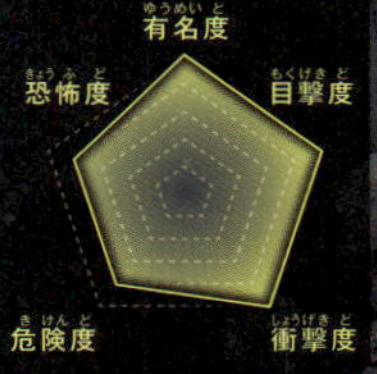

び降らせたのではないかと推測されている。

また、2023年3月、中国、北京で空から落ちたと思われるミミズともヒルともつかない虫が車の上をはっているようすを映した動画が、ネット上で話題になった。現場の遼寧省では、空から虫のような生き物が降ってくる奇妙な現象が目撃され、住民は避難するよういわれたと伝えられている。動画には、大雨の後、「虫の雨」から身を守るために傘を差して道を歩く人々の姿も映っている。

この怪現象の実態はなんなのか。実際、水上竜巻や竜巻が海洋生物を巻きこむ可能性があるという。つまり、竜巻の力によって、これらの生物は空に持ちあげられ、風が弱まるまでそこにとどまる。その後、風速が弱まると、雨水とともに地上に降りてくるというのだ。

とはいえ謎がある。海藻や雑草がまざらずに、それもせまい範囲に、なぜ特定の生物だけが降ってくるのか。まったく説明がつかないのだ。

△(右)2024年、イランのヤスジ市にある広場に、雨とともに大量の魚が降りそそいだ。(下)2023年3月、中国の北京では、空からミミズのような生物が降ってくる怪現象が起きている。

超!衝撃スクープ!!

想像を超える天空からの落下物

▲2023年8月、アメリカ、ユタ州の民家の庭に降った、16匹の魚。しかし不思議なのは、魚が降ったのはその家のみだったことだ。

▶2005年6月にロシア、シベリア北東の村に、強風とともに大量のカエルが降りそそいだ!

▼2001年6月、チリのカマラ地区で撮影。大量のクモが降ってきた。

▲2010年9月、アメリカ、ニュージャージー州で住民の女性(左)が空を見上げていると、人のようなもの(右)が降ってくるのを目撃。ただし、とつぜん姿を消したため、何も見つからなかった。

▲2000年1月にスペイン各地で、巨大な氷塊が降ってくるという事件が相ついだ。写真左がその氷塊。

▲1973年、アメリカ、テキサス州で、草地にとつぜん、光り輝く鉄球が降ってきた。

▶2014年10月、アメリカ、ニュージャージー州で、空から13センチ四方の正方形の金属板が降ってきた。その日、上空は飛行機のようなものも飛んでおらず、謎のままだ。

▼2008年3月、ブラジルの農場に落下してきた直径1メートルの黒光りする巨大金属球。

▲2011年8月、アラブ首長国連邦では雲のような謎の物体が降った。

paranormal FILE 097

インドの赤い雨

地球外生命体がふくまれた謎の雨

インド南西部のケーララ州で2001年7月、気象学上きわめて不思議な現象が起こった。同州の沿岸の地域で、まるで血のような「赤い雨」が降ったのである。住民たちは、天変地異が起きる前ぶれではないかとおそれた。

この異常気象の原因について、インドの気象局は、この季節特有の風が、アラビア地方から砂塵を舞いあげ、それがケーララ州上空まで来て、雨に混じって落下したためではないかと発表した。

しかし、この砂塵説では、赤い雨が一部でのみ降っていることの説明にはならない。もっと広範囲で降ってもおかしくないのだ。

そこで、この砂塵説に異論を唱えた人物が現れた。大気物理学者のゴッドフリー・ルイス博士だ。

DATA

発生地
インド

発生年
2001年

博士は、赤い雨に高い関心を持ち、雨が降った地域から、それぞれ雨水を回収。研究所で科学的にくわしく分析したのである。

赤い雨をマイクロスコープにかけて1000倍に拡大してみると、驚くべきことに、砂などの粒子は発見できなかったのである。砂塵ではないということが判明したのだ。

では何が見えたか？　そこには大小の赤い色をした、謎の粒子があったのだ。この謎の粒子の密度が高いほど、雨は「血の色」に近くなっていた。

さらに、マイクロスコープの倍率を上げて観察すると、この粒子は、赤くて分厚い膜のようなものにつつまれていることがわかった。まるで、細胞のような特徴を持っている、ということである。

ルイス博士は、これはある種のバクテリアのようなものではないかと考えた。そして、次のように語っている。

インド、ケーララ州に局地的に降った赤い雨。

「これが砂だなんてばかばかしい。サンプルの粒子を拡大してみれば一目瞭然だ。この粒子は明らかに生物学的な特徴を持っている。サンプルには砂の粒子など、いっさい含まれていなかった」

そして博士は、赤い雨が降った原因は、隕石の可能性が高いと考えたのだ。

ルイス博士の隕石説には、きちんとした根拠があった。それは何かといえば、初めて赤い雨が降る数時間前の早朝に、激しい爆発音とソニックブーム（衝撃波）がケーララ州各地で発生していたというのである。

爆発音とソニックブームはまさに、隕石によるものだと考えられる。というのは、――ケーララ州上空でその日、隕石が爆発したからである。爆発と同時に、隕石に含まれていた赤い粒子が大気中にまき散らされることとなった。そして、その赤い粒子が大気や雨となんらかの化学反応を起こし、それが「赤い雨」として降りそそいだのではないかというのだ。

しかし、調査では、DNAなど、これが生物であるという決定的な証拠は検出されなかった。

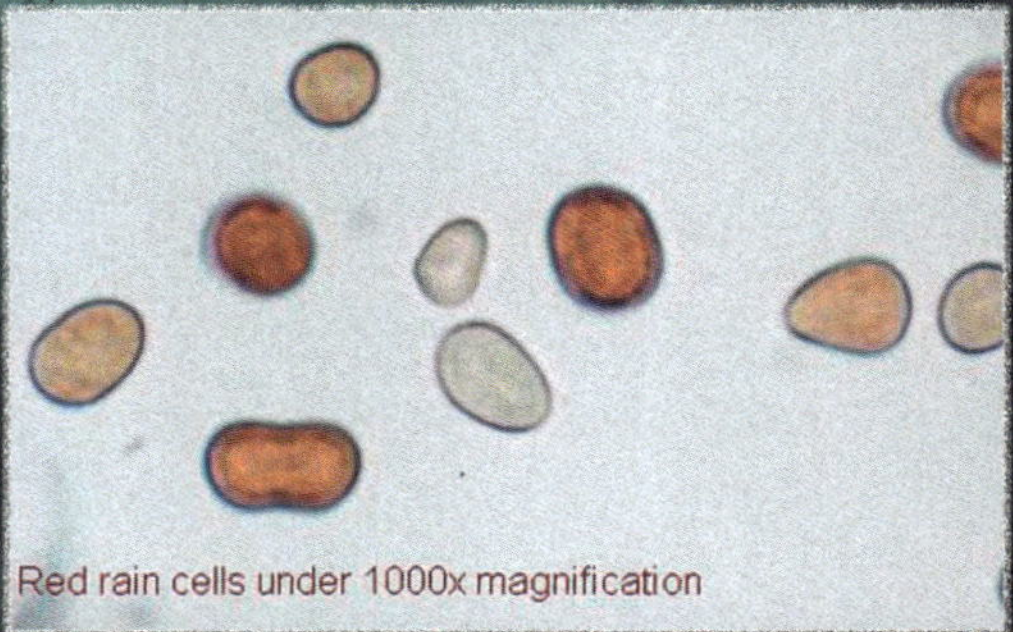

（右）1000倍に拡大した、赤い雨の粒子の画像。（左）赤い雨の分析研究を行った、大気物理学者のゴッドフリー・ルイス博士。

それでもルイス博士は、

「赤い雨に含まれていたバクテリア状の物質は、地球内のものではなく、隕石からもたらされた〝地球外生命体〟だったのだろう」

と結論を出して、発表をした。

だが、この博士の仮説はなかなか受け入れてもらえず、否定的な意見も多かった。

が、この「地球外生命体説」は、決して突飛なものではないのだ。

なぜなら、彗星に有機化合物が含まれていることはよく知られている。また、赤い雨が降るという現象は、めずらしいとはいえ世界各地で起こっているからだ。

古くは1551年のポルトガル。血のような雨が降り、住民をふるえあがらせたという記録が残されている。1841年には、アメリカ、テネシー州、1987年にはマサチューセッツ州の一部の地域で、血の色をした雨が降りそそいだという。

今回、ケーララ州で降った赤い雨は、分析が続けられており、未発見のDNAが検出される可能性もあるという。

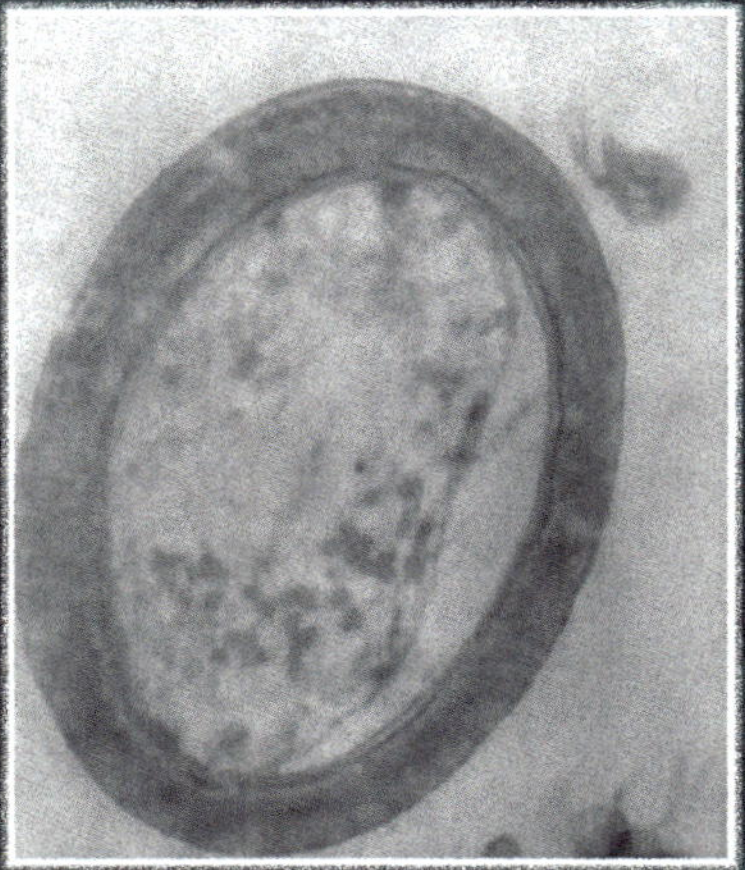

(右)4000倍の拡大写真。細胞のようにも見えるが……。(左)2万5000倍の拡大写真。厚い膜におおわれているようすがわかる。

paranormal FILE 098

サイレント・シティ

空に浮かぶ謎の都市

「サイレント・シティ」とは、空中にとつじょ出現する都市のことで、アラスカ州では神秘的な不思議現象として語りつがれている。

最初にこの現象が話題になったのは1880年代も終わりのころだ。この現象に興味を持った、リチャード・ウィロビーという人物が、実際にサイレント・シティを見ようと、1888年6月、アラスカ州のグレイシャー湾を訪れた。彼は湾の山中にキャンプを張り、出現を待った。すると、サイレント・シティが北西上空に出現したのである。それは、光に包まれたなかに、大寺院などの建物が建ちならぶ、一大都市の姿だった。

ウィロビーは、今度はその姿を写真に撮ろうと、翌年、再び現地に向かった。前年と同じく空にサイレント・シティが現れ、撮影に成功。写真が新聞に掲載されると「サ

DATA

発生地
アメリカ

発生年
1880年代

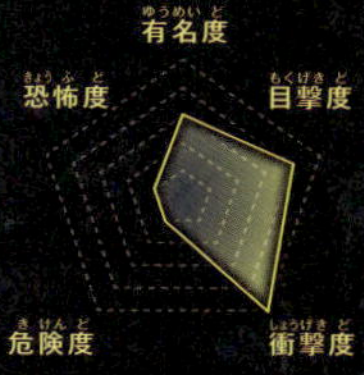

イレント・シティ伝説は真実だった」と大反響を呼んだ。

すると、写真を見たW・G・スチュアートという人物が、「この都市はイギリスのブリストルにある公園の高台から見た景色と同一だったのだ。港湾都市ブリストルそっくりだ」と指摘。なんと、ブリストルにある公園の高台から見た景色

しかし、数千キロも離れたイギリスの風景が、アラスカの空に出現するものだろうか？　だが、サイレント・シティの目撃者は多数おり、ウィロビーの写真の真実性は非常に高いのである。

このサイレント・シティのような現象には、さまざまな仮説が唱えられてきた。たとえば、原因不明の大気現象が、どこかに実在する都市の姿を映しだすというものだ。

現代ではこうした現象は、上空と地上近くの大気の温度差によって生じる蜃気楼だと考えるのがふつうだ。しかし、蜃気楼なら出現した映像が何を映したものなのか特定できるはず。ところが、サイレント・シティは出現する都市の風景が、通常の蜃気楼では考えられないほど遠くのものだったり、じつは何世紀も昔のものだったりと、常識的な説明がつかないのである。それを解明する手がかりはいまだ得られていない。

◀ウィロビーが撮影し、「サンフランシスコ・クロニクル」紙に掲載されたサイレント・シティ。

paranormal FILE 099

巨大岩の空中浮遊

中国で起きたわが目を疑う衝撃の光景

巨大な岩が、UFOのように宙に浮いている！

にわかには信じられない事件が起こったのは、2009年8月のこと。場所は中国、福建省。目撃者の証言によると、その巨大な岩は、森の木々すれすれの低空にじっと浮いていたという（その様子を写した写真が上のものである）。

写真から推定できる岩の大きさは、直径約5メートルだという。

この写真が公表されたあと、さまざまな研究機関が、なぜ巨大な岩が浮いているのかを分析した。だが、明確な答えは何ひとつ得られなかった。

もちろん写真自体の分析も行われたが、「不自然な加工のあとは見られない」と判定された。

UFO説や爆破工事で飛ばされた岩ではないか、といっ

DATA

発生地
中国

発生年
2009年

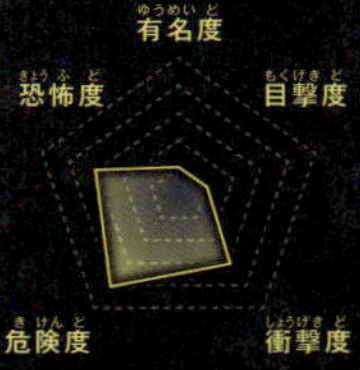

た説も唱えられた。

だが、UFOにしては、従来、世界各地で目撃されている姿形と、あまりにも異なりすぎている（UFOには、280ページのように想像を覆すさまざまな形があるとはいえ、だ）。これはどう見ても「岩」ではないか。

一方、爆破工事で飛ばされた岩が吹っとんでいる瞬間を撮影したのではないか、と考えるのは現実味がある。しかしながら、その日、現地はおろかその周辺の土地でも、岩山を爆破するような大規模な工事の報告はなかった。否定できる根拠がしっかりとあるのである。

では、あの巨大な岩はいったいどうやって宙に浮いていたというのだろう。

現段階では、重力や磁力といった、電磁エネルギー説も提唱されておらず、まったく不明としかいいようがない。

だが、この怪現象を受けて、上海UFO探策研究センターは、「関係各分野の専門家を総動員して、この現象の解明にあたる」との発表をした。だが——調査結果はいまだ出されていないようである。

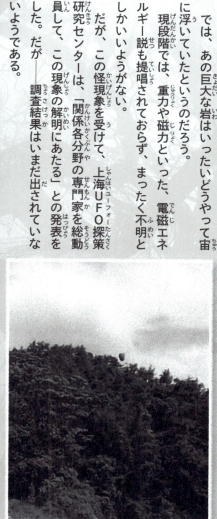

▲海抜500メートルほどの山の尾根の上空を飛ぶ巨大岩。岩にはコケのようなものが見えるという。光の当たり具合から写真は本物と断定された。

paranormal FILE 100

サークルライト現象

全世界で目撃される壁面の怪光

上の写真のように、建物の壁面に怪光が出現するという、謎と神秘に包まれた「サークルライト現象」。今なお、多くの研究家から注目を集めている怪光現象だ。

サークルライト現象は、出現時間がとても短い。現れても、長くて15分くらいで消えてしまう。出現する時間帯は、早朝もしくは昼過ぎから数時間の間だ。

この現象が初めて報告されたのは1988年、アメリカ、バーモント州バーリントン。出現当初は、十字架のように直線を組み合わせたような単純な形が多かったが、しだいにその形状は、複雑なものに進化していった。

その後、アメリカ各地に出現するようになり、やがて出現地域は国境をこえ、カナダに広がった。2000年代に入ると、ドイツ、オーストリアなどヨーロッパでも見られるようになり〝神の奇跡〟と話題を呼んだ。

DATA

発生地
世界各地

発生年
不明

有名度

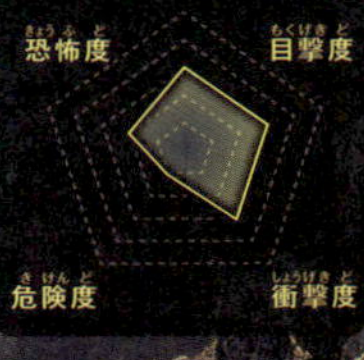

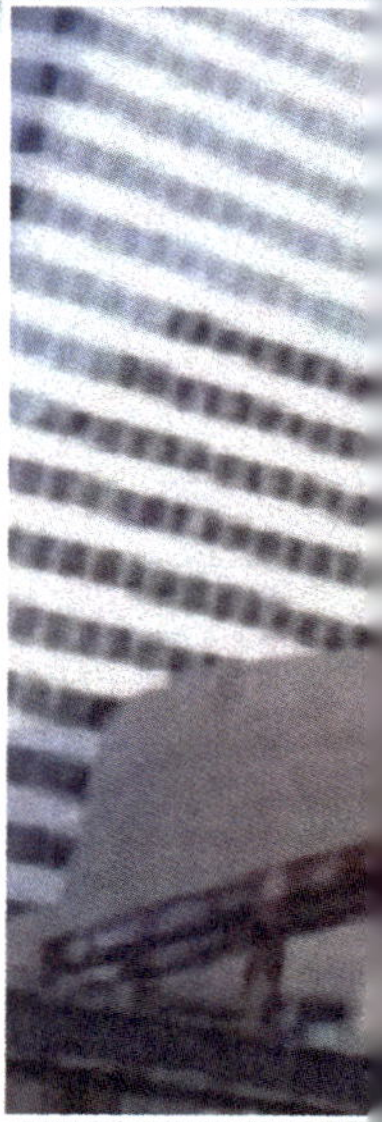

それにしても、不思議なサークルライト現象。そもそも、発生原因は何なのだろうか？一般には、ガラス窓の表面に当たって反射した太陽の光が、ほかのビルや屋敷の壁面に映る現象だと解釈されている。しかし、これほどはっきりとした形を映しだすには、反射のもとになるガラスの表面に、深さ数ミリのひずみやくぼみがなければならない。仮にこれがだれかのいたずらなら、何枚ものガラスに模様を彫りこんだことになるが……。また、太陽光の反射なら、ガラス窓からかなり離れた場所に、このような光の模様が浮かびあがることは、理論上、不可解だ。

興味深いのは、この現象には治癒力があるということ。実際にこの現象を目撃した人々の病が治ったり、心が安らいだなどという報告があるのである。

形状もさることながら神秘的な力がはたらくと考えられるサークルライト現象。近年の出現は激減したが、そのしくみは何ひとつ解明されていない。

◀(上)カナダの数階建ての建物の壁で撮影されたサークルライト。(下)ドイツで撮影されたサークルライト。その形はアメリカに出現したもの（192ページの写真）と同じようだ。

paranormal FILE 101

蛇神が出現する予兆なのか!?
マヤ遺跡の謎の光線

メキシコ、ユカタン半島のチチェン・イツァ遺跡は、3世紀から14世紀にかけて栄えたとされる「マヤ文明」が残した遺跡だ。

この遺跡には、マヤ族が崇めたとされる蛇神ククルカーンをまつった「エル・カスティーヨ神殿」がある。その歴史ある神殿で謎の現象が発生した。

2009年7月24日、ある家族がユカタン半島に旅行中、エル・カスティーヨ神殿の前で撮影した記念写真に、不思議なものが写りこんでいた。なんと、神殿の頂上部分からピンク色の帯状光線が放射されていたのだ。

撮影された時間は午後2時。撮影時、雷鳴とともに稲妻がひらめき、雨が降っていたという。撮影者は、写真に稲妻を入れようとして3枚撮影すると、3枚目の写真だけに写りこんでいたという。

DATA

発生地

メキシコ

発生年

2009年

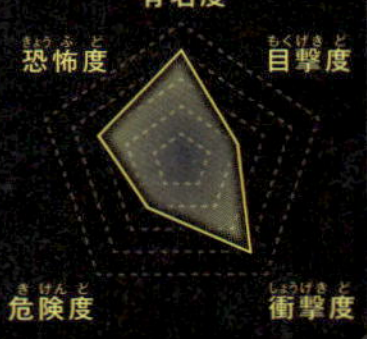

これまでに事例がないこの謎の光柱現象。はたしていったい何なのだろうか？

専門家によれば、雷が落ちた瞬間、雷が大地に流れている電流と共鳴し、強力なエネルギーの塊＝「プラズマ」となり、光の柱が放出されたのではないかと考えられるという。

だが一方で、こんな説もある。マヤ族の間で「蛇神ククルカーンが再臨するとき、地上から天に向かって光の道ができる」という伝承が語りつがれている。

蛇神ククルカーンはこの世のすべてを創造し、あらゆる知恵を授けた神で、マヤ文明以外でも同じような神が知られている。14世紀ごろから16世紀初めまでメキシコを中心に栄えたアステカ文明では「ケツァルコアトル」、15世紀から16世紀前半、南アメリカのペルー、ボリビアを中心に栄えたインカ文明では「ビラコチャ」だ。

かつて、ククルカーンはある日とつぜん、空から地上に舞いおり、再び空の彼方に消えていったという。そして「世界に災いが起こるとき、再び地上にもどる」と告げたという。

マヤ族の伝承とククルカーンが放った言葉が事実なら、この謎の光柱現象は、世界に起きる災いを阻止するために、ククルカーンが再臨することの予兆だとも考えられるのだ。

◀ボスニアで発見されたピラミッドからも、光線が出現する現象があったという報告がある（イメージ画）。マヤの光線との関連はあるのだろうか？

paranormal FILE 102

ケム・トレイル

人体に悪影響をおよぼす恐怖の毒雲

アメリカの上空を中心に、世界各地で多発する謎の飛行機雲が「ケミカル・トレイル」（〝化学物質を含んだ飛行機雲のような痕跡〟）、通称「ケム・トレイル」だ。

通常の飛行機雲とは異なり、長時間消えず空にとどまる。その後は広がり、雲の形に姿を変え、ときにその雲が虹色や不気味な朱色に色づくこともあるという。

しかも、その物質は人体に悪影響をおよぼすといわれており、恐怖の毒雲として知られているのである。

それを裏づけるように、ケム・トレイル多発地帯に住む人々から、体に変調をきたしたという報告が多数寄せられている。もっとも多いのが、悪寒や鼻水、だるさや吐き気など。ひどい場合、鼻血や血痰、関節の腫れなどの症状も出るという。

1994年ごろから注目されはじめたケム・トレイル

DATA

発生地

世界各地

発生年

1994年ごろから

有名度
目撃度
衝撃度
危険度
恐怖度

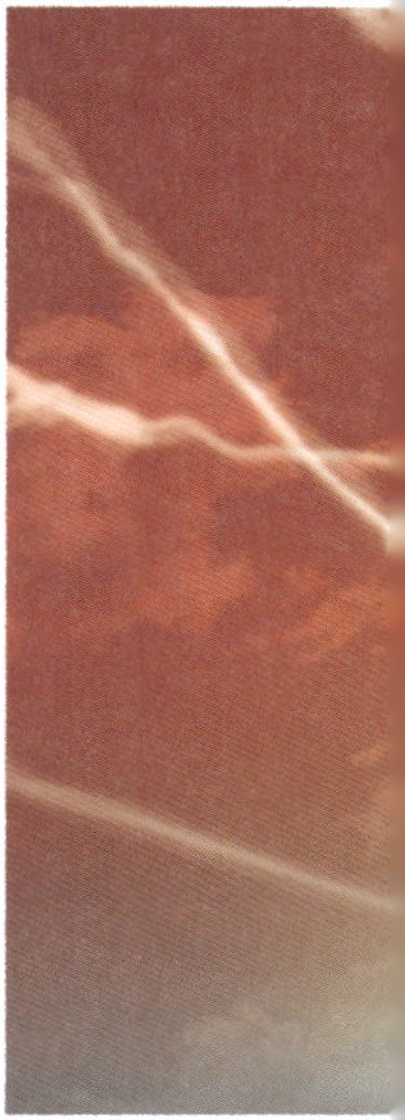

だが、1999年から2000年代初頭にかけて、世界各地で目撃されるようになった。

アメリカを中心に出現するケム・トレイル、はたしてその正体は何なのだろうか？　正体については諸説あるが、もっとも有力視されているのは、アメリカ軍が開発した生物化学兵器実験説である。

その理由として、過去にアメリカ軍の戦闘機が飛び去ったあとにケム・トレイルが出現しているという報告があったことが挙げられる。

また、ケム・トレイルの先端を拡大したところ、丸いリング状のものが確認されたこともある。ここから物質はまかれているのか？

さらにケム・トレイル出現後、地上に不可解な落下物も発見されている。糸状の物質、ゼリー状の物質、赤や黄色の粉末状物質などだ。

それらを分析したところ、人体に有害な化学物質や、正体不明の物質が検出された。これらは何なのか？　今後の研究成果に期待したい。

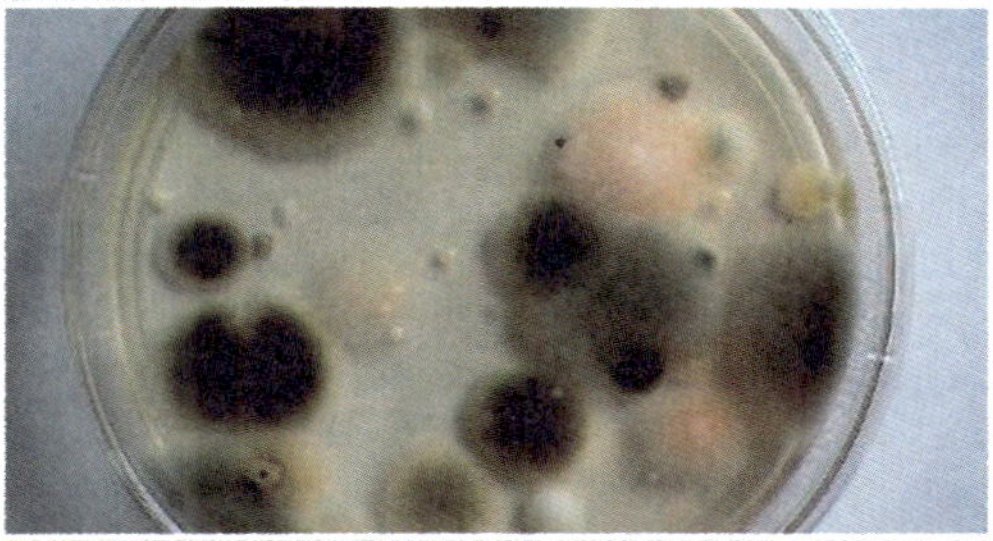

(上)2003年12月にイギリス、ロンドン上空に出現したケム・トレイル。左側の1本が曲がっているのが不自然だ。(下)ケム・トレイルが出現したあとの大気から毒性のカビが検出された。

paranormal FILE 103

ムービングロック

だれも見ていない間に岩が動く！

カリフォルニア州南東部のデスバレー国立公園内には、干あがった湖がある。そこでは、あまりに常識はずれの自然現象が起きているのだ。重さ３００キロ以上の岩をはじめ、大小の岩が、なんと、ひとりでに動いているのである！

その証拠に、ひび割れた大地に、ジグザグや直線、円形に岩が動いた跡がはっきりと残っているのだ。しかも、である。その移動距離は、数十～数百キロにおよんでいるというのだ。

ところが、不思議なことに岩が動いているところは、〝だれひとり目撃していない〟のである。いつの間にか動いているのだ。

この現象については、古く１９４０年代から科学者たちの頭を悩ませてきた。そして、さまざまな説が提唱さ

DATA

発生地
アメリカ

発生年
不明

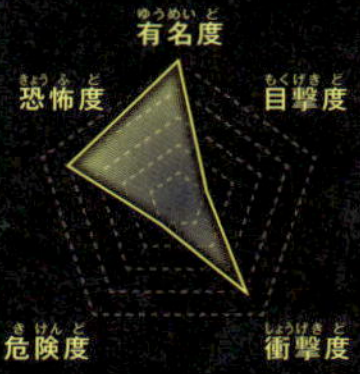

れるようになった。

たとえば、観測されないレベルの、超微細な地震が起きており、その微妙な振動によって岩が移動しているという説。ほかにも、地磁気の影響、風や雨水の影響などの説が唱えられてきたが、どれも決定打に欠くものだった。

2010年にゴダード宇宙飛行センターの科学者と研究生により、3か月にわたる調査が行われた。その結果、大きな岩が小さな岩よりずっと遠くに移動していることや、岩が登り坂を登っていること、移動跡の一部の終点には、岩ではなくもりあがった土が発見されるなど、不可解な謎がふえる結果となった。

近年、岩にGPSを埋め込むことで、追跡調査、コマ撮り調査などをしたところ、岩の移動は低温状態のときに起こることが判明した。雨水が凍り、これが溶けることで、動くものがあることがわかったのだ。

だが、謎がすべて解明されたわけではない。

デスバレー公園には、地球上に大陸が存在する前の岩石もあるという。そこには常識を超えた未知の岩、未知の力があるのかもしれない。

◀デスバレーの移動する岩は重さ14キロ前後のものがもっとも多いという。

paranormal FILE 104

聖母マリアが冷凍庫に降臨した？
アイスマドンナの奇跡

▲病気を治す奇跡を起こしたアイスマドンナ。

2007年1月、テキサス州で「氷の聖母マリア＝アイスマドンナ」が現れるという奇跡が起こった。現場はモートン・サティー・フードという食料品店。この店の奥にある冷凍庫に、聖母マリアによく似た氷の塊が出現したのである。冷凍庫の天井から落ちたしずくが、このような形に凍っていたのだ。

冷凍庫のなかに祭壇が作られ、街のカトリック信者たちが、祈りをささげるようになった。すると、祈りをささげた人のなかに、奇跡の現象が起きたのである。

「長い間、手のリュウマチで苦しんでいたのが、アイスマドンナを見たら痛みがひいた」

などと、アイスマドンナが、病気を治してくれたというのだ。

「この像には神がやどっているにちがいない」

こうしたうわさがうわさを呼んで、食料品店には遠方からも多数のカトリック信者が、連日やってくるようになったという。

DATA

発生地
アメリカ

発生年
2007年

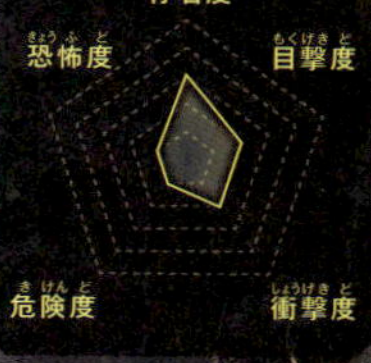

paranormal FILE 105

金属箔を出す人間

先住民族チェロキー族の力なのか?

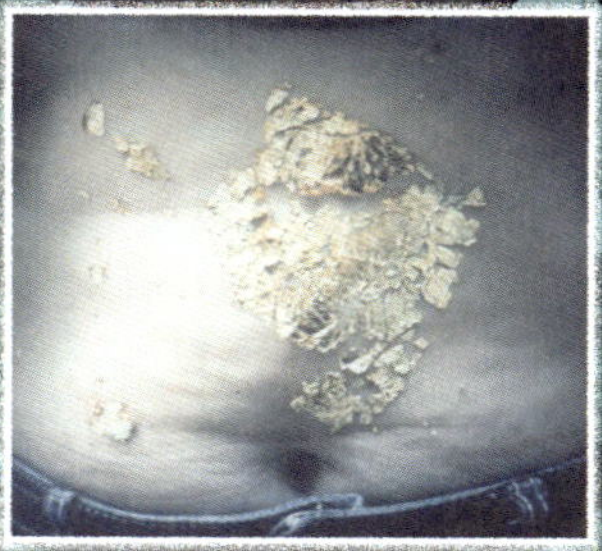

(左)ケイティは体のさまざまな場所から金属箔が出現する。チェロキー族の血によるものなのか?(右)ケイティの腹部から金属箔が生みだされたところ。

フロリダ州にすむケイティは、精神を集中して、特別な精神状態になったとき、なんと、口やほお、胸、腹部、足などから金属箔を生みだすという。

彼女の体から生みだされた金属を、研究者がくわしく分析したところ、その成分は、銅が約98パーセント、亜鉛が約2パーセントであることが判明した。

それにしてもなぜ、人体から金属箔が出現するのか?

ある研究者は、ケイティが、先住民族チェロキー族の血を引いていることに原因があるのではないかという。自然崇拝をし、超常的な力を信じていたチェロキー族のなかには、ほんとうに超能力を使うことができる者がいたのではないかと、考えられているからだ。

ケイティには、先祖のチェロキー族と同じ力がやどっているのだろうか?

DATA

発生地

アメリカ

発生年

1984年

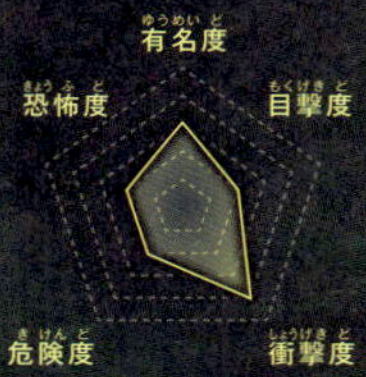

paranormal FILE 106

前代未聞の奇病に苦しむ
ワイヤーを出す人間

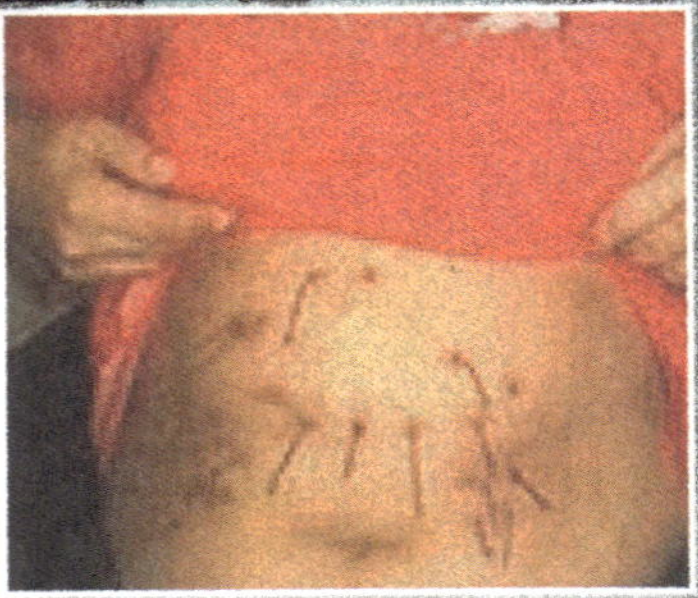

△体から生えてきたワイヤーのようす。鋭い痛みがあるという。

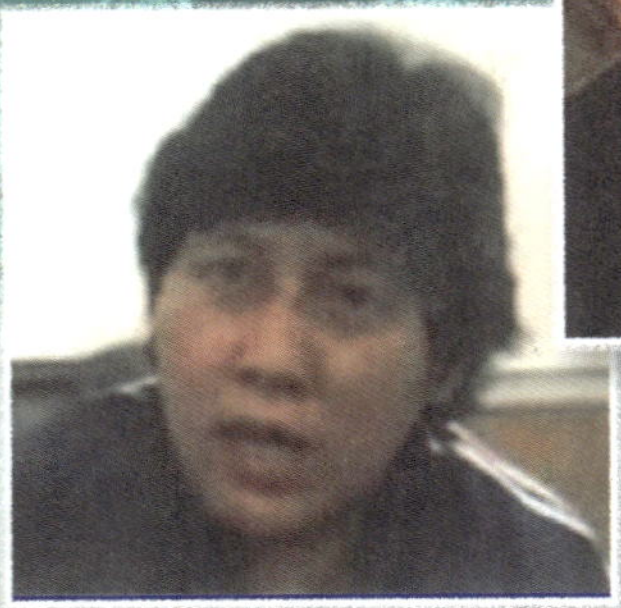

△ワイヤーが生えてくる女性ノースヤディア。

自分の意志に反して金属が体から出現し、苦しんでいるのが、インドネシアの東クタイにすむ女性、ノースヤディアだ。

1991年のある日、彼女の体内から、ワイヤーが生えてきた。このときは1本だけで、約1週間ほどで自然に抜け落ちた。ところが、1か月後には、へそのまわりにワイヤーが何本も生えだしてしまう。見かねた彼女の姉がカットしても、後からすぐに生えてきてしまう。以後、ずっとこの超常現象が続いているのだ。

ノースヤディアを診察した医師が、レントゲン写真を撮って調べたところ、ワイヤーは刺したものではなく、皮膚を突き破って出ていることがわかった。

体内には40本以上のワイヤーがあるのだという。ワイヤーが生えてくるときは鋭い痛みもあり、生活のじゃまにもなる。彼女はいくつもの病院で診察したが、この前代未聞の奇怪な現象の原因はおろか、改善する方法もわからなかった。

DATA

発生地

インドネシア

発生年

1991年から

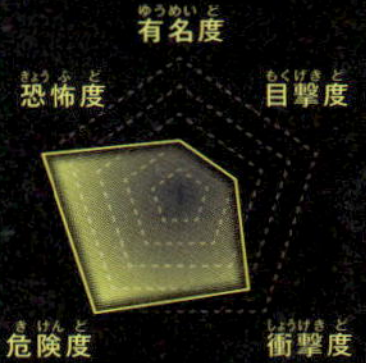

paranormal FILE 107

黒魔術の呪いなのか？
呪いの針が出る人間

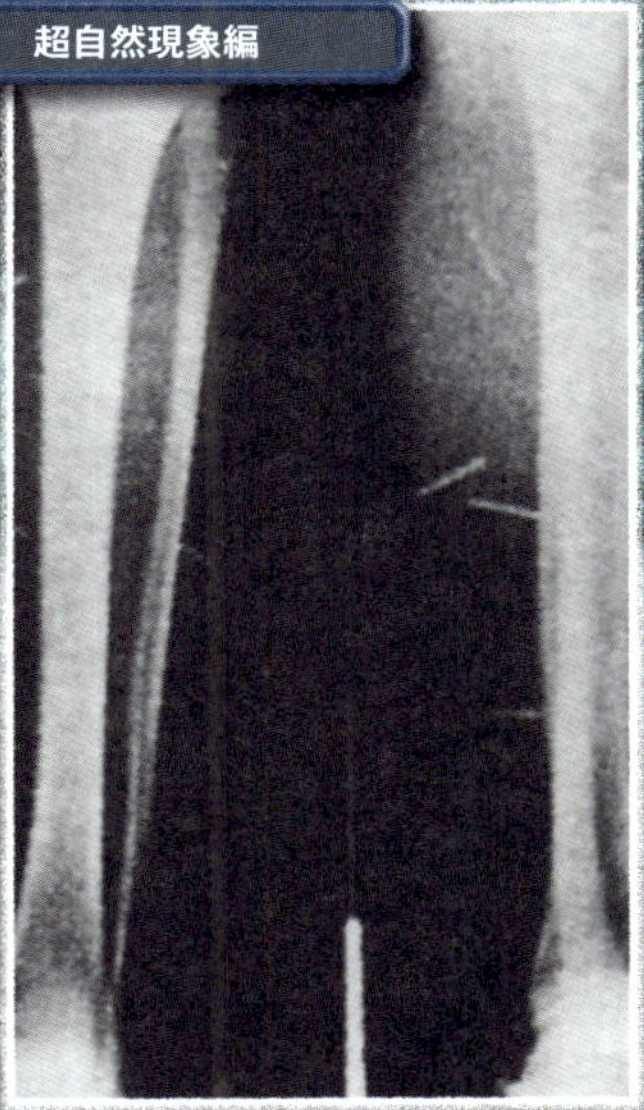
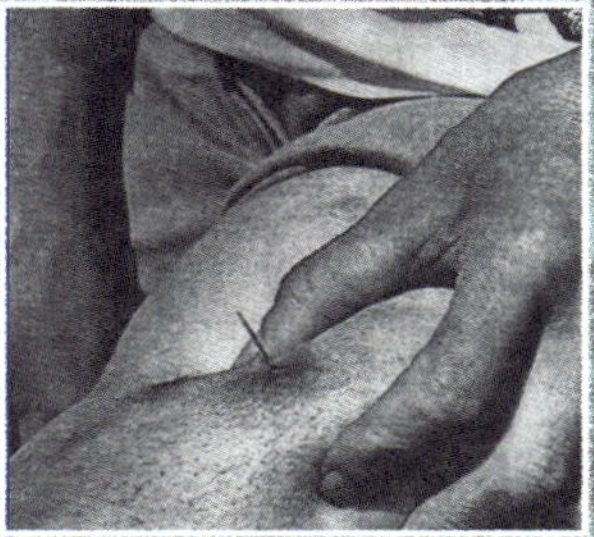

(左)無数の針が見られるベネディッタの足のレントゲン写真。(右)ベネディッタの体から針が出てくる様子。

ブラジルのベネディッタ・ジャービスという女性の足のレントゲン写真を見ると、足の肉のなかに、何本もの針がうまっていることがわかる。この針はなんと、体のなかで自然に発生し、皮膚を突き破って外に飛びだすのだという。

彼女は、自分は「悪魔の針」という黒魔術にかけられたという。じつは過去に、彼女の父親が「黒魔術師」と呼ばれる男と口論した。そのとき、男が「きっとおそろしいことが起こる」といい残したのだ。そして、その夜、ベネディッタの鼻から針が飛びだした。

以来、彼女の体内から無数の針が出現しつづけている。ただ、不思議なことに針が出る痛みはあるもの の、内出血もなく、体は健康そのものだという。

この怪現象は、やはり黒魔術師にかけられた呪いが原因なのだろうか？

DATA

発生地
ブラジル

発生年
不明

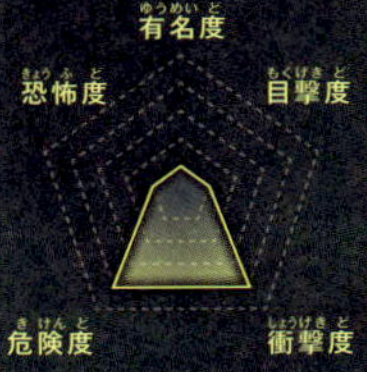

paranormal FILE 108

帯電人間スライダー

体内に電気がたまる特殊体質

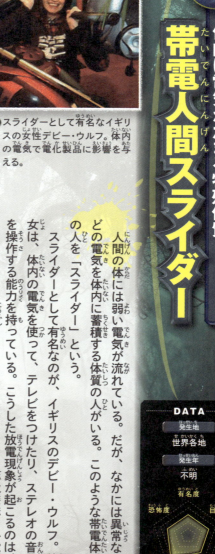

△スライダーとして有名なイギリスの女性デビー・ウルフ。体内の電気で電化製品に影響を与える。

△スライダーのひとりジョゼフは、パソコンを誤作動させてしまう。

人間の体には弱い電気が流れている。だが、なかには異常なほどの電気を体内に蓄積する体質の人がいる。このような帯電体質の人を「スライダー」という。

スライダーとして有名なのが、イギリスのデビー・ウルフ。彼女は、体内の電気を使って、テレビをつけたり、ステレオの音量を操作する能力を持っている。こうした放電現象が起こるのは、イライラしたり興奮したりしているときなど、精神状態が不安定なときだという。

また、アメリカ、ニューヨーク州にすむ少年ジョゼフ・ファルチアターノもスライダーだ。

彼はパソコンを使うと、データの保存ができなくなる、画面にノイズが走るなどの誤作動を起こすのだ。

そこで、ジョゼフに静電気防止用のストラップを手首に巻きつけさせたところ、パソコンは正常に動いたという。

DATA	
発生地	世界各地
発生年	不明

有名度

恐怖度　目撃度　危険度　衝撃度

paranormal FILE 109

△手のひらで魚を焼く能力者「へ」。念じるだけで自然の力を集め、熱エネルギーに変えられるのだという。

熱を発する能力を持つ！

手のひらで魚を焼く人間

広東省の都市・広州にいる〝へ〟と名のる男性は、なんと、手のひらにのせた物体に気を送りこみ、たちまち発熱させて焼いてしまう能力を持つのだ。

あるとき彼は、7000人もの観客の目の前で、その能力を見せた。手のひらに魚を載せて、約1分後、信じられないことが起きた。なんと、彼の手のひらから煙が出はじめ、魚の表面にこんがりと焼き色がついたのだ。人々は驚きのあまり、言葉を失った。

なぜ、こんなことができるのか？　彼によれば、念じることで自然の力を集め、それを熱のエネルギーに変えることができるのだという。

また、魚を焼く理由は、タイを手に載せてガスレンジで調理する光景をイメージしたら、ほんとうにタイが焼けたのがきっかけとか。

彼の能力は、熱が発するだけで、実際に火が出るわけではない。これはいったいどんな特殊能力なのだろう。

DATA

発生地
中国

発生年
不明

有名度

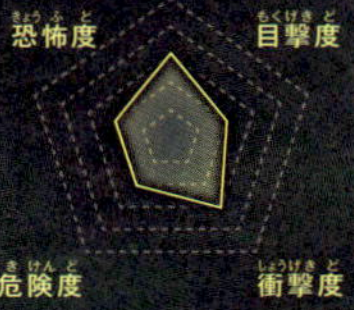

paranormal FILE 110

緑色の汗をかく人間

原因不明、異変もなし……なぜ!?

ある日、緑色の汗をかくことに気がついたチェン・シュンゴ。その原因は医者にもわからないという。

2007年11月中旬、湖北省武漢市の男性、チェン・シュンゴは不思議な症状に見舞われた。

ある日、彼は自分が寝ていた布団のシーツや身につけていた下着が、緑色に染まっていることに気がついた。その原因がわかったのは、シャワーをあびていたときだった。体からしたたり落ちた水が、緑色だったのである。シャワーが緑色だったわけではない。彼の体から出てきた汗が緑色だったのだ。

それが気になったチェンは、すぐに病院で医師の診察を受けた。だが、血液検査をするなどチェンの体をくまなく調べても、何の異常も認められなかったのである。

医師はとりあえずチェンの体を消毒した。すると、しばらくは何の異変もなかったが、10分ほどたつと、また緑色の汗が出てきたという。

結局、チェンを診察した医師にも原因はわからずじまいだった。

DATA

発生地
中国

発生年
2007年

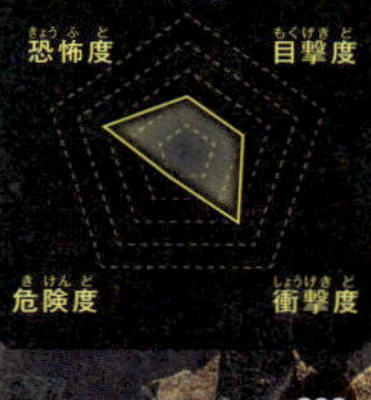

paranormal FILE 111

女神に祝福された奇跡の老人
80年間不食の男

不食の老人プララド・ジャニ。2020年に亡くなるまで、8歳から80年間以上にわたり、食事をしなかった。

私たちは、生きるために毎日の食事が欠かせない。もし、80年間一度も飲食することなく生きている人間がいるとしたら……。

2010年、当時83歳になる男性、プララド・ジャニが、インドのニュースで報道された。彼は8歳のときに女神からの祝福を受け、その後、いっさいの食事をとらなくても生きていけるという特殊能力が身についたのである。

インドの防衛研究開発機構は、ジャニを病院に15日間入院させ、24時間態勢で監視をし、検査を行った。検査期間中、ジャニが水にふれたのは、うがいと入浴のときだけ。15日間、いっさい食事もとらず、排泄も行わなかった。それでいて、心肺機能や血液、脳波の検査ではまったく異常は見られず、学者は首をひねるばかりだった。

なお、ジャニは、2020年、80年間不食で天寿をまっとうした。

DATA

発生地

インド

発生年

1937年?

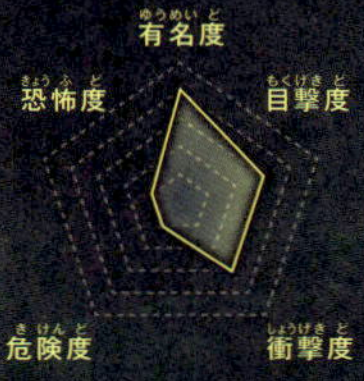

paranormal FILE 112

眠らない男

かぜがきっかけで眠れなくなった!?

△農場では、ほかの人と変わらない作業をこなし、健康的な生活を送っている〝眠らない男〟タイ・ンゴク。

人間は眠らなければ生きていくことはできない。だが、ベトナムには1973年からこれまで、一度も眠らずに生活をしている男性がいる。彼の名はタイ・ンゴク。クアンナム省で牧場を営んでいる。不眠のきっかけは、かぜをわずらってしまったことだった。以来、まるで眠れなくなってしまったのだという。

しかも、タイは一睡もしなくても、毎日重さ50キロの肥料の入った袋をかかえ、農場ではたらき、1日8キロもの距離を歩いているという。そう、健康そのものなのだ。

タイを診察したカーン・メンタル・ホスピタルの院長、ファン・ンゴク・ハは、こう語る。

「ふつうなら不眠症をうたがうでしょう。でも、その場合は、食欲不振や無気力といった症状が見られます。ですが、まれに健康な人と変わらずに生活できる人がいるといいます。タイ氏は、そういう極めてまれなケースでしょう」

DATA

発生地

ベトナム

発生年

1973年

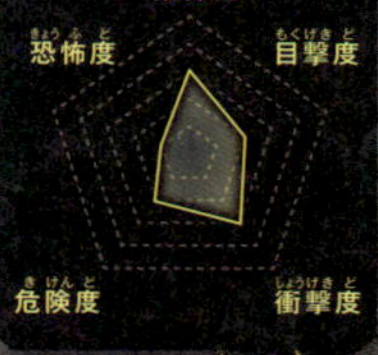

paranormal FILE 113

透視能力を持つ少女

病や異常を見つけだす超能力！

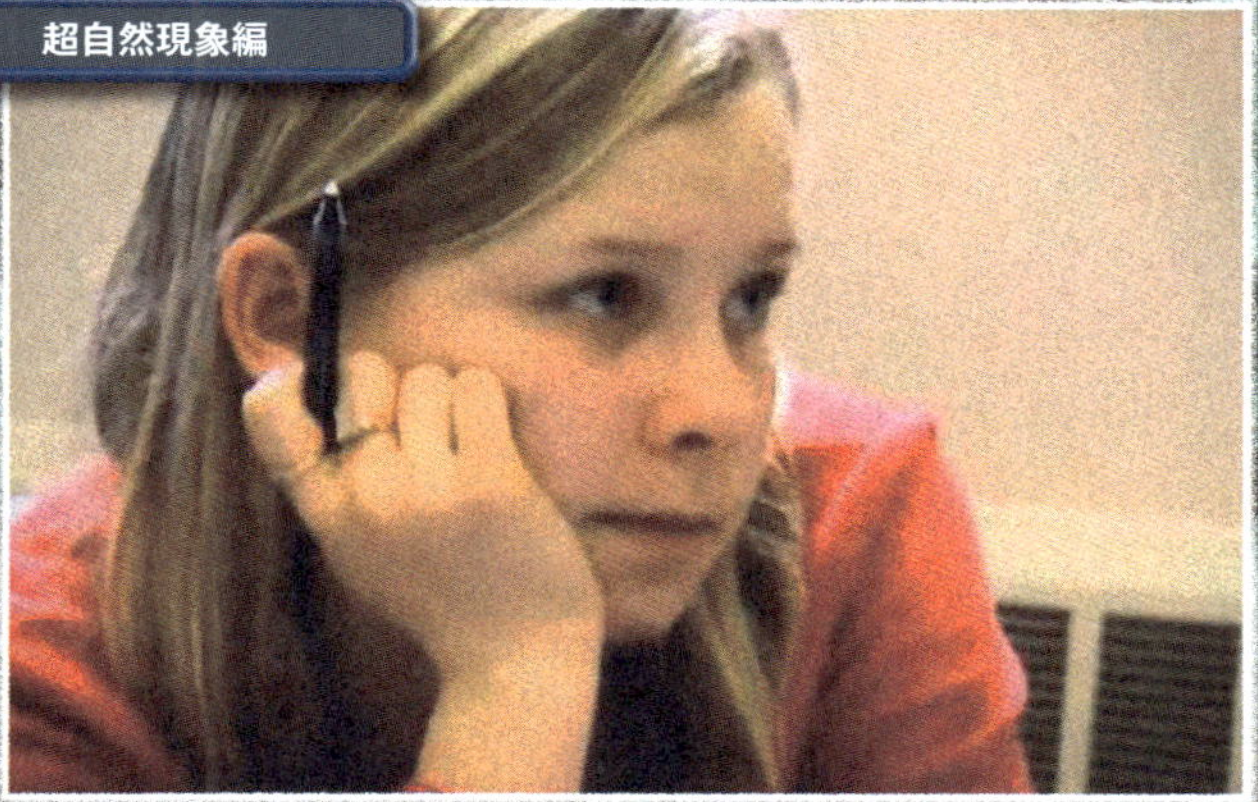

△レントゲン写真のように、透視できる能力を持つ少女ナターシャ・デムキナ。

ロシアのサランスクに、人体や物の内部を透視できる少女がいる。彼女の名前は、ナターシャ・デムキナ。彼女が透視能力に目覚めたのは、10歳のときに盲腸の手術をうけたのがきっかけ。手術のあと、体が動かせなくなり検査したところ、腸内に脱脂綿が残されていることがわかり、再手術が行われた。それから1か月後、彼女は母親にこんなことを言った。

「ママの体のなかに、ホースや豆みたいなものが見えるわ」

まだ臓器の名前を知らなかったナターシャは、母親の体を透視して見たものを、知っている物にたとえて表現した。

彼女の能力は世界中で研究された。日本では、イヌの体を透視し、右の後ろあしに器具がうめこまれていることをいいあてた。また、写真の男性を見て、その男性が肝臓がんにおかされていることを指摘した。彼女は、目の前に人物がいなくても、その人物を透視してしまうという、特殊能力を持っていたのである。

DATA

発生地
ロシア

発生年
1997年

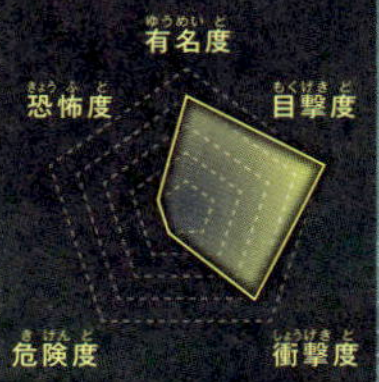

paranormal FILE 114

難病を治す少女

イエス・キリストの力を借りた奇跡

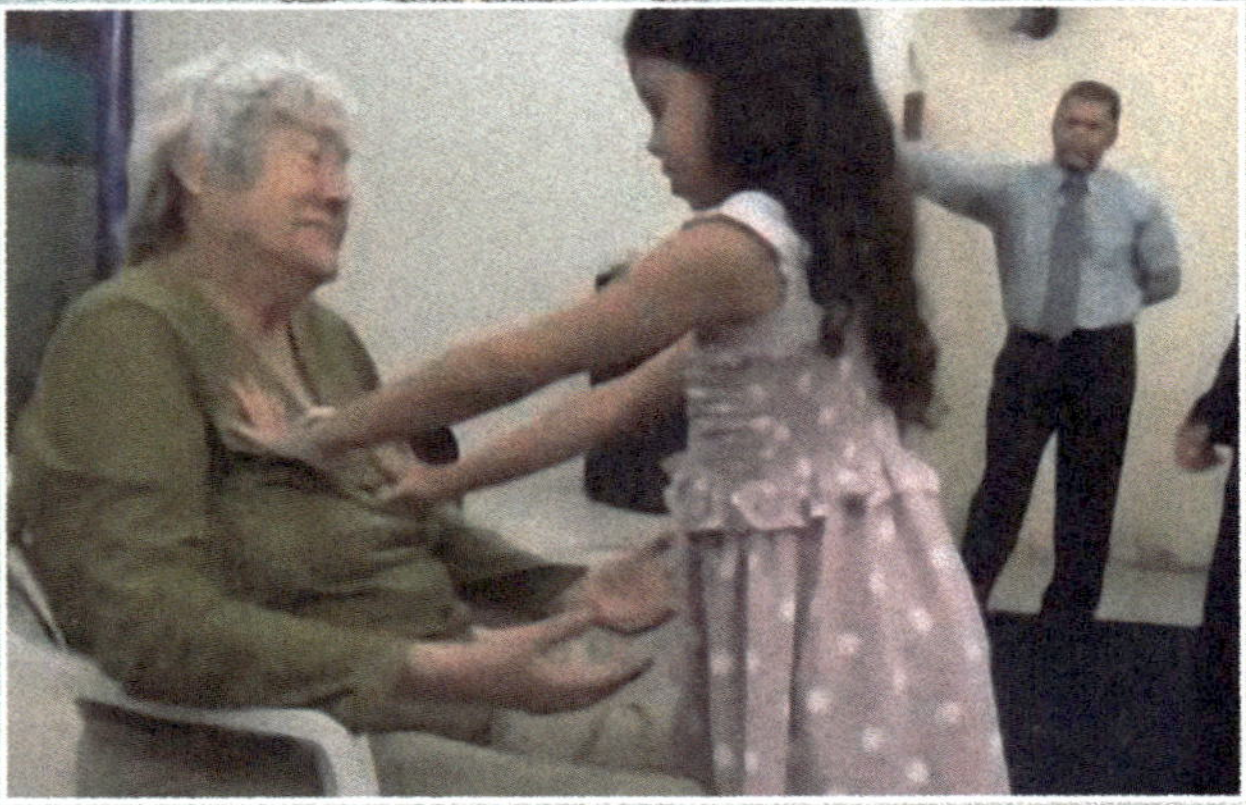

▲杖なしで歩けなかった老女に、イエスのパワーを与え、治療をほどこすアラニ・サントス。

ブラジル、リオデジャネイロの近くの町に、驚異の治ゆ能力を持つ少女がいる。アラニ・サントスだ。

アラニがその能力に目覚めたのは2012年ごろのこと。父親で牧師のアダウト・サントスによれば、彼女はイエス・キリストと交信し、その治ゆ能力をうけとっているのだという。

杖がないと歩くこともできなかった老女の体や足にアラニが優しくふれると、数分後には立ち上がり、老女は杖を使わずに歩くことができるようになったという。

また、エイズで長年苦しんできた男性の額にアラニが手をふれたところ、彼の体のなかで、エイズでむしばまれた部分はすべてなくなっていた。

アラニはこの特殊能力について、こう語る。

「私はただ心をこめて祈るだけです。祈ると、イエス様が奇跡を起こしてくださいます」

DATA

発生地
ブラジル

発生年
2012年から

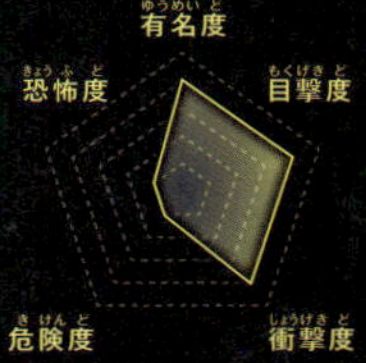

paranormal FILE 115

目から小石が出る少女

怪現象は悪魔の呪いか？

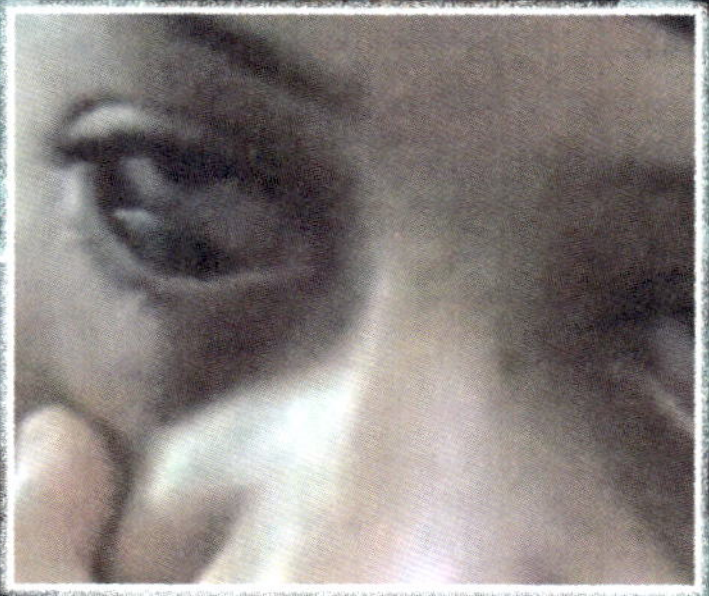

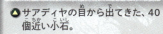

サアディヤ・サレの目から、小石が出る瞬間の写真。小石は1日に100個以上出ることもある。

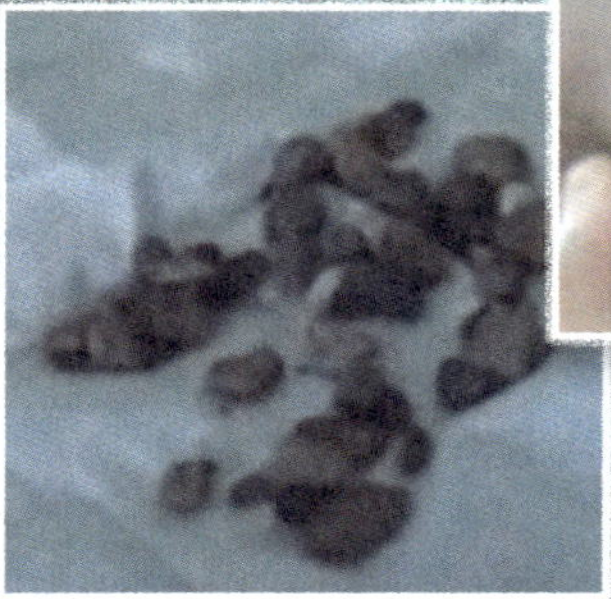

サアディヤの目から出てきた、40個近い小石。

中東の国イエメンに、目から小石を出す少女がいる。サアディヤ・サレに、その奇妙な現象が起きたのは2014年1月のことだ。サアディヤの父親によれば、小石は日中から夕方にかけて出て、睡眠中には何も起こらない。小石は1日に100個以上出てくることもあるという。

複数の病院で診察してもらったが、レントゲン写真を撮っても目に異常はなく、体内に小石は発見されなかった。

サアディヤのこの怪現象に、「トリックだ」「ペテン師だ」と人々は大さわぎした。しかし、ニュース番組で流された映像で、彼女の目から石が出てくる様子が確認でき、多くの人が「これはトリックとは考えられない」と思うようになった。

また、サアディヤのすむ村の近くでも、同じような現象を起こす女性がいた。彼女は小石だけでなく、血のような赤い汗まで出るという。この地域には、異常を起こす何かがあるのだろうか？

DATA

発生地
イエメン

発生年
2014年から

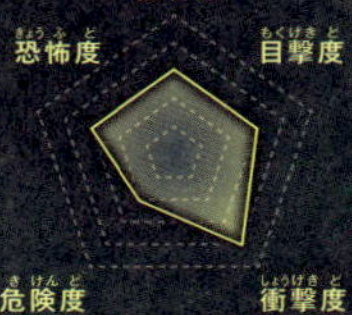

paranormal FILE 116

磁石人間

金属が体にくっつく!

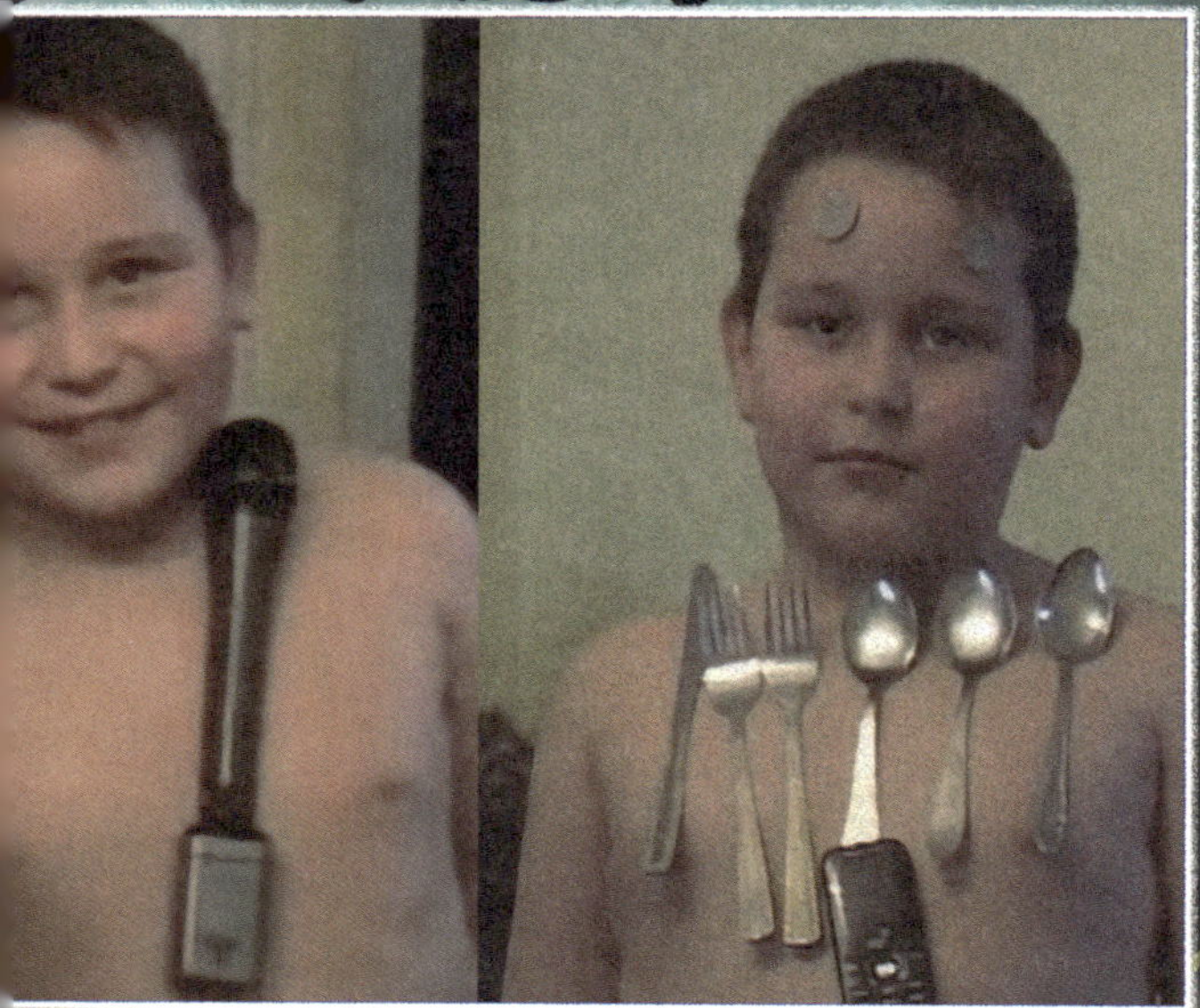

世界には時おり、金属が体にはりついてしまう、磁石人間とも呼べる人々が存在する。

セルビア人少年ボグダン・イブコビックはそんな驚異の磁石人間だ。当時7歳だった彼は、スプーンやフォーク、ナイフなど軽い金属はもちろん、マイクやテレビのリモコン、2キロを超えるフライパンまで、吸いつけてしまうのである。

ボグダンの母スベトラーによれば、彼が赤ちゃんのころから、スプーンやおしゃぶりが体に吸いついて離れなくて驚いたという。ということは、ボグダンが生まれたときから、この能力はすでに発揮されていたのだろう。

そして、この能力は成長とともに強まっていった。最近ではボグダンがコンピュータや携帯電話などの電化製品にふれるだけで、故障やトラブルが起こるようになったのである。

さらにボグダンにはもうひとつ、驚くべき力があった――

DATA

発生地
世界各地

発生年
不明

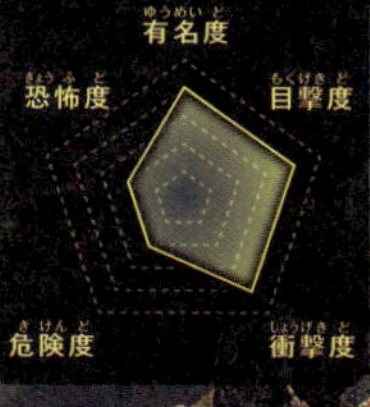

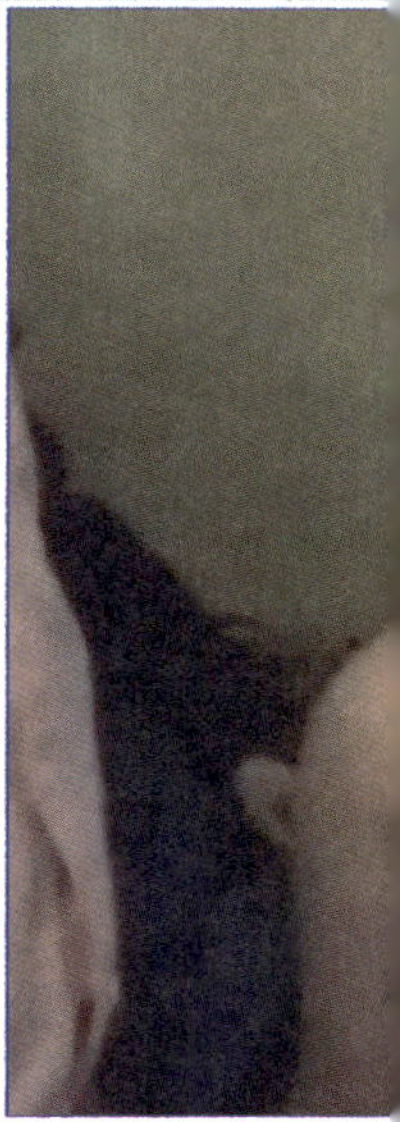

それは、治ゆ能力である。

スベトラーはひどい頭痛持ちで、医師から処方してもらう薬が欠かせなかった。だが、ボグダンが彼女の頭に手をふれたとたん、痛みはスーッと消えてしまったのである。そうしたことをくりかえしていたところ、数年前からは薬すら必要なくなったという。

また、マレーシアにいる磁石人間リュー・ソウ・リンは、2001年に、胴にはりつけた金属プレートを使って、小型車を20メートルも引っぱって動かすことに成功。さらに、重さ30キロの金属板を腹にはりつけることもできる。この驚きの力は話題となり、かつて日本のテレビ番組でも紹介されたほどだ。

ウクライナの山岳地帯トルカに住むミーシャ・ダルニャフカは、顔に金属をくっつけてしまう少年だ。彼は、学校の行事でサーカスを見たあと、自分にも何か面白いことができるのではないかと、試してみたところ、この能力に気がついたという。

磁石人間の研究者によれば、「皮膚に吸引力がある」という説や「だれにもそうした能力は秘められているが、個人差が大きい」という説が挙げられるが、現時点では未知の能力である。

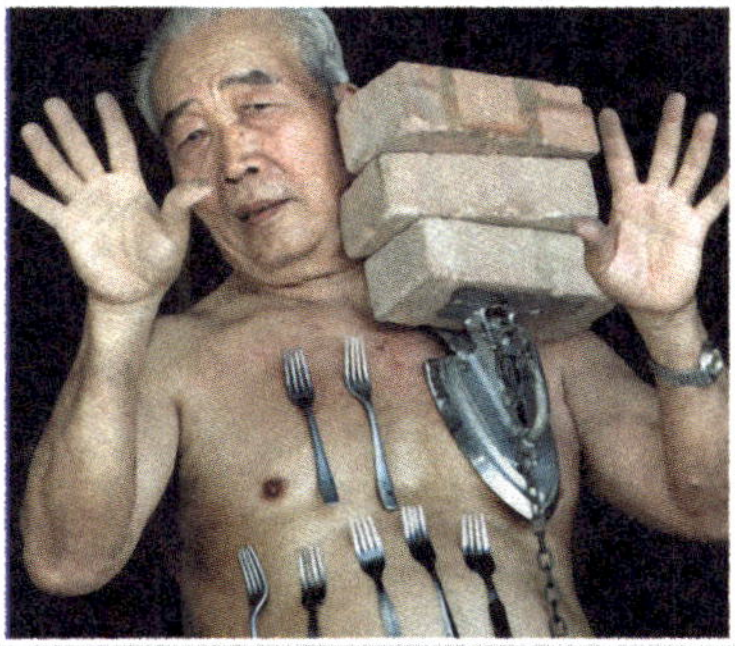

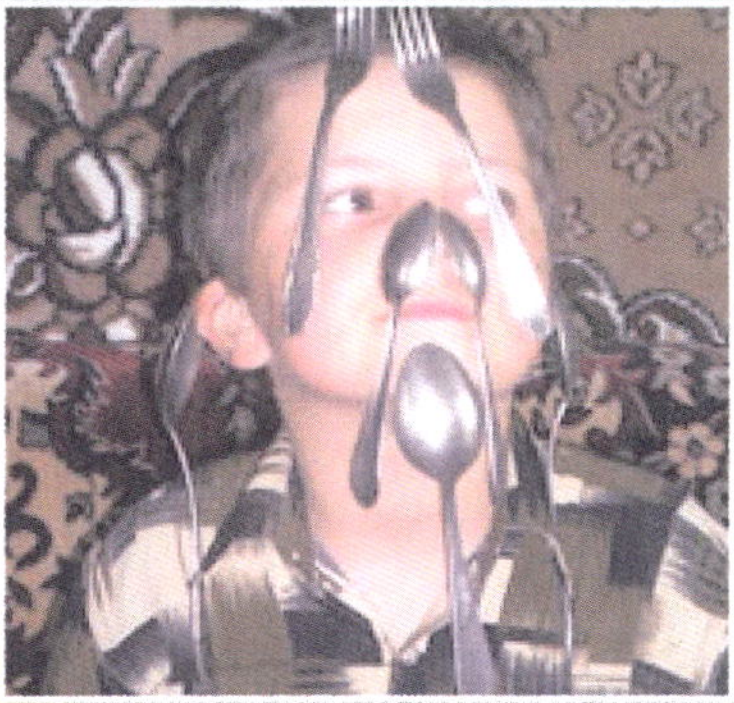

(上)マレーシアの磁石人間リュー・ソウ・リン。
(下)ウクライナの磁石少年ミーシャ・ダルニャフカ。

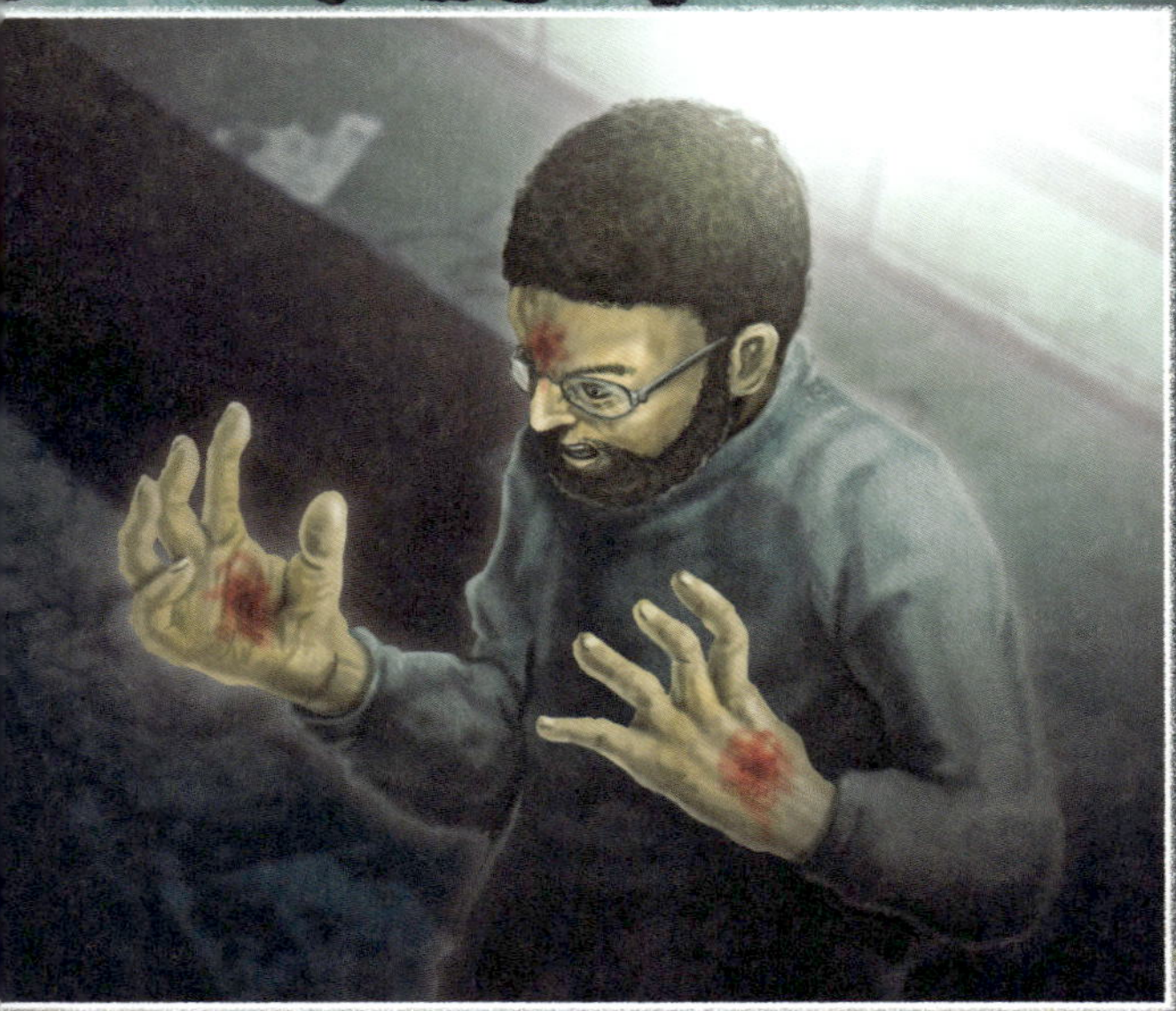

paranormal FILE 117

キリストと同じ位置に傷が現れる 奇跡の聖痕現象

　聖痕現象をごぞんじだろうか？　これは、イエス・キリストが十字架にかけられたとき、釘を打たれた手足や、槍を刺された脇腹、茨の冠をいただいた額などに、突然、傷が現れ、出血するという不思議な現象だ。

　これまで、この聖痕現象は世界中で、４００件以上の報告があり、じつに多くの人の身に起きている。

　なかでもよく知られている人物が、イタリアのジョルジョ・ボンジョバンニだ。熱心なカトリック信者である彼は、１９８９年に初めて、聖母マリアの出現した姿を見た瞬間、傷口ができたと語り、両手、両足、胸などに聖痕が現れたという。

　１９９３年に彼を診察したロビゴ大学のスターニス・プレビアート博士はこう語る。

「最初は自分で傷つけたのかと思った。だが、傷の角度

DATA

発生地
世界各地

発生年
古来

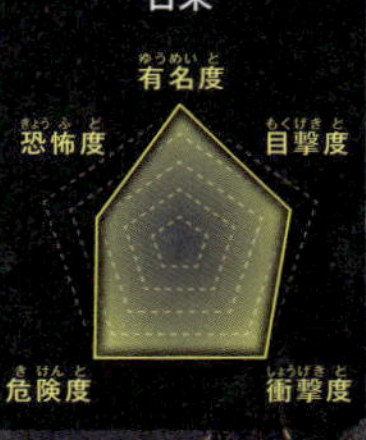

から見て、それにはむりがある」

　ボンジョバンニはその後、マリアから受けた指示にしたがい、世界中を旅した。そして、マリアのメッセージを人々に伝えるとともに、旅先で出会う人たちの不治の病を治すなどの奇跡を起こしている。

　ドイツの聖女テレーゼ・ノイマンの聖痕現象は、その過酷さとともに語られている。

　1926年11月から、彼女に聖痕現象による出血が起きた。さらに1928年3月8日、聖痕が肩に生じて以来、テレーゼは何も飲まず、何も食べない生活に入る。

　そして、1962年に死亡した。彼女は聖痕を背負いながら、至福と苦難の日々を生きつづけたのである。

　最近では2004年4月、シリア・ダマスカスの敬虔なクリスチャン、ミルナ・ナザールの額に聖痕が現れたことが知られている。

　それにしても、いったいなぜこんなことが起こるのか？　その原因は明かされていない……。

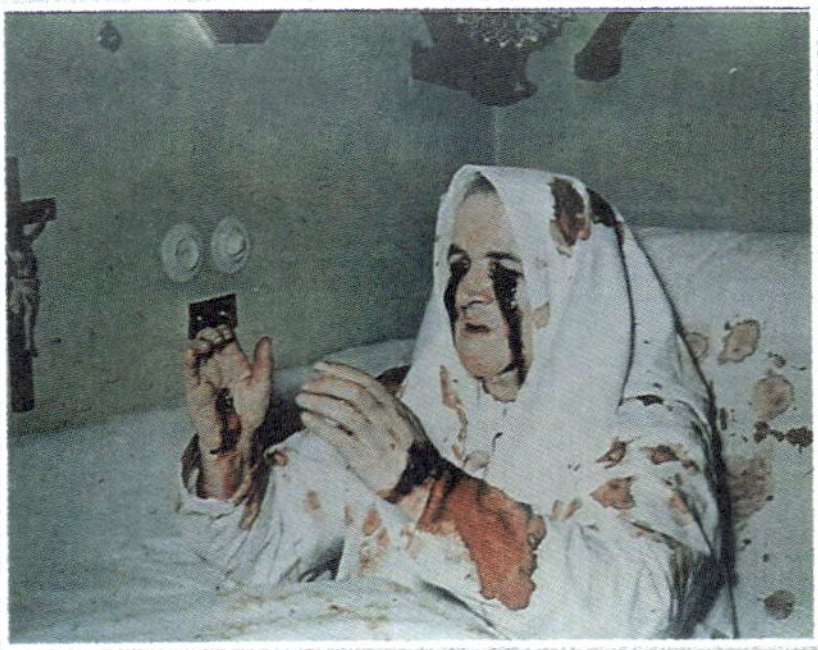

◀(上)ドイツの聖女テレーゼ・ノイマン。(下)額や両手などに聖痕が現れたイタリアのジョルジョ・ボンジョバンニ。

paranormal FILE 118

カエルに何が起こったのか？

カエル大量破裂死の謎

「池から出たカエルが、数分間にわたって苦しみながら、まるで風船のようにふくらんで爆発したんだ！　内臓があたりに飛びちった！」

そんな衝撃的な目撃証言を、ドイツ、ハンブルク市の動植物保護団体「NABU」のリーダー、ワーナー・シモーリンクが語った。

同団体のほかのメンバーも、風船のようにふくらんだカエルが数分間、苦しんだ後、とつぜん爆発したのを目撃している。

2005年4月3日から7日にかけてのことだ。ハンブルク市の高級住宅街のアルトナ湖（湖といっても小さな池だが）で、1000匹以上のオオヒキガエルが破裂して死んだという、まるでホラー映画を思わせる不気味な事件だった。

DATA

発生地

ドイツ

発生年

2005年

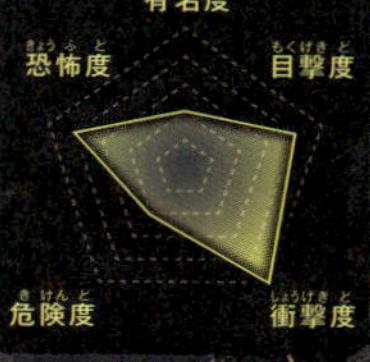

いったい、オオヒキガエルの身に何が起こったというのだろう。

この原因については、さまざまな仮説がとなえられている。

たとえば、池の近くには競馬場があるのだが、ウマたちが感染するウイルスが、何らかの形で池の水に流れでて、これがカエルに感染したという説。また、カエルが池で大量に繁殖しつづけた結果、池が過密になり、オオヒキガエルならではの未知の防衛機能がはたらき、本能的に集団自殺したのではないか、というトンデモない奇説まで唱えられた。

ただし、死んだカエルを解剖した、地元の獣医オットー・ホルストによれば、ウイルスやバクテリア、大量死につながるような化学薬品や農薬などは確認されなかったという。もちろん未知の防衛機能のことはいっさいわからない。

さらに、ハンブルクの環境衛生研究所による池の水質検査が行われているが、異常は認められなかった。

奇妙なのは、破裂死したカエルの内臓からは、いずれも肝臓がなくなっていた、ということだ。肝臓の異変が破裂の原因だったのだろうか。調査すればするほど謎は深まるばかりであり、その後も大量破裂死の原因は不明のままだ。

△大量のカエルが破裂死する事件が起きた池。

イワシ大量死事件

大地震の前兆現象なのか？

「こいつはすごいことになってるな……」

漁師たちをあぜんとさせることが起きたのは、2012年6月5日のことだ。場所は千葉県いすみ市の大原漁港である。

なんと、その日、漁港は200トンにもおよぶカタクチイワシの死骸でうめつくされていたのだ。

専門家はこの事態に、

「イワシたちは、クジラなどの天敵に追われて、漁港に迷いこんでしまったのかもしれない。せまい場所に密集してしまったので、酸欠を起こして死んだのではないだろうか」

と分析しているが……

気になることが、翌日、起きた。

6日早朝、千葉県東方沖でマグニチュード6・3の地

DATA

発生地
日本

発生年
2012年

有名度
恐怖度
目撃度
危険度
衝撃度

震が発生したのである。
カタクチイワシの大量死と、大きな地震の発生……その関連をかんぐってしまわずにはいられない。

というのも、海の生き物の大量死があったあとに地震が発生するということは、今回に限らず、世界各地から報告されているのだ。

たとえば２０１１年３月11日の東日本大震災が発生する前の週には、茨城県鹿嶋市の下津海岸でイルカが50頭以上、打ち上げられるということがあった。さらに、遠くアメリカ、ロサンゼルスのヨットハーバーでも数百万匹のイワシが死んでいたのである。

また、２０１１年２月22日のニュージーランド地震のときも、70頭のクジラが海岸で死んでいた。１頭が迷って海岸に誤って上がってしまうことはあっても、数が違う。しかも、あの巨体のクジラだ。天敵に追われて逃げた結果とは考えにくい。

海の生き物の大量死と地震……やはり何か関連はあるのだろうか？

◀イワシの死骸でうめつくされた千葉県の大原漁港。

paranormal FILE 120

イギリスの三角地帯でハトが消えた！
レース鳩消失事件

バミューダ・トライアングルといえば、大西洋にある3つの島を結んでできる海域のことだ。そこを通過する船や飛行機が、何の痕跡も残さず消えるため「魔の三角海域」と呼ばれる（12ページ）。

この海域を思わせる地点がイギリスにも存在した。場所はサークス、ウェザーバイ、コンセットを結んでできる三角地域だ。この空域で行方不明事件が起きた。しかも、消えたのはレース用のハトである！

事件が起きたのは2012年8月18日のこと。サークスでハトのレースが行われ、スコットランドのハトのレースクラブによって、232羽のハトが放たれた。

ところが、ゴール地点のセルカークシャーに帰り着いたのは、たった13羽だったのである。

DATA

発生地
イギリス

発生年
2012年

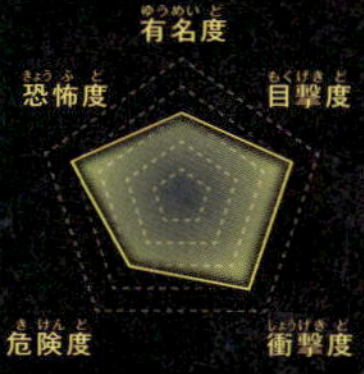

それに続く夏の間に、同じ地域ではさらに1000羽のハトが行方不明となった。

4月にレースのシーズンが始まってから、〝魔の三角地域〟を飛んで消えたハトは、1000羽をこす。なお、ほかの地域で行われたレースでは、このような大量行方不明は起きていないのである。

ならば、このようなことが起こる原因は何なのだろう。「太陽の活動が異常に活発になったため、磁場が狂ったせいだ」、「近くにあるスパイ基地からの信号や電気を監視する施設に何らかの原因がある」などうわさされたが、はっきりした理由はわかっていない。

ちなみに消えたハトの損失額は20万ポンド（約3800万円）にのぼるという。このため、ハト競技者オースティン・リンドアズは

「もう二度とあの三角地域では競技をしたくないよ」

と語っている。

ハトはどこへ消えたのだろう。

◀(上)レース用のハトたち。(下)ハトが消えるのは、サークス、ウェザーバイ、コンセットを結ぶ三角地域。

paranormal FILE 121

見えないハチの襲撃！

特定人物だけを襲う謎の存在

「あああっ！」

1999年9月、テキサス州に住むユスティス家の妻アンナが、自宅の庭でとつぜん叫び声をあげた。

「どうした、アンナ！」

夫のジャックがかけつけると、アンナはその場にたおれ、もだえ苦しんでいるではないか。しかも、よく見ればアンナの手足には、虫に刺されたような痛々しい傷が無数にあった。

「大丈夫だ、すぐ病院につれていってやるからな」

ジャックは、しだいに意識ももうろうとしている妻を病院に運びこんだ。

治療にあたった医者によって、アンナはハチに刺されてショック症状を起こしていたことがわかった。また、刺し傷から、ハチはアフリカ産の大型ミツバチであるこ

DATA

発生地

アメリカ

発生年

1999年

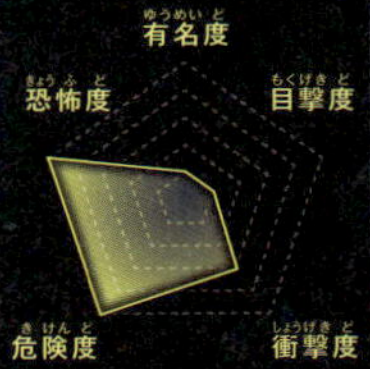

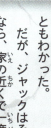

ともわかった。

だが、ジャックはその診断がふに落ちなかった。なぜなら、家の近くで一度もハチを見たことはなく、ましてや、アフリカ産の大型ミツバチは、アメリカ本土には生息していないからだ。

退院したアンナによれば、刺された数日前から「ブーン」というハチの羽音らしいものは聞いていたという。しかし、ジャックと同じく、その姿は見ていないとのことだった。

身近にはいないハチに刺された可能性があるということから、念のため、昆虫学者による調査が行われたが、家の中にも周囲にも、ハチの姿も巣も見つからなかった。

だが、その後もアンナは2度にわたり見えないハチに刺され入院している。

このため、アンナはまたいつ襲われるかもわからない恐怖にふるえる毎日だという。しかし、なぜ姿が見えないのか？　なぜアンナだけが襲われるのか？　謎のままである。

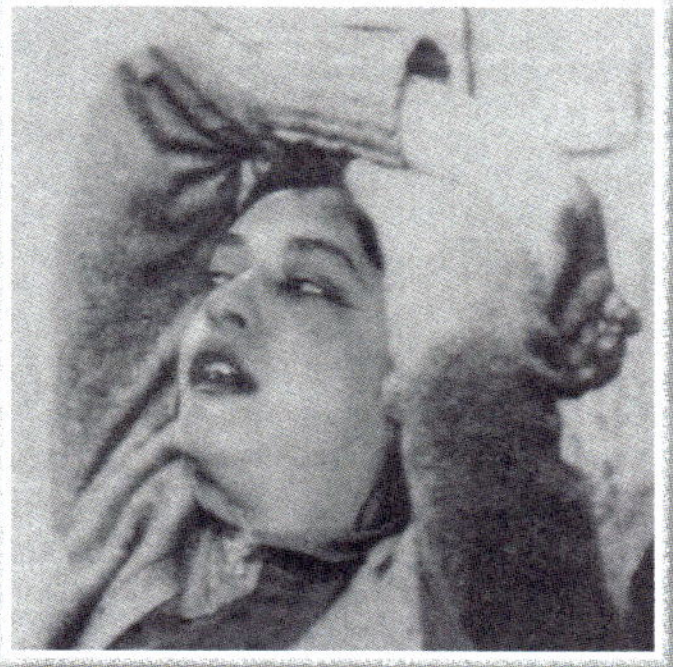

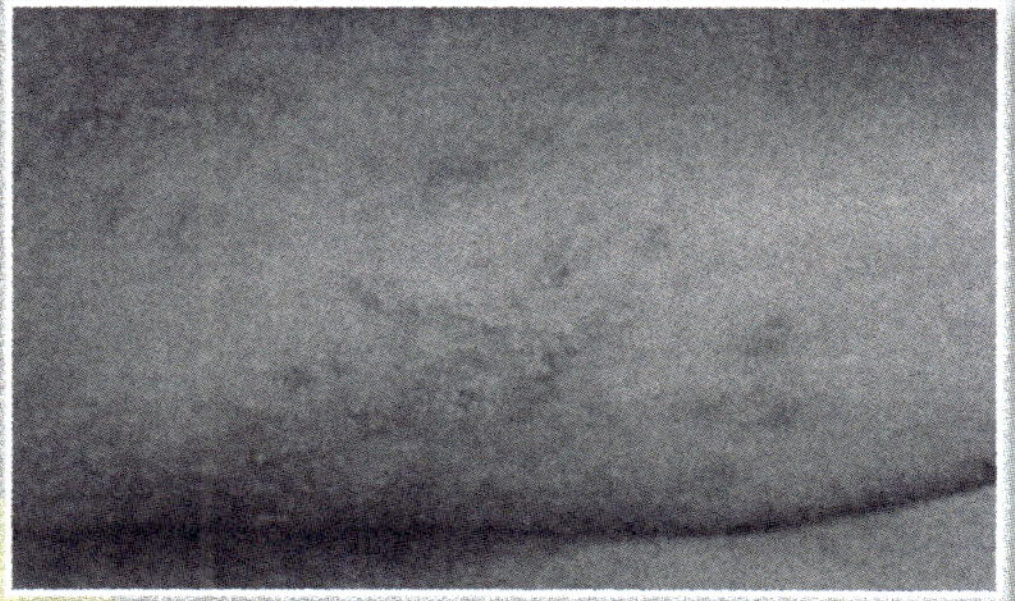

◀(上)見えないハチの被害者アンナ・ユスティス。(下)アンナの腕には、見えないハチのものと思われる刺し傷が！

paranormal FILE 122

重力の常識が通用しない謎エリア

オレゴンヴォーテックス

人間はふつう、まっすぐに立ち、ボールは坂を上から下に転がっていく。これは重力によるものだ。だが、オレゴン州にはそんな常識が通用しない場所がある。それが、ゴールドヒルにある、オレゴンヴォーテックスだ。

じつはこの場所は、アメリカがヨーロッパ人によって開拓される以前の時代では、「迷いこんだ者は生きて出られない禁断の地」として、ネイティブアメリカン（アメリカ先住民）をはじめとする人々に恐れられ、さけられていた場所だという。

現在でも、近づいただけでめまいや頭痛、吐き気をもよおす人もいるという。

このオレゴンヴォーテックスには、現在、地面に沈んでいくように建つ家があり、その周囲の直径約50メート

DATA

発生地
アメリカ

発生年
古来

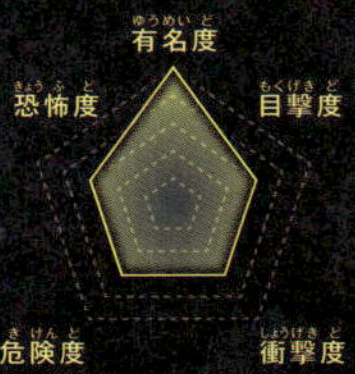

ルは、見えない強力な力によって引っ張られているという。すなわち、周囲には正体不明の力の渦が回っているらしいのだ。

その力の影響なのだろう、家の中に入ると、人はまっすぐに立てなくなる。

また、立てたほうきや棒はななめに傾いたまま、その姿勢を保つ。ボールは下から上に転がり、立つ位置を変えれば身長まで変わる！

また、家の周辺に生えている木々は、正体不明の力の影響か、まっすぐに生えずに、ねじれて曲がっているという。

さらに、だ。方位磁針を持ちこめば、針はぐるぐると回転してしまう。

このことから、怪現象は地磁気の乱れが原因だという説もある。

ネイティブアメリカンによれば、この地には古来、何らかの呪いがかけられているとも言うのだが、真相は不明だ。

この地にはいったい何が秘められているのだろうか？　本当に磁界のゆがみのようなものがあるのだろうか。

▲家に入ると、人間やほうきは傾いたままになってしまう！

paranormal FILE 123

場ちがいな物が木の中から出てきた！
古木のコンクリート・ブロック

竜巻でたおれた古木の中から取りだされるコンクリート・ブロック。

取りだされたコンクリート・ブロックは、真ん中から折れていた。

２０１０年、コネチカット州を巨大な竜巻が襲った。その爪あとは、深刻な被害をもたらした。とある教会の敷地内に、シンボルのようにそびえていた樹齢１３０年のカエデが、まっぷたつにさけてしまったのだ。

「残念だが、このカエデはもうダメだ」

切りたおすしかなくなったカエデを、作業員がチェーンソーで根元から切断しようとしたそのとき、幹のなかに高さ60センチの石がつまっていたのである。

この石の正体を調べてみると、自然石ではなく、金属の棒で補強されたコンクリート・ブロックだったのだ。

しかし、このブロックがどうやってカエデのなかに入りこんだのかがわからない。この石が置かれていた場所に、１３０年前からカエデの苗木が育ち、抱えこんでしまったと考えるのも無理がある。まさに、自然がなしたミステリーといえるだろう。

DATA

発生地
アメリカ

発生年
2010年

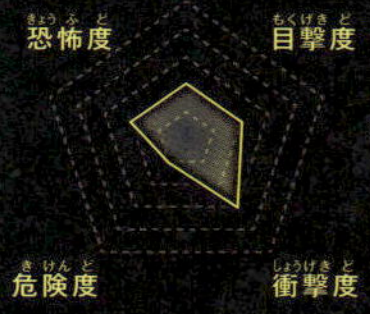

paranormal FILE 124

シベリアにできた謎の大穴

前ぶれもなしに現れた大穴の正体は？

(右)シベリアの大地に現れた、正体不明の巨大な穴。その後に現れた第2の穴(左上)と第3の穴(左下)。謎は深まるばかりだ。

2014年7月、シベリアに、とつじょとして巨大な穴が出現した！　穴の長径は100メートル、深さは50～70メートルと推測される。穴のふちは強烈な火によって焼けこげたと見られている。また、穴の周囲は土砂で盛りあがっていることから、土が噴出したようだが、穴の深さと比べると、その量はあまりにも少なすぎる。隕石が落下したという説もあるが、地元にはそのような記録は残っていない。

穴の正体がはっきりしないうちに、第2、第3の穴が発見された。それぞれ大きさは直径15メートル、直径4メートルと小型だが、4メートルの穴は、深さが60～100メートルもある。

専門家たちは、「人工的なものではない」としながらも、「自然に形成されたようにも見えない」とも発言をしている。

この先、第4の穴が出現する可能性もあるのだろうか？　まったく謎ばかりが残る怪現象である。

DATA

発生地
ロシア

発生年
2014年

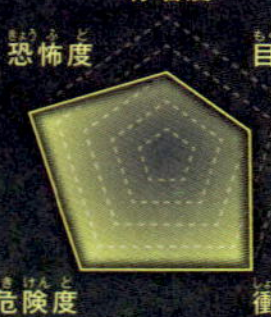

paranormal FILE 125

水もない山中に池が現れる

竜神が来る幻の池

静岡県浜松市にある標高約800メートルの亀ノ甲山には、「幻の池」と呼ばれる池がある——ある、といっても、常にそこにあるわけではない。

その池は、まわりに沢や水たまりがない、一滴も水のないくぼ地に、7年に一度、現れる。そして、わずか数日で消えてしまうのだ。だから「幻」というわけなのである。

1998年10月、この地に7年の周期からズレるが、9年ぶりに、幻の池が現れた。

10月2日午後2時、町役場の人たちが池の調査に訪れたところ、スギやヒノキに囲まれたくぼ地に、およそ50メートル×30メートル、深さ約90センチの池が出現しているのを発見した。

それにしても、なぜ池ができるのだろうか？

DATA

発生地
日本

発生年
不明

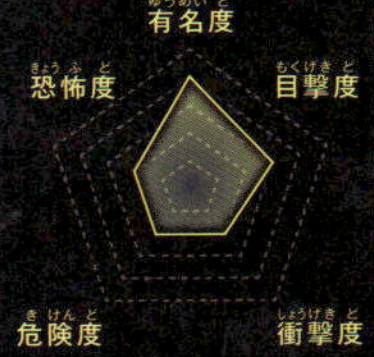

その理由として、いくつかの説が考えられている。

たとえば、くぼ地の中心部には、へそと呼ばれる、水がわき出す噴出口があるとされている。ただし、そのようなものが本当にあるのか、定かではない。

また、湧きだしているのではなく、雨がたまっただけ、という説もある。くぼ地の下にある岩盤に、雨水がたまったのが幻の池、というわけである。

しかし、この池に関して、本格的な調査が行われたことはない。それは地元の言い伝えのせいかもしれない。

その伝説というのは、同県の御前崎市には竜神がすんでいるというものだ。この竜神が7年ごとに、長野県の諏訪湖に遊びに行くのだが、とちゅうでひと休みするために、幻の池ができるのかもしれない。

なお、その後は2010年7月20日、2011年9月11日と、2年連続で出現。いちばん新しい出現の記録は2020年7月15日だったという。

(上)1982年に現れた幻の池。(下)1989年の幻の池。写真ではわかりづらいが、木々の間にうっすら水がある。

paranormal FILE 126

日本各地で起きた電気ミステリー

電線火災同時多発事件！

熊本県の漏電被害のようす。煙が上がっているのがわかる。

佐賀県の電線火災では、電線が火花を散らした。

「大変です、電線が火花を散らしています」

そんな通報が九州地方北部であいついだのは、2012年4月10日朝から11日夕方にかけてのことだ。九州電力によれば、電線から火花がでるトラブルは、4月3日に日本に吹きあれた爆弾低気圧による強風が原因だという。この風が海から塩分を運び、10日に降った雨によって漏電したというのである。

九州7県での被害は、電線火災が866件、停電が262件起きた。さらに、電線火災は、10日夕方から11日午前には広島県や岡山県でも起こり、遠く宮城県でも同様の報告があった。つまり、この同時多発漏電は日本全国で起きていたのである。

その原因もまた、口をそろえたように、強風により塩分が電線につき、10日の雨で漏電したというものであった。だが、そもそも電線とは、海風の塩分くらいで簡単に漏電してしまうものなのだろうか。これはミステリー事件というほかない。

DATA

発生地

日本

発生年

2012年

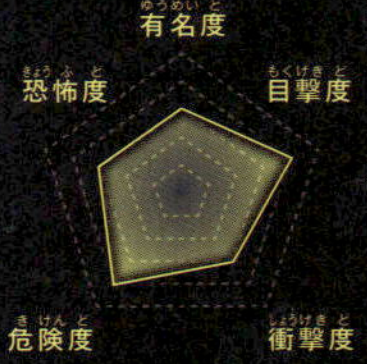

paranormal FILE 127

ナイトウォーカー出現

異界の窓から出現しているのか？

△住宅に設置された防犯カメラがとらえた、謎のナイトウォーカー。全身が怪しく光り輝いている。

2024年3月に公開された上の画像は、コロラド州フォートコリンズの住宅に設置されていた、防犯カメラによって撮影されたものだ。

画像には、白色に輝く光に包まれた、小柄な人のような姿がとらえられている。その〝ヒトガタ〟をよく見れば、両腕が地面につくほど異様に長いことがわかるだろう。さらに、肩幅と比較すると、頭部は大きく長く、体つきはかなりきゃしゃだ。いや、そもそも胴体じたいが短く、あるのかないのか判別も難しい。

防犯カメラを設置していた住人は、この画像が撮られた数週間前にも似たようなものが画像に映っているのを見たことがあると証言している。それも録画された時間帯は、やはり夜間のことだったという。

ここでは、ときおり〝異界の窓〟が開いて、未知の訪問者が姿を見せるのかもしれない。

DATA

発生地

アメリカ

発生年

2024年

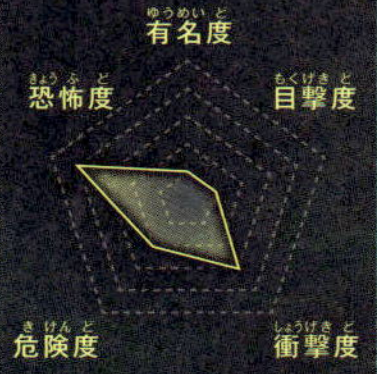

paranormal FILE 128

エクトプラズム

霊媒の体から出される正体不明の物質

エクトプラズムとは、霊媒（霊と交信できる人）の体から出される、謎の物質だ。

霊媒の鼻や口から白い煙のように流れだしたエクトプラズムは、生物のように動き回ったり、霊媒に呼びだされた霊の姿に形を変えたりする。これを霊の物質化現象と呼ぶ。

エクトプラズムは、霊媒の肉体を材料にしているとされる。そのため、霊の許可なくエクトプラズムにふれると、霊媒が苦しみ、時にはショック死することもあるという。

そんなエクトプラズムについての有名なエピソードを紹介しよう。

イギリスのオリバー・ロッジは、20世紀の世界的な物理学者であると同時に、物理学の論理や考え方を心霊現

DATA

発生地
世界各地

発生年
不明

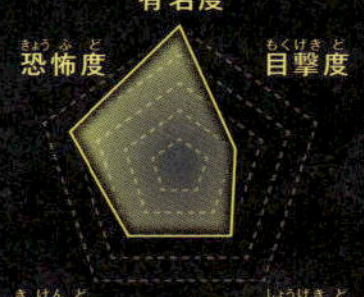

象に当てはめた最初の心霊学者だった。

50年以上にわたって心霊についての研究を続けてきたロッジは『レイモンド』という著書で、エクトプラズムについて、次のようなことを書いている。

それは、1929年10月、第1次世界大戦で戦死した息子レイモンドを、霊媒を通じてエクトプラズムとして物質化してもらったという内容だ。

このとき、確かにロッジの息子の顔が、霊媒の鼻のあなから立ちのぼるエクトプラズムの中に現れたという。

この物質化の写真は、霊媒の写真を15年間にわたり撮影してきたカナダ人医師、T・グレン・ハミルトンによって撮影され、本物であることも確認されている。

なお、このような霊の物質化現象は、どういうわけか現在、ほとんど行われていない。ひっそりと行われているのだろうか？　再びエクトプラズムが姿を見せたという、新たな報告が待たれるばかりだ。

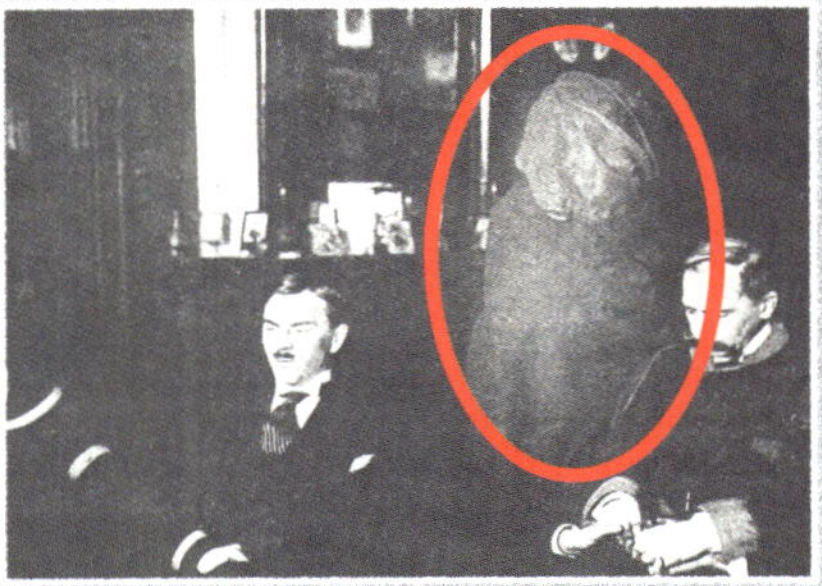

(上)エクトプラズム(丸囲み)を呼びだす霊媒。(下)エクトプラズムの中に現れたロッジの息子の顔と、実際の息子。見くらべるとそっくりだ。

なぜ、こんなところにあるのか?

謎のピラミッド発見

世界各地では奇怪な物の発見がある。そうした発見から、ピラミッドのようなものが、驚くべき場所で見つかったという報告を2例、取りあげよう。

COLUMN

南極大陸でピラミッドが発見された!

南極大陸は、21世紀に入ってもなお、謎が多く残された地だ。なぜなら、極限の地で、大陸が厚い氷におおわれており、ほかの場所のようには調査や研究が進められないからである。

そんな南極大陸で、世界の人々を驚愕させる大発見があった！　それは、3基のエジプトのような四角錐型のピラミッドだった。

2012年9月4日、アメリカの研究者らが中心となった国際チームの南極探査によって、見つかったのである。

3基のピラミッドのうち、2基は海岸よりも約16キロ内陸部にあり、もう1基は海岸線近くにあったという。

それらの形状の見事さから考えても、自然にできたとは考えにくい。

この遺物の発見につながったのは、地球温暖化によって、これまで氷に閉ざされていた部分が溶け、埋もれていたピラミッドが露出したことによると見られている。

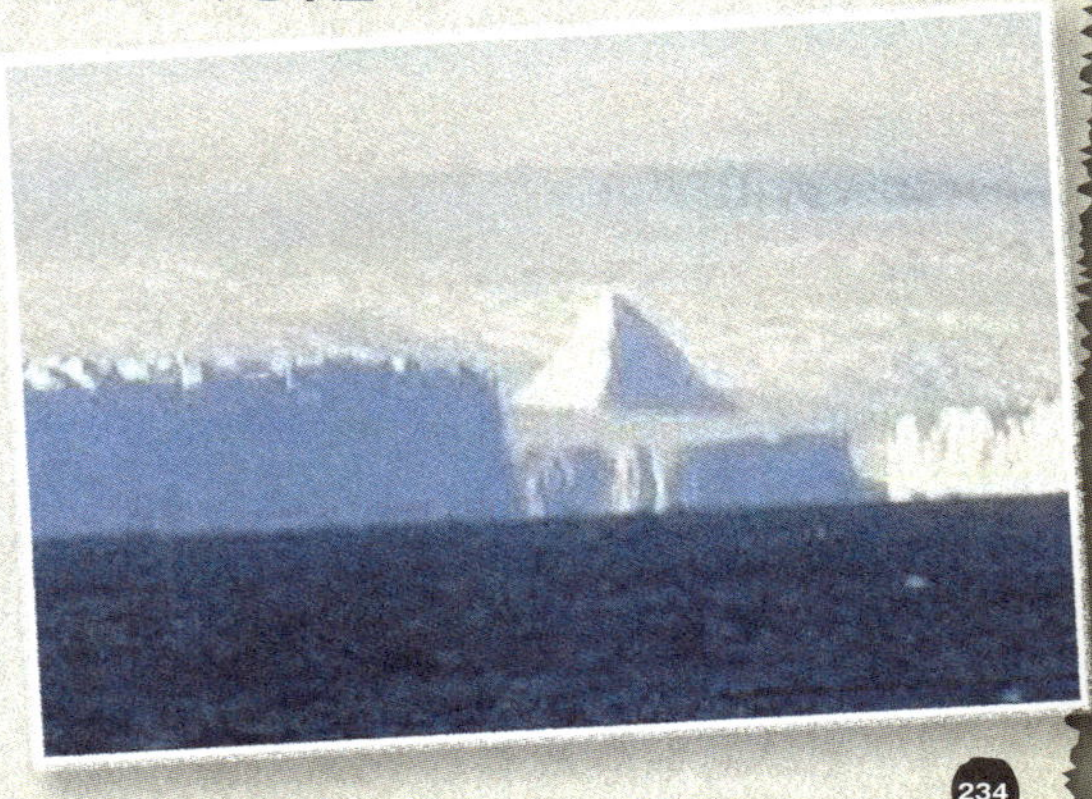

▶南極大陸海岸沿いで撮られたピラミッド。

また、それとは別に2016年には「グーグルアース」による衛星画像で、ピラミッド状の地形が発見されている。

これらの奇妙なピラミッドに関して、フェイク（ニセ物）ではないか、との声があるのも事実だ。

だが、この南極の古代遺跡が本物であるとする根拠もある。

じつは、1万2000年前に海底に沈んだとされる伝説のアトランティス文明が栄えていた地のひとつは、南極大陸だったという説があるのだ。すなわち、アトランティス大陸伝説が事実だったという可能性も濃厚となるのである！

南極大陸内陸部で見つかったというピラミッド。真偽は不明だ。

探査チームともう1基の南極ピラミッド。

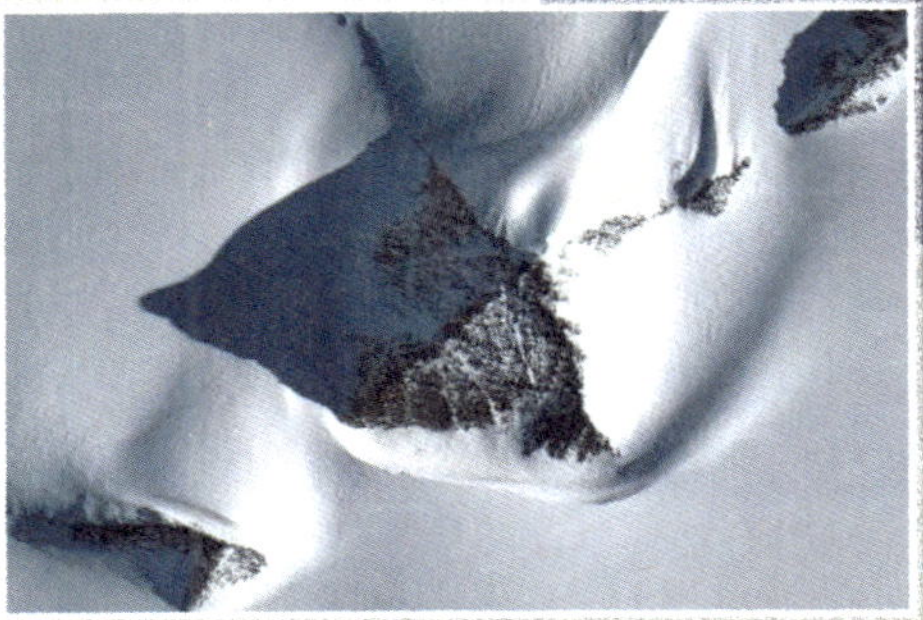

2016年に衛星写真に写りこんでいた南極ピラミッド。

COLUMN

バミューダ・トライアングルのクリスタル・ピラミッド

さらに同年、南極大陸のピラミッド発見と歩調をあわせるかのように、アトランティス伝説を真実だと思わせるピラミッドの発見があった。

場所はアメリカ、フロリダ州のマイアミとバミューダ諸島、プエルトリコを結んだ三角地帯。そう、船や飛行機が突然、なんの痕跡も残さずに消える「魔の三角海域」バミューダ・トライアングル（12ページ）の海底である。

アメリカとフランスの探検グループがバミューダ・トライアングルの海域内、水深600メートル地点の海底に、巨大な物体があることを音波で確認。

その結果、底辺300メートル、高さ200メートルで、クリスタルのように透きとおった材質だということがわかった。

バミューダ海域もまた、アトランティスの沈んだ地とされており、2012年にあいつぎ、アトランティス大陸に関係していそうなものが発見されたことには、何か意味があるように思えてならない。

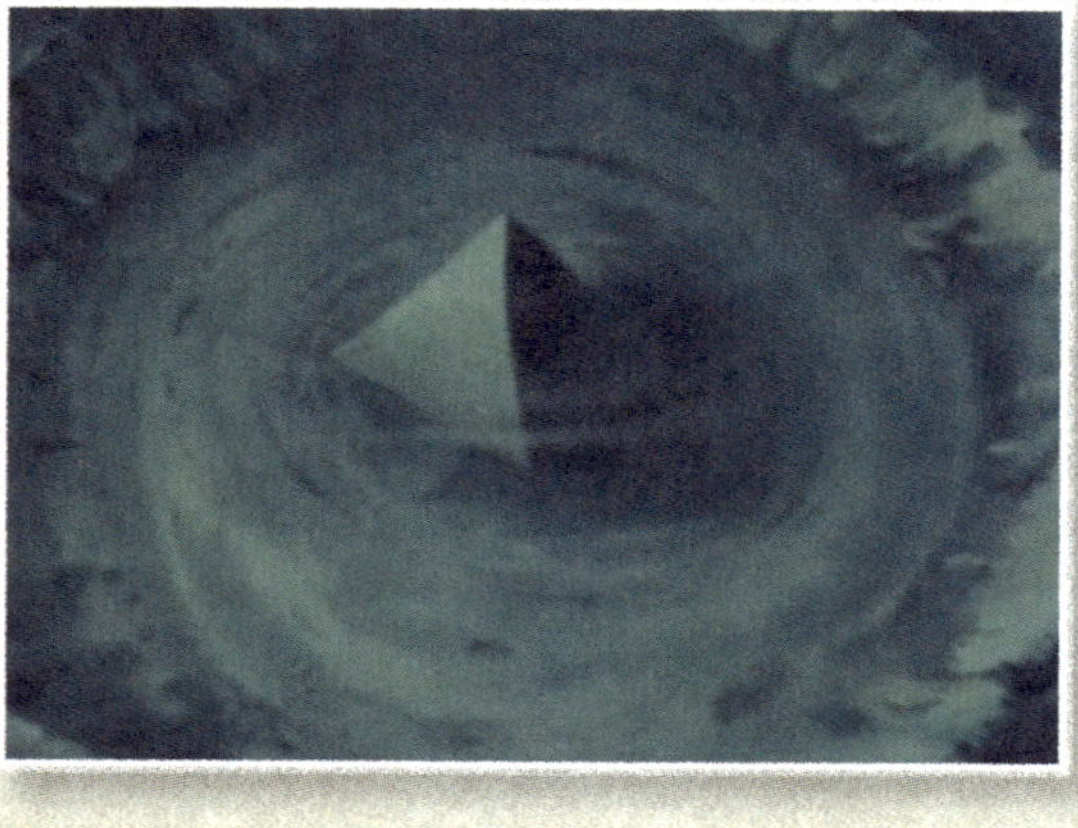

◀バミューダ海域のクリスタル・ピラミッド。

4章

UFO事件・UFO現象編

paranormal FILE 129

聖山にはUFOの秘密基地がある!?
ポポカテペトル山のUFO

メキシコ、プエブラ州にある標高5426メートルの活火山ポポカテペトル山。その名前はメキシコの国語のひとつナワトル語で「煙を出す山」という意味だ。

この山は世界でも有数の「UFO出現多発地帯」として、世界中のUFO研究家たちから注目を集めていることでも知られる。

たとえば、左ページの上の写真を見てほしい。この山がUFOとつながりがあることを象徴するものとしてよく知られている。

2000年12月19日に撮影されたもので、噴煙を上げているポポカテペトル山に向かって進む白い筋の先端に、光り輝く球のようなものが見える。

見てのとおり、この光は火山の手前で「ターン」をしており、このことから明らかに隕石などではなく、自然

DATA

発生地
メキシコ

発生年
不明

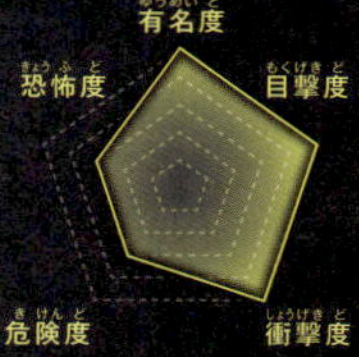

物でもなく、動力を持ったなんらかの飛行物体と考えられている。
だとすれば、この正体はＵＦＯなのだろうか。

じつは、この山には火山活動を監視するウェブカメラが設置されており、このようなＵＦＯが何度も撮影されているのだ。

たとえば、２０１３年５月30日午後８時30分すぎには、火口につっこむ小さな光体の姿が、そのウェブカメラによって記録されたのである。

さらに、２０１２年10月25日午後に撮影されていた映像は、衝撃的だった。火口めがけて、白色の葉巻型ＵＦＯが墜落し、その直後に火山が激しく噴火したのだ。

この映像はすぐにニュースなどで報じられ、大騒動を巻き起こした。

映像を分析した国際天文学連合およびメキシコ国立自治大学の天文学者らによれば、ＵＦＯの大きさは、なんと、長さ約１キロメートル、

(上)2000年、ポポカテペトル山に向かって飛んでいく謎の飛行物体。(下)2013年にポポカテペトル山の火口に飛びこむ小さな光体(丸囲み)の姿が写真に撮られた。

幅約200メートルにもなる超巨大なものだとわかった。

また、国際天文学連合のマルガリータ・ロサードは、「隕石特有の音や爆発がない。さらにこの物体は火口に落下したのではなく、火山の背後に降下した可能性もある」との見解をしめした。


この事件から1週間にわたり、ポポカテペトル山は噴火を続けたため、地元では「UFOが墜落したことが原因だ」とうわさされたという。


ポポカテペトル山のUFO騒動はさらに続く。

2週間後の11月8日には山の上空を飛行する謎の物体の姿がビデオに撮影されたのだ。


もちろん、近年もポポカテペトル山では、さまざまなUFOの姿が撮られている。

なかでも、2023年8月31日に撮影されたものは、これまでにない異様なものだった。

噴煙がたなびく火口から、たくさんのUFOが次々と飛びだしていく光景をカメラがとらえていたのである！

公開された動画映像には、火口から立ちのぼる煙の中から、

(右)2012年10月、ポポカテペトル山の火口に葉巻型UFOが墜落。(左)その直後、火山が激しく噴火を始めた。現地ではニュースで報じられ、大騒動に。

光を放っているＵＦＯが、直線状の隊列を組んで続々と出現していた。そして、ポポカテペトル山上空から、一気に飛びさっていったのである。

数にして、なんと18機。そのようすは、さながら宇宙に撃ちこまれる弾丸のようだ。

火口の奥底には、広大なＵＦＯの秘密地下基地が存在しているといわれている。もちろん、利用しているのは宇宙人ではないか、と。

また、メキシコの著名なＵＦＯ研究家ハイメ・マウサンは、火口内に異次元の入り口が出現し、ＵＦＯはそこから現れるとも指摘している。

真相はさておき、もうひとつ気になる情報を付けくわえておこう。このポポカテペトル山は、地元の伝承にも登場する「聖なる山」で、「この山が噴火するときに、人類は大きな変化をむかえる」という予言が残されているのだ。

活発化する火山噴火と、あいつぐＵＦＯ出現、そして伝承……この先、われわれ人類に何が起こるのだろうか？　注目していきたい。

(上)2012年11月、ポポカテペトル山の近くに、ＵＦＯが出現した(丸囲み)。(下)2023年8月、噴煙とともに18機のＵＦＯが隊列をなして上空へと飛びさっていった!

paranormal FILE 130

3本の映像は〝本物〟と認定された！

ペンタゴンが認めたUFO映像

2020年4月、アメリカ国防総省（ペンタゴン）が、海軍戦闘機によって撮影されたUFO映像を〝本物〟と認め、公表した！

気になる認定された映像――ペンタゴンから正式に公開された各映像は、「FLIR」「GIMBAL」、そして「GOFAST」と名づけられている。どのようなものなのか、紹介しよう。

「FLIR」は2004年11月14日、空母ニミッツから発進した戦闘機F−18スーパーホーネットが、カリフォルニア州サンディエゴ付近、高度1万9990フィート上空でとらえた映像だ。UFOは2機存在し、上下中央がドーム状になっている。これらUFOは一瞬にして圏外へと消失。それ以上の追跡は不可能だった。

「GIMBAL」は2015年1月21日、空母セオドア・

DATA

発生地

アメリカ

発生年

2020年

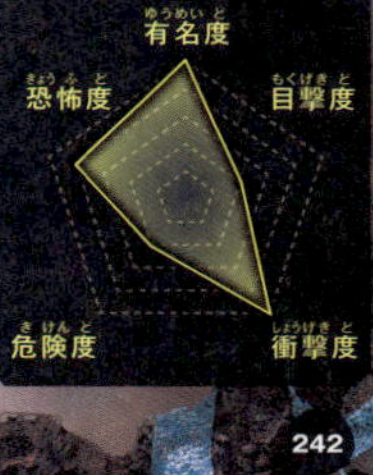

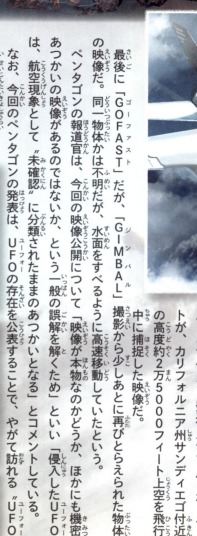

ルーズベルトから発進したスーパーホーネットが、カリフォルニア州サンディエゴ付近の高度約2万5000フィート上空を飛行中に捕捉した映像だ。

最後に「GOFAST」だが、「GIMBAL」撮影から少しあとに再びとらえられた物体の映像だ。同一物体かは不明だが、水面をすべるように高速移動していたという。

ペンタゴンの報道官は、今回の映像公開について「映像が本物なのかどうか、ほかにも機密あつかいの映像があるのではないか、という一般の誤解を解くため」といい「侵入したUFOは、航空現象として〝未確認〟に分類されたままのあつかいとなる」とコメントしている。

なお、今回のペンタゴンの発表は、UFOの存在を公表することで、やがて訪れる〝UFOと異星人大挙襲来〟に対する、人々のショックをやわらげる目的があったのでは、という説もある。

はたして、この先、UFOの大襲来はあるのだろうか？

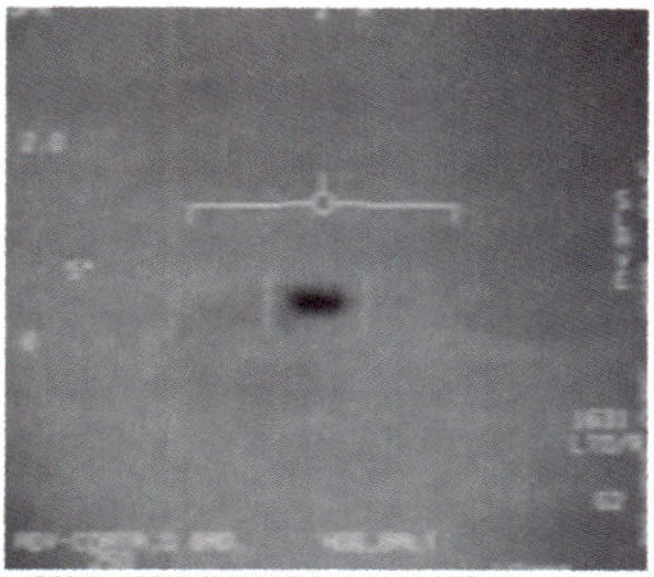

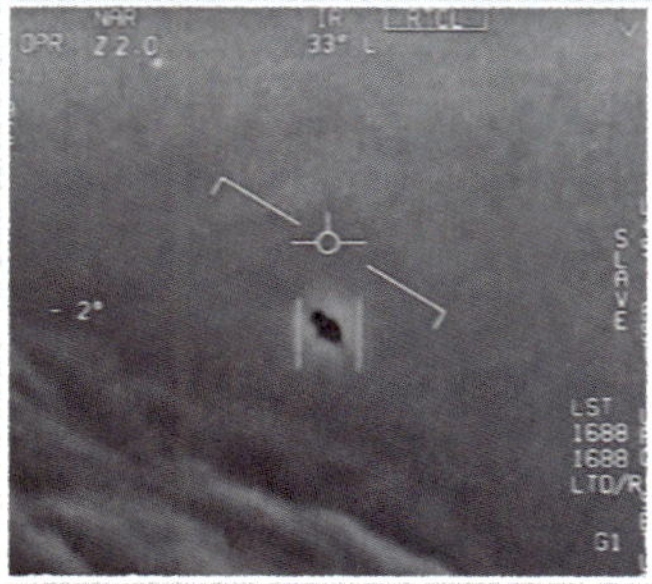

本物と認定されるUFO映像。上から、2004年に撮影された映像「FLIR」、2015年に撮影された映像「GIMBAL」、同じく2015年の映像「GOFAST」。

paranormal FILE 131

アーノルド事件

報道された初めてのUFO事件

1947年6月24日、実業家のケネス・アーノルドが体験したUFO目撃事件——これこそが、UFOの存在を世に知らしめるきっかけとなった重大事件だ。

この日、アーノルドは自家用飛行機でワシントン州ヤキマへと向かっていた。数日前に消息不明となった海兵隊の大型輸送機の捜索に協力するためだった。

この捜索中に、アーノルドはUFOと遭遇したのだ。高度約270メートルで飛行中、奇妙な形をした9機もの飛行物体が、編隊を組んで、高度285メートルを、北から南に飛んでいったのである。

アーノルドによれば、その物体は、時速1920キロのスピードで、ジグザグに飛行していたという。

このときに、アーノルドは目撃した飛行物体の飛び方が「ソーサー（皿）を水面に投げ、弾ませたときと似て

DATA

発生地

アメリカ

発生年

1947年

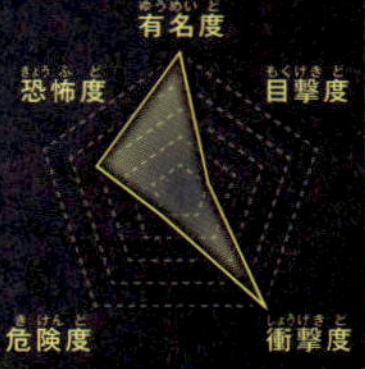

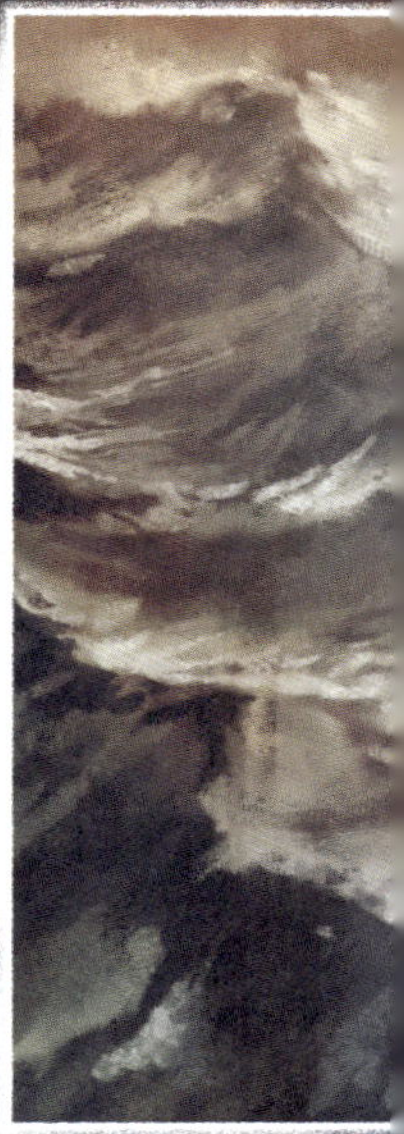

いる」と語ったが、これが「ソーサーのような形だった」とまちがって報道されてしまい、「フライングソーサー（空飛ぶ円盤）」という言葉が生まれたという。

　アーノルドの目撃証言が新聞で大々的に報じられると、マスコミや専門家は、彼の見たものはただの光の反射や蜃気楼、あるいは気球の見まちがいだろうと言った。しかし、この事件をきっかけとして、アメリカ中で空飛ぶ円盤の目撃報告があいついだのだ。

事態を重く見たアメリカ空軍は、7月7日にアーノルドのもとに調査員を派遣、彼の話を記録した。このとき作られた文書は、アメリカ空軍のUFO調査機関「プロジェクト・ブルーブック」に保管されることになる。そして30年後の1977年、ついに文書は一般公開された。

　ここで重要なのは、このアーノルドの発言が、初めて公式に報じられたUFOの目撃証言であるということだ。この事件以前に、UFOを見たという目撃証言はないため、彼が何かに影響を受けて証言しているということは考えづらい。その点からも、彼の証言は信頼できると考えられるのである。

　この事件以降、アーノルドはUFO研究家となり、一般の人でもわかる、UFOが実在する証拠を探しつづけた。そこで彼は、UFOの正体を「地球外から来た物体」と結論づけたのである。

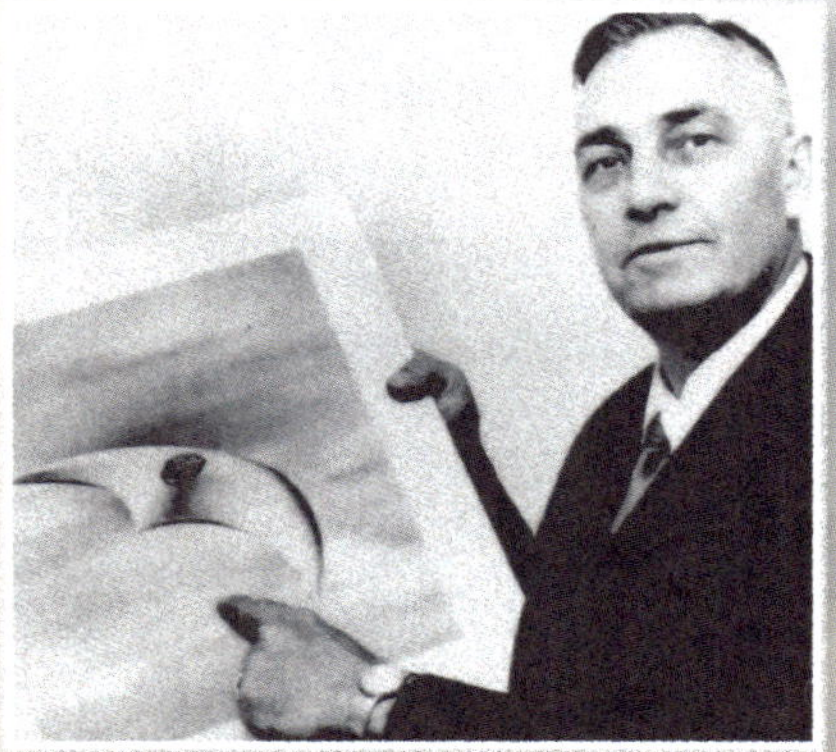

△目撃した機体について説明をするアーノルド。その形は三日月形であったという。

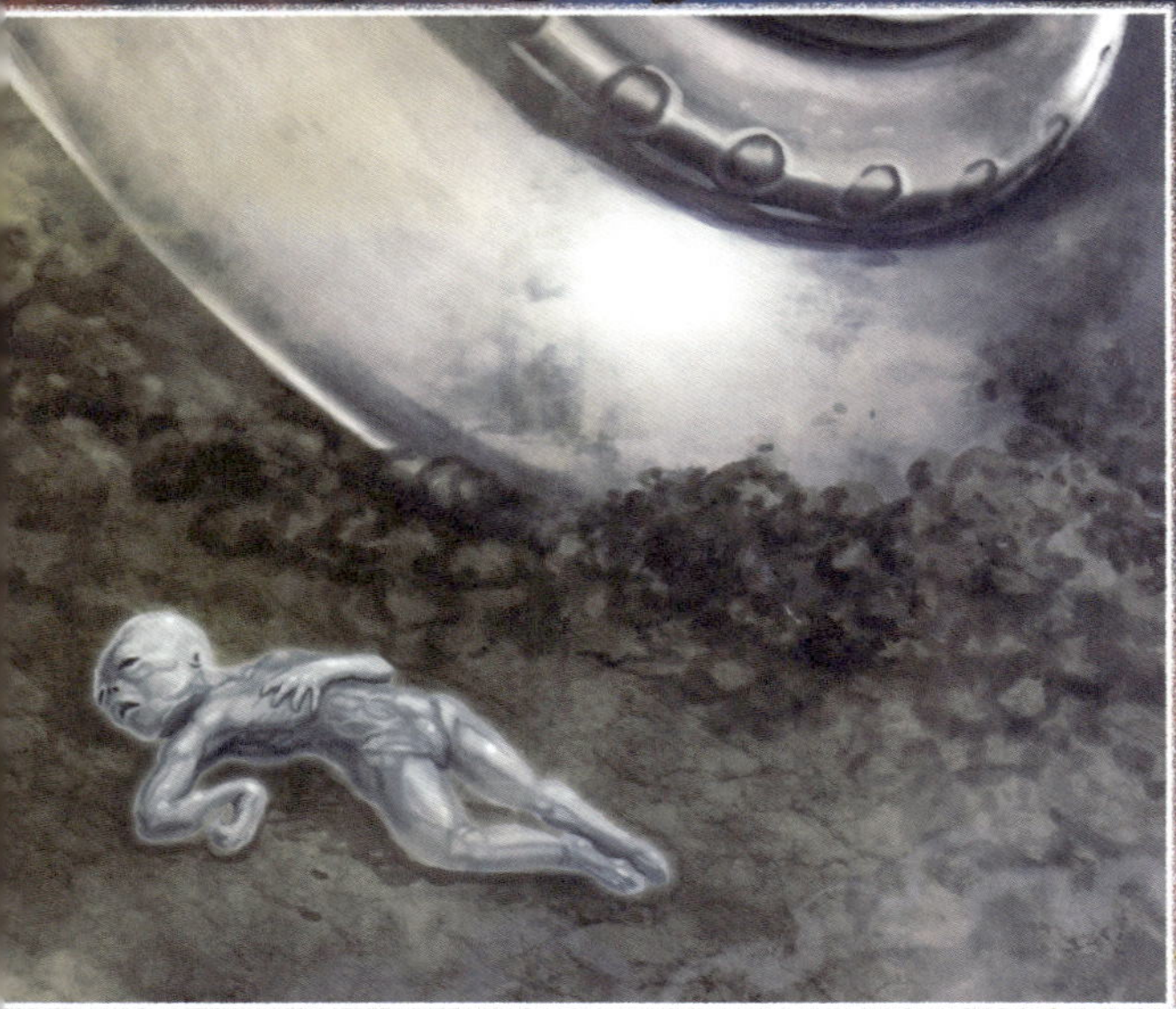

paranormal FILE 132

UFO事件史上最大の謎

ロズウェル事件

UFO事件史上、もっとも有名かつ多くの謎に満ち、今でも進行中なのが、このロズウェル事件だ。

1947年7月1日。アメリカの各軍事基地は驚いた。正体不明の飛行物体がレーダーにとらえられたのだ。謎の物体はありえない速度で飛行を続け、4日深夜にレーダー画面上から突然、消滅した。

ほぼ同時刻、ロズウェル北西、フォスター牧場の牧場主は異様な爆発音を聞いた。そして次の日、牧場におびただしい量の金属片や約1・2メートルの円盤状の物体が落ちているのを見つけた。

6日、牧場主から通報を受けた保安官はロズウェル陸軍航空基地のジェシー・マーセルに報告した。

こうして陸軍航空隊が出動し、現場に散乱していた金属片や物体は残らず陸軍の基地に運ばれたのである。

DATA

発生地
アメリカ

発生年
1947年

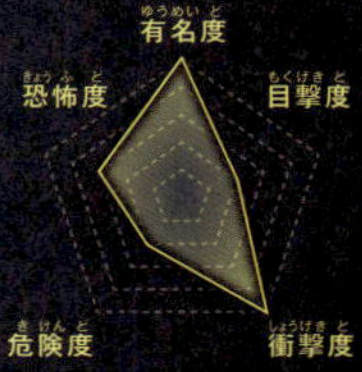

そして7月8日、ロズウェル基地の報道官は「軍は墜落したＵＦＯとその残骸の回収に成功した」と発表したのだ。これにマスコミは大騒動となった。

ところが、わずか数時間後、事態は急変。軍は「墜落したのはＵＦＯではなく、気象観測用気球の誤りだった」と前言を完全にひるがえす続報を出したのだ。

かくしてロズウェル事件はあっけなく幕を閉じたのだが……。

それから約30年の月日が流れた１９７８年1月。ロズウェル事件は、大きな謎とともに、再び脚光を浴びることとなった。

ＵＦＯ研究家が、軍で最初に報告を受けたマーセルを取材した。軍がＵＦＯを回収したこと、記者会見で用意された気球の残骸はニセ物だったこと、現場に散らばっていた金属片は燃やしても燃えず、たたいても傷つかなかったこと、などの証言を得たのだ。

さらにマーセルは、フォスター牧場にあったのはＵＦＯの破片だけで、ＵＦＯ本体は別の場所に墜落していた、との新事実を明かした。

これをきっかけに、事件はさまざまな人により、再調査が行われた。

そこで、衝撃の新事実が浮かびあがった——１９８０年に報告された内容によると、１９４７年7月5日に墜落したＵＦＯの大きさは約11メー

◀1947年に墜落したＵＦＯの破片が散乱したとされる現場の光景。研究家らが2度の調査を行っている。

トル。それとともに〝宇宙人らしき乗員の死体が4体発見された〟というのだ！　死体の頭に毛はなく、目は大きかったという。UFOの残骸と宇宙人の死体はすべて軍が回収した。

また、1988年から、民間UFO研究団体のドン・シュミットとケビン・ランドルが調査した結果によれば、アメリカ政府はUFOの乗員の死体2体を回収していると主張した。

さらにシュミットとランドルは事件に直接、間接的に関わったとされる300人以上の聞きとり調査を行い、1994年に『ロズウェルにおける墜落事件の真相』を発表。UFO本体が墜落した場所はロズウェル陸軍航空基地から北北西にあるコーン牧場だと結論づけた。事件当初、牧場主が発見した1・2メートルの円盤状物体は、2体の乗員が乗れるほど大きくはなく、やはり機体の一部だったという。

ロズウェル事件の真相追究が過熱するなか、1997年、アメリカ空軍は最終報告書を発表。それは、1947年に回収したものは、実験で使った軍事用気球の残骸という内容だった。

しかし、事件当初、軍は「気象観測用」気球と発表しており、軍事用ではなかったはず。さらに軍事用気球の実験は1954

Roswell Daily Record

RAAF Captures Flying Saucer On Ranch in Roswell Region

Claims Army Is Stacking Courts Martial

House Passes Tax Slash by Large Margin

No Details of Flying Disk Are Revealed

Some of Soviet Satellites May Attend Paris Meeting

Miners and Operators Sign Highest Wage Pact in History

(右)事件を報じる新聞。その第一報の見出しは「空飛ぶ円盤確保」だった。(左)一度はUFO墜落を発表したが、その数時間後には「墜落したのは気象観測用の気球だった」と訂正発表した軍関係者。

年から始められたもので、事件発生当時には行われていなかったのである。

あやしい点は他にもある。なぜか、ロズウェル陸軍航空基地の1945年3月〜1949年12月までの重要記録文書が、無許可で処分されていたことが、ニューメキシコ州のステファン・シフ上院議員の調査で明らかになったのである。当然、証拠隠滅と考えられた。

近年でいえば、2011年12月14日、UFO研究家アンソニー・ブラガリアが、1978年にマーセルが証言したときの映像を、最新式のウソ発見器で検査。その結果、マーセルは真実を語っていると認められたという。

また、FBI（アメリカ連邦捜査局）で当時、ロズウェル事件を捜査したガイ・ホッテルの調査メモが公開された。それによれば、ニューメキシコ州で3機のUFOが回収された、UFOから身長約90センチの生物の死体が見つかった、などと記されていたのである。

ロズウェル事件はあまりにも謎が多く、今なお全容の解明が待たれている。

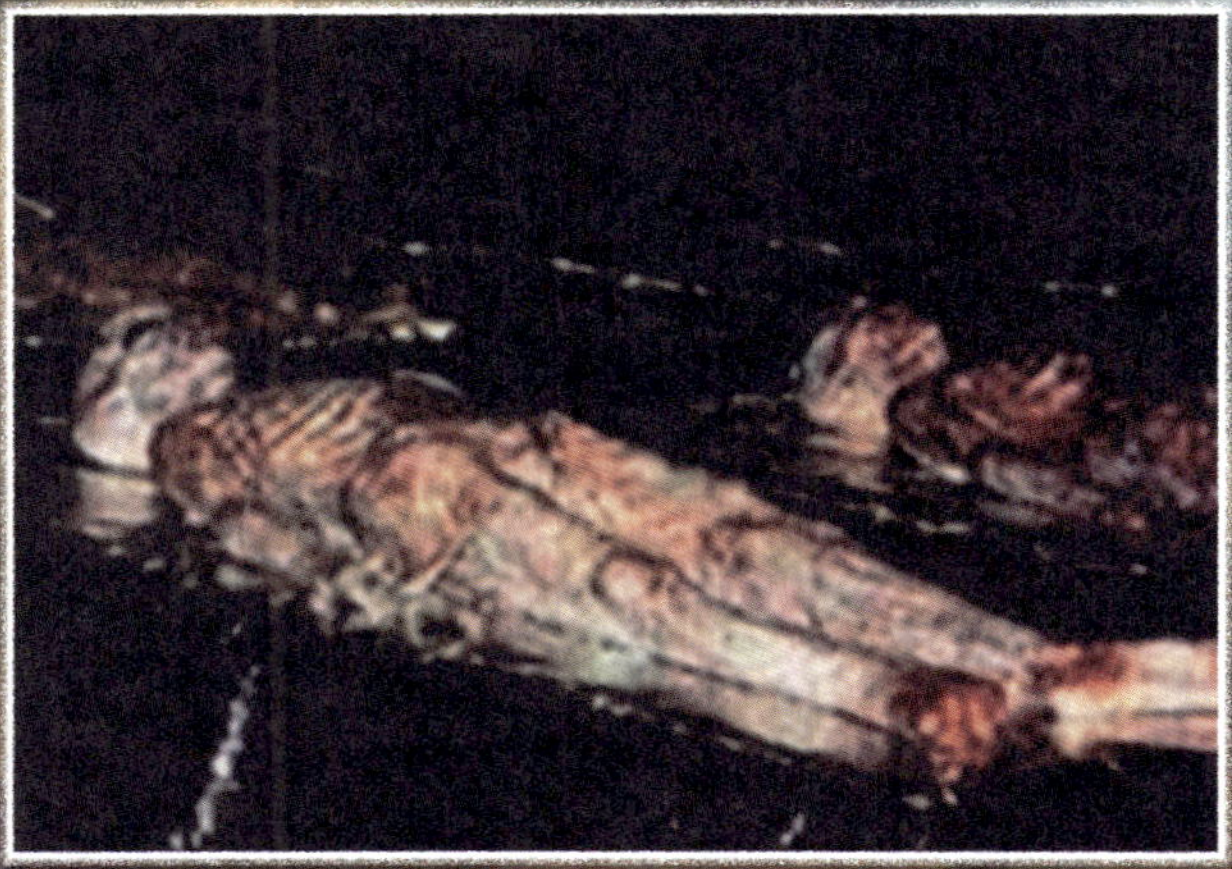

2011年12月に動画サイトでリークされたという、6体の宇宙人遺体。ロズウェル事件で回収されたものだという。はたして、真相は？

paranormal FILE 133

ワシントン事件

大統領がUFO迎撃命令を出した!!

1952年7月19日午後10時40分、ワシントン国際空港のレーダー上に7つの光点がいきなり現れた。光点は猛スピードでレーダー外に出たかと思えば、いきなり出現するという、考えられない動きをしていた。

時刻はすでに12時を回っていたが、このUFOによりワシントン中の管制官は、パニックになりながらも、必死の観測を続けていた。やがて、UFOは緊急時以外は飛行が禁止されているホワイトハウスや国会議事堂の上空へ侵入すると、忽然と姿を消した。

だが、再び姿をレーダーがとらえた。そこで、午前3時、ついにアメリカ空軍は飛行物体の正体を突き止めるため、2機の戦闘機を出撃させたのだが——戦闘機が現場に到着するときには、またもや飛行物体はレーダーから消えてしまっていた。戦闘機が基地に引き返すと、ま

DATA

発生地

アメリカ

発生年

1952年

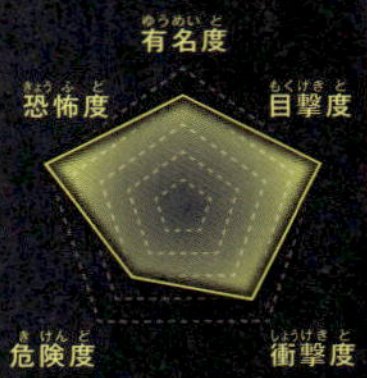

たレーダーに現れ、午前5時にどこかへと消えた。

この事件は即座にマスコミに知れわたり、アメリカ中を巻きこむ大騒動になった。しかし、空軍はこの事態の説明をかたくなに拒否するのだった。

1週間後の7月26日、またもワシントン上空にUFOが出現。この異常事態に当時の大統領トルーマンは、迎撃機の発進を指示。午前2時40分、2機の戦闘機がUFOのもとへ向かった。だが、前回と同じく、UFOは姿を消し、戦闘機が帰還すると姿を現した。そこでさらに戦闘機を向かわせると――今度はUFOは姿を消さなかった。だが、UFOは戦闘機を猛スピードで引き離し、レーダー上からも完全に姿を消した。

こうして事件は収束した。政府は、大気の気温逆転層（上空なのに地表より気温が高い層）に、レーダーが乱反射した自然現象だったと説明した。しかし、事件に関わった戦闘機パイロットたちは、だれも政府の発表を信じなかったという。すでに事件から70年以上がたつが、真相は解明されないままである。

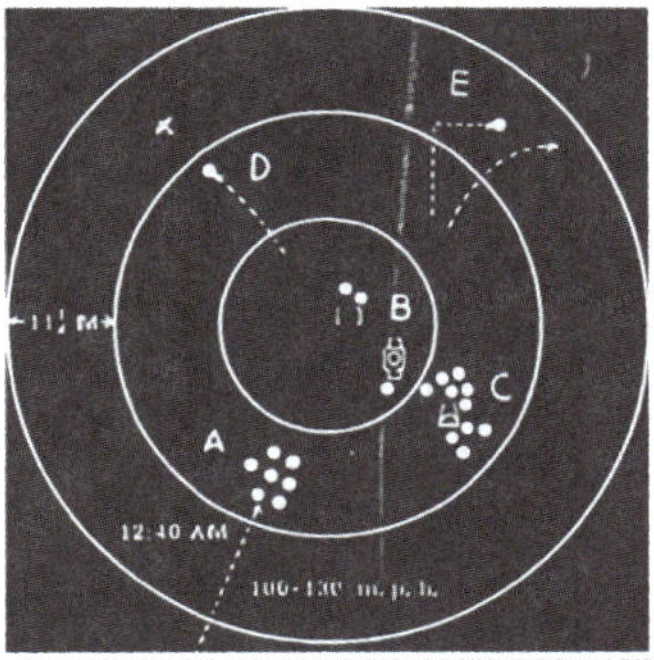

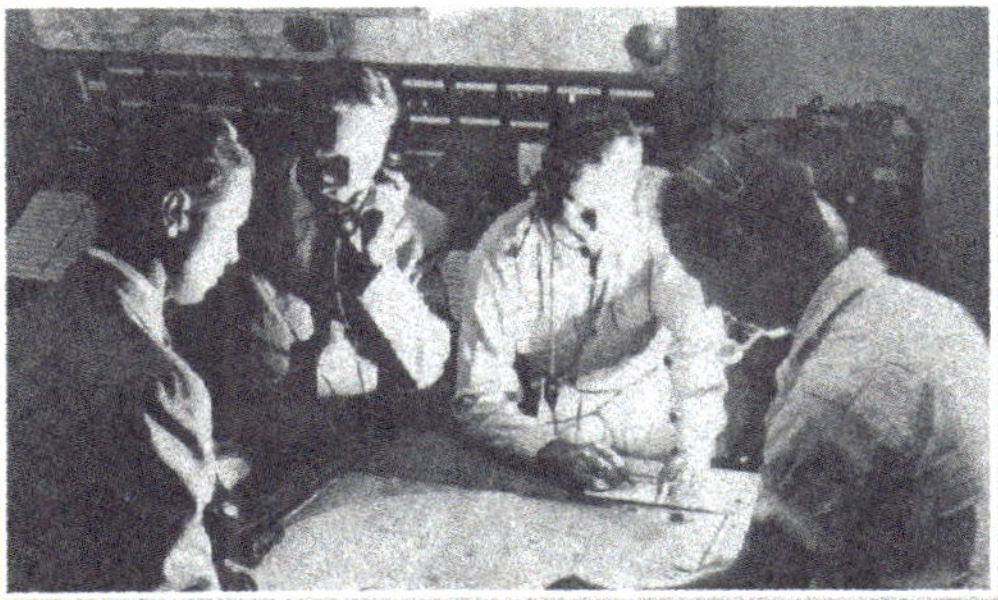

▲(上)ワシントン上空のUFOをキャッチしたレーダー画像。レーダー内には数多くのUFOが映っていた。(下)出現した未確認飛行物体の対応について話し合いをするワシントン空港の係員。

paranormal FILE 134

マンテル大尉機墜落事件

UFOに遭遇し墜落した史上初の事故

UFOの目撃事件は世界中に多数あるが、UFOと遭遇して墜落し、死亡したという事件もまれに存在する。それがこのマンテル大尉機墜落事件だ。

1948年1月7日、ハイウェイ・パトロールから、ケンタッキー州にあるゴッドマン空軍基地に「空に奇妙な物体が高速で飛んでいる」との報告があった。

基地内は警戒態勢に入り、主任管制官の軍曹が、双眼鏡で通報のあった飛行物体を発見した。その物体は、銀色の球をややつぶしたような形で、その上部が赤く明滅している。直径は80～90メートルと巨大。しかも、さっきまで高速で飛んでいたその物体は、不気味にも基地を監視するかのように空中高く停止したのだ。

そんな時、訓練飛行から帰還してくる戦闘機があった。パイロットはベテランのトーマス・マンテル大尉。操縦

DATA

発生地

アメリカ

発生年

1948年

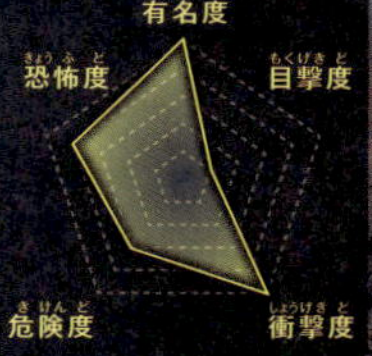

している戦闘機はP－51であった。

基地からマンテルに「すぐに謎の物体の正体を確認せよ」と指令が出され、マンテル機は上昇し、物体の方へと接近していった。高度6000メートルまで上昇して、物体をとらえられなければ追跡はあきらめる、としながら、マンテルは基地に、物体のようすを無線で伝えた。金属製のように見える、とんでもない大きさであると。また、時速290キロで急上昇を始めたと。さらにマンテルは物体を追跡、そして「中に人が！」との声を最後に、マンテルからの通信は途絶えた。

軍は、ただちにマンテルの救助、捜索命令を出した。やがて、捜索隊は、ゴッドマン空軍基地から150キロ離れた地点で、マンテル機の残骸を発見し、彼の遺体を回収した。

それにしても、マンテルがUFOの中で見たものは、何者だったのだろう。それが宇宙人だったとするならば、彼が墜落した原因も、宇宙人によるしわざだったと考えられないだろうか？

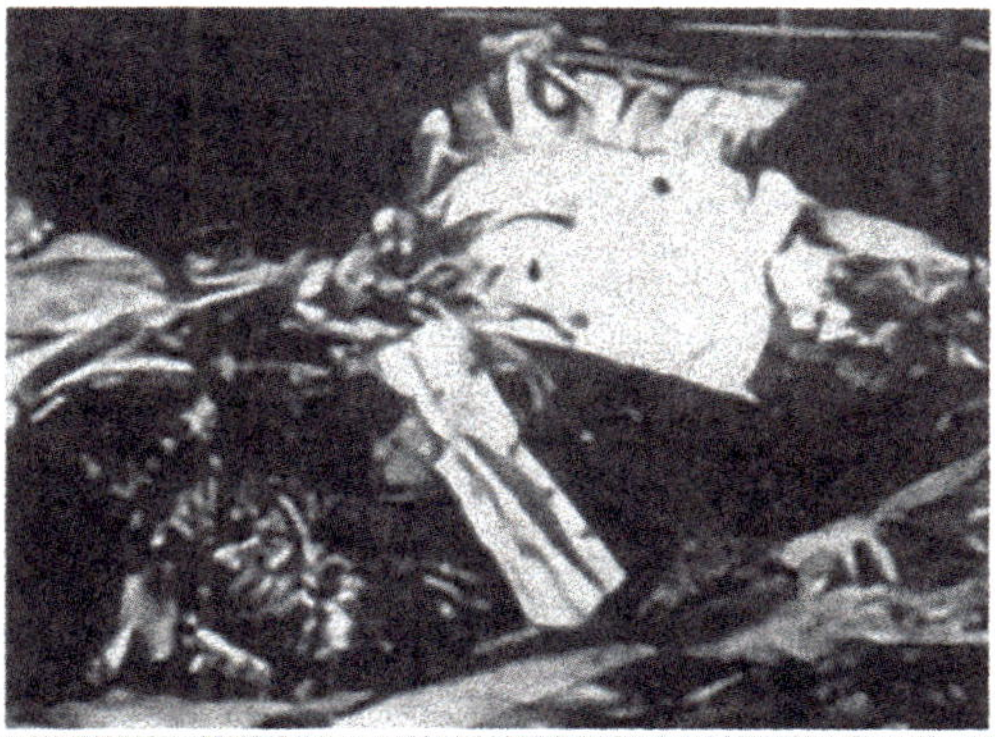

◀（上）無惨にもバラバラになったマンテル大尉搭乗機の胴体部分。墜落現場は、基地から約150キロ離れた場所だった。（下）第2次世界大戦では、空軍殊勲十字章も受けたベテランのトーマス・マンテル大尉。

paranormal FILE 135

日航機アラスカ沖事件

日本人パイロットがUFOを目撃！

1986年11月17日、1機のジャンボ機がパリから東京へ向かっていた。寺内謙寿機長が操縦する日航機1628特別貨物便だ。現地時間で午後5時10分、同機は経由地となるアンカレジ空港を目指していた。

このとき、同機の左前方3・6〜5・4キロの地点に、航空機の灯火と思える光がふたつ現れた。ふたつの光体は、約7分間、飛行機とならんで飛んでいたが、とつぜん、同機の150〜300メートル前方に瞬間移動して、停止したのである。

ふたつの光体はしばらくすると消えてしまったが、まもなく左前方に新たな青い光体がふたつ現れた。このとき、寺内機長は管制塔に問い合わせをしているが、管制塔のレーダーには何も映っていないという。だが、同機のレーダーは巨大な物体の存在をしめしているのだ。

DATA

発生地

アメリカ

発生年

1986年

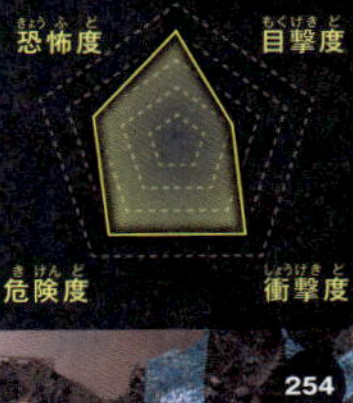

それは球状の物体で、ジャンボ機の数十倍という巨大さだった。驚いた寺内機長は逃げだそうとしたが、物体はあとをくっついてくる。しかし、近くを飛行中の別の航空機とすれちがったとたん、姿を消してしまった。

アンカレジ空港到着後、寺内機長と副操縦士、機関士はアメリカ連邦航空局から事情聴取を受けた。このとき、寺内機長は「自分のパイロット生活で、3度目のUFO目撃体験だった」と語ったが、あとのふたりは、最初の光体を目撃したことは認めたが、UFOだったとは証言しなかった。

この事件が原因かはわからないが、寺内機長はその後、パイロットから、地上勤務へと移り、事件についても何も語らなかった。しかし、退職後の2006年、雑誌の取材で次のように答えている。「もうかかわりたくない、というのが本音だ」と。

はたして機長らが目撃した光体は何だったのか。

当時のアメリカの航空専門誌や、UFOの存在を疑う研究家は、火星か木星の誤認説を主張している。だが、同機に同乗していた副操縦士と機関士は、それでもかたくなに口を閉ざしたままである。

日航機UFOと遭遇

先月17日アラスカ上空

機長ら3人目撃

巨大な母艦と小型宇宙船

寺内機長がスケッチしたUFO

△日航機とUFOの遭遇を大々的に報じる新聞記事。事件のようすがくわしく書かれている。

paranormal FILE 136

ベルギー空軍が認めたUFO集団目撃事件

ベルギーのUFOフラップ

これは1989年から1990年のベルギーで起こった、UFO集団目撃事件である。

最初の事件は1989年11月29日午後5時から9時までの間におきた。じつに154件ものUFO目撃情報が警察に通報されたのだ。

あいつぐ目撃情報のほとんどは、内容もだいたい一致しており、次のようなものであった。

・黒い三角形の物体で、3か所の先端からは強力なスポットライトが地上に放射されていた。

・ビームの先端には赤い球があり、やがて球はUFOに引きもどされ、機体の周囲を回っているうちに消えた。

通報を受け、UFOを追跡した警官たちが、UFOから細くて赤いビームが照射されているのを目撃した。

その後、UFOそのものは午後7時23分ごろ、いずこ

DATA

発生地

ベルギー

発生年

1989年

有名度
恐怖度
目撃度
危険度
衝撃度

ともなく飛びさっていった……。

これがベルギーのUFOフラップ（集団目撃）の始まりだった。

翌月も三角形のUFOがベルギーの全土に出現。そして1990年3月30日、市民数百名がUFOを目撃するとともに、ついに空軍のレーダーにUFOが捕捉されたのだ。

このときUFOは、時速280キロから1830キロへと急加速したり、高度約2700メートルから約1500メートルに急降下したりして、姿を消したという。

この事件の最大の特徴は、目撃人数の多さももちろんだが、目撃された物体のほとんどが三角形だったという点にある。目撃場所もベルギー全土におよんでおり、フェイクや錯覚を疑う余地もない。

そのため、この事件は、UFOの実在を語るうえで、極めて重要な事件となっているのである！

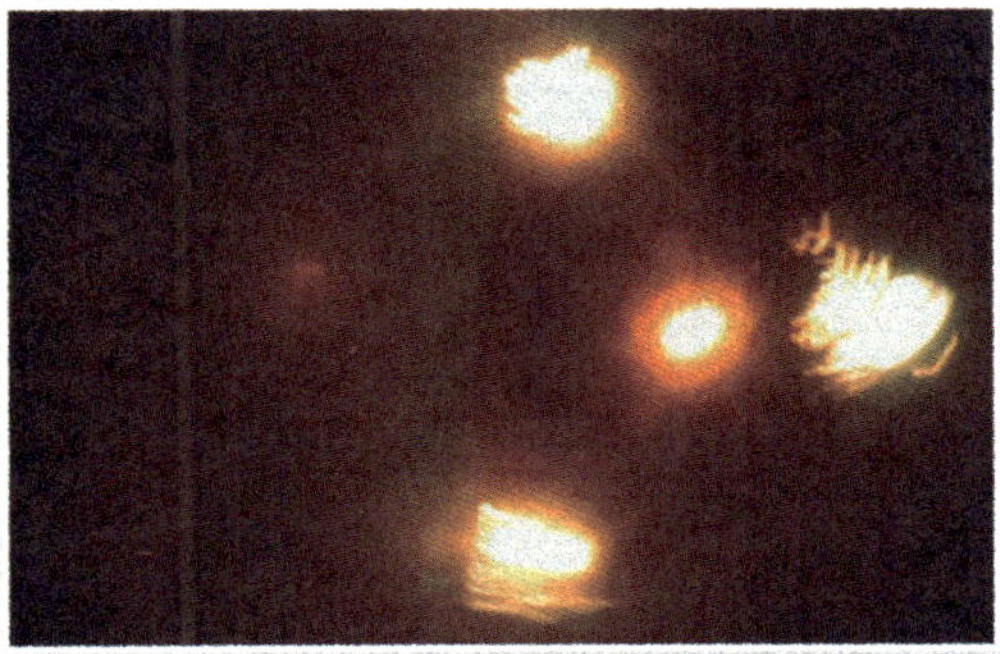

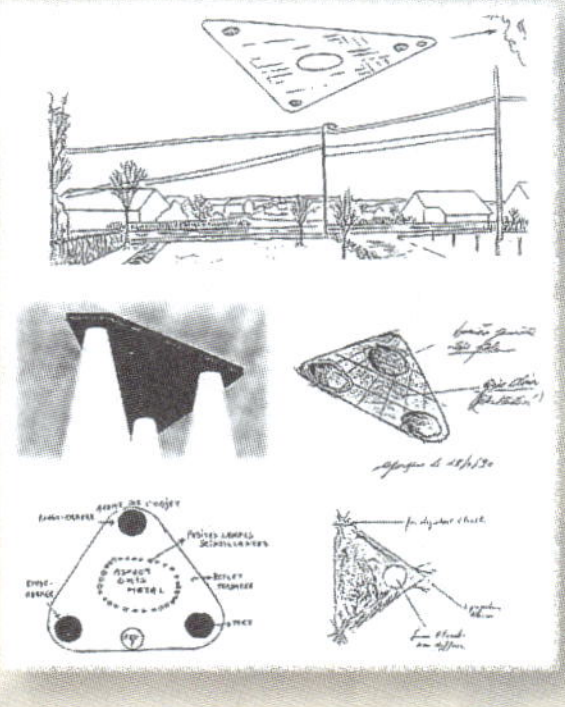

（上）1990年4月にベルギーのリエージュで撮影された三角形のUFO。多くの目撃証言のとおり、機体の下部には光るライトのようなものが確認できる。（下）目撃者の証言によるスケッチ。出現したUFOはすべて三角形をしていたという。

paranormal FILE 137

介良事件

UFOを捕獲したという奇想天外な事件

1972年8月25日、高知市介良にある介良中学校から下校中だったS君は、田んぼの上に奇妙なものが飛んでいるのを見た。

S君は午後8時すぎ、友人4人と田んぼへ向かった。そこに落ちていたのは、光をボーッと放ったり消えたりしている、直径20センチほどの円形の物体だったのだ。

ひとりがさわろうとしたところ、物体は光り輝きはじめたため、4人はあわてて逃げだしたが、30分後にもどったときには物体はすでになくなっていた。

それから毎晩のように、彼らは目撃した物体を探した。そして9月2日の夜に、再び物体に遭遇したが、このときもこわくなり、逃げだしてしまった。

しかし、9月4日には写真撮影に成功し、9月6日には物体を捕獲することに成功したのである。

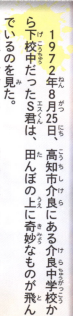

DATA

発生地
日本

発生年
1972年

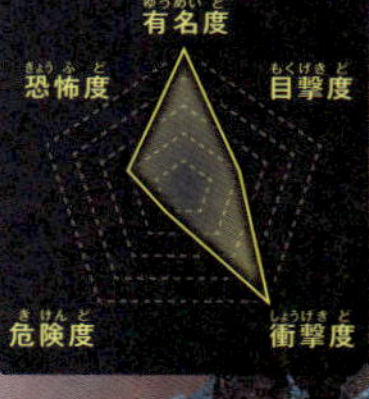

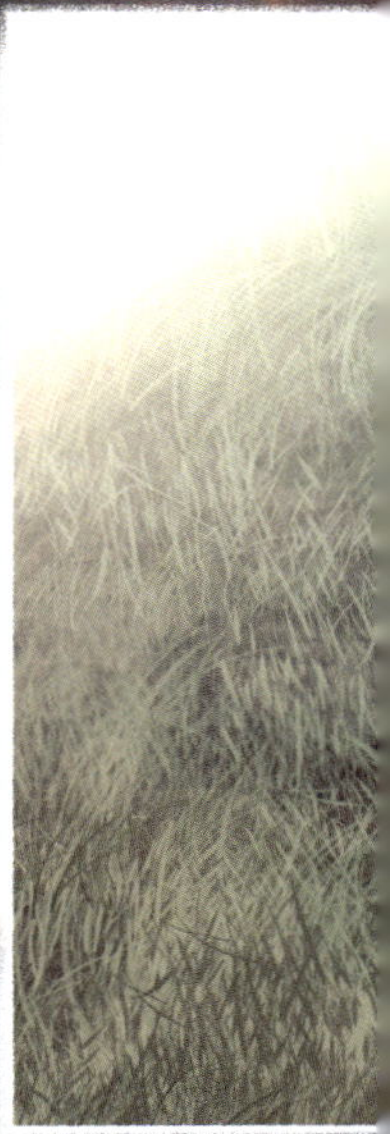

物体は銀色で灰皿を逆さまにしたような形をしていて、ゆするとガチャガチャと音がしたという。底には波と千鳥のような図があり、無数の小さな穴が空いていた。

しかし、家へ持って帰った物体は、朝になると家から消え、もとの田んぼにもどっていたのである。その後も何度か、捕まえてはもとの田んぼにもどり、またそれを捕まえるということをくりかえした。

そして9月29日、ひとりがビニールで二重にくるんだ物体をかかえて自転車の荷台に乗っていると、かかえている少年がなんらかの力により引っぱられ、荷台から転げ落ちてしまった。あわてて中を確認すると、物体は消えていたという。

この事件に関わった少年たちは全員で9名。別々に聞いた彼らの証言には矛盾はなく、信ぴょう性は高い。この物体は母船から送りだされた偵察機のようなものと思われるが、いったい何を偵察していたのか？　謎の残る事件だ。

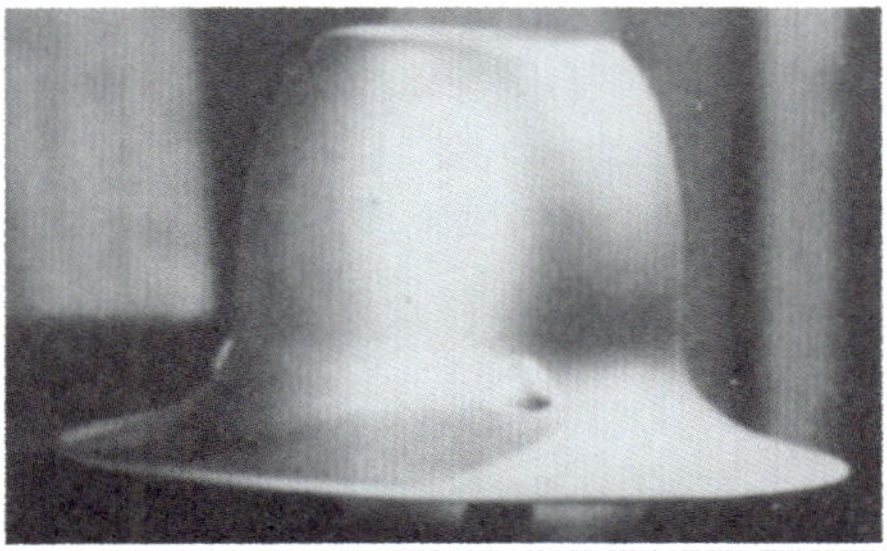

▶(上)少年たちの目撃証言をもとに作成した、小型UFOの模型。(左)唯一撮影に成功した写真。白い小さな物体がUFOだ。

paranormal FILE 138

甲府事件

日本UFO研究史に残る事件

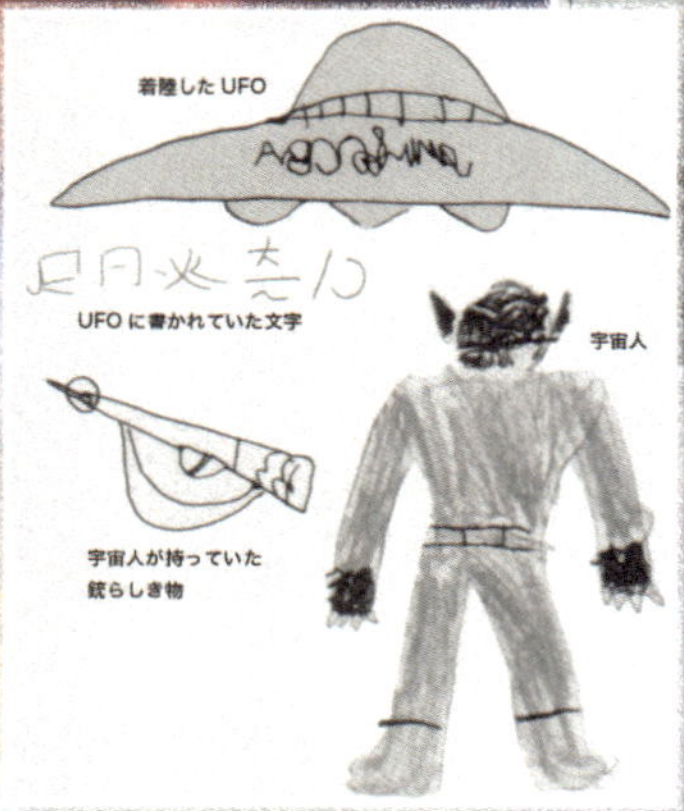

(右)事件現場で当日のことを説明する目撃者の少年たち。(左)UFOから降りてきた宇宙人の目撃証言スケッチ。

1975年2月23日、山梨県甲府市上町にすむ小学2年生、K君とY君が、家の近くの空き地で遊んでいると、空に浮かぶオレンジ色に輝くふたつの物体に気づいた。びっくりした彼らは逃げだしたが、今度はブドウ畑近くに着陸しているUFOを目撃。観察すると、UFOの扉が開き、宇宙人が降りてきたのである。

その瞬間、Y君の肩がたたかれ、振りむくと、そこには宇宙人が立っていた。宇宙人は「キュルキュル」という声で話しかけてきた。こわくなったふたりは、すぐにK君の家に逃げ帰った。

しばらくして父親たちと現場に行ってみたが、すでにUFOはいなくなっていた。

後日、現場を調べると、UFOが着陸していた地面には着陸跡のようなものがあり、微量だが人工放射能が検出された。事件が報道されると、さらに目撃証言が集まり、少年たちの話を裏づけた。このことからも、信ぴょう性は高い事件とされている。

DATA

発生地

日本

発生年

1975年

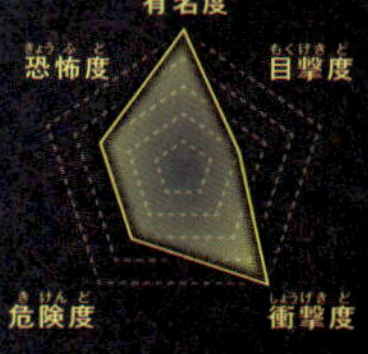

paranormal FILE 139

アメリカの9つの州が暗闇につつまれた UFOによる大停電

大停電中のニューヨーク。ビルのはるか上空を、UFOとみられる物体が飛んでいるのがわかる。

1965年11月9日の夕方、アメリカ北東部の9つの州で大停電が起きた。当時の大統領ジョンソンは、ただちに原因を調査するよう命じたのだが原因不明だった。

しかし、ある情報があった。大停電の直前から停電中に、UFOが出現していた。なんとニューヨーク州から100件以上の目撃証言が寄せられていたのだ。

UFOが出現すると、車のエンジンが止まったり、ラジオやテレビにノイズが生じたりすることがある。これはUFOの「EM効果」と呼ばれており、UFOから出ている何かが、地上の電気回路に影響をおよぼすという。

大停電はこのEM効果ではないかとのうわさが飛びかいだしたのだが――11月16日、連邦電力局は、発電所の継電器と呼ばれる装置の故障が原因であると発表した。だが、実際にはそのような故障がなかったことがわかり、停電の原因は今も謎のままである。

DATA

発生地

アメリカ

発生年

1965年

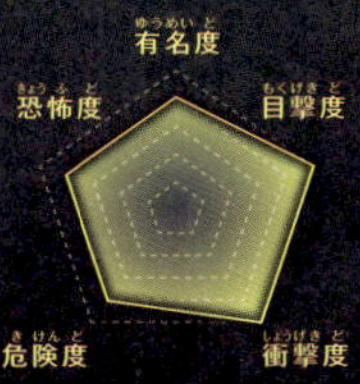

paranormal FILE 140

送られた手紙の数は6700通！
ウンモ星人の手紙

1965年、スペインのマドリードを中心に、約6700通の謎の手紙が、〝ウンモ星人〟から送られた。受取り人は、政治や経済の中心人物が多かった。

手紙にはタイピングされた英語と、そして〝ウンモ文字〟としか考えられない記号が書かれており、すべての手紙には漢字の「王」に似たマークが押されていた。

不思議な手紙には、宇宙の生物や、ウンモ星について書かれており、さらに高レベルの哲学や心理学についても語られていた。それにより、宇宙人のなかには人類と同じような考え方をするものがいるのもわかったのだ。

また、手紙には、ウンモ星は地球から14・5光年離れたところにある冷たい惑星で、地球より100年ほど進んだ文明だが、住みづらくなったので地球にやってくると書かれていた。しかも、1967年6月1日、マドリー

DATA

発生地
スペイン

発生年
1967年

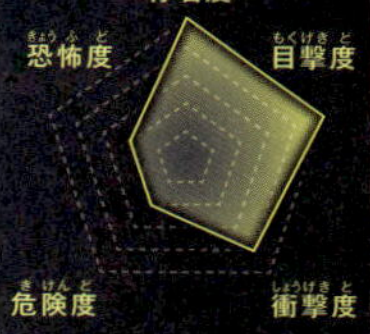

ド郊外に飛来すると予告。そのとおりに現れたのだ。

マドリードに現れたUFOは、多くの人々に目撃された。UFOの直径は約36メートル、手紙にもあった「王」のようなマークがはっきりと認められた。

いったんは姿を見せたUFOだが、すぐに飛びさってしまったため、写真以外の証拠は得られなかった。

ところが、このウンモ星人をめぐる事件はまだ終わっていなかった。ウンモ星人からの手紙はその後も世界各地に届けられたのだ。１９８１年にはフランスにも送られるようになり、１９８９年にはロシアで「王」マークのUFOが目撃された。

ウンモ星人は、地球人に高度な知識をあたえ、観察するためにやってきているとでもいうのだろうか。たとえば、フランスの物理学者ジャン・ピエール・プチは、ウンモ星人に教えられた高度な科学をもとに、独自の宇宙理論を発表したというが、彼もウンモ星人に観察されているのかもしれない。

宇宙人の考えることには謎が多いのだ。

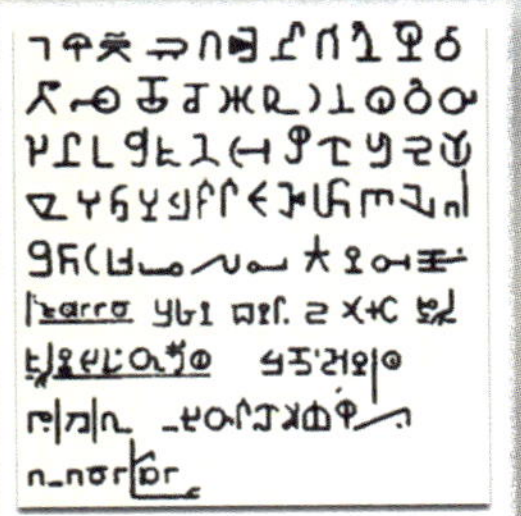

(上)ウンモ星人のものと思われるUFO。「王」に似たマークがついている。この後、UFOは急上昇して飛びさっていった。(下)「ユミット」と名乗るウンモ星人からの手紙の一部。

paranormal FILE 141

ライトを回転させて飛行するUFO

底部が輝くUFO目撃事件

2007年1月27日午後8時30分すぎ、ユカタン半島で、底面に複数のライトが光り輝く円形のUFOが出現した!

このUFOは多くの人々によって同時に目撃された。証言によれば、UFOはゆらゆらと揺れるように飛行し、地平線の彼方へ消えていったという。

UFOの姿は、目撃者のひとり、リネ・コー・チャコンがビデオ撮影に成功している。

撮影された画像は地元の新聞「ボル・エスト」紙に掲載されたことで、反響を呼び、地元「メリダUFO研究会」のグスタボ・アレマンとシルベスタ・レアル博士によってくわしく検証された。

同研究会の検証によれば、目撃事件の当夜、メキシコ各地からも同形のUFOの目撃報告があいついでいた。

DATA

発生地

メキシコ、アメリカ

発生年

2007年

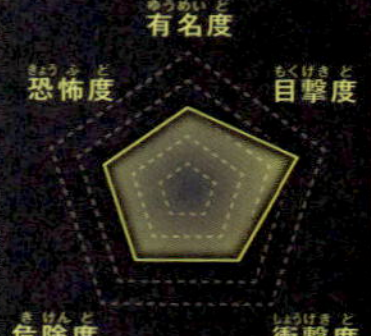

おそらくユカタン半島で目撃されたものと同じUFOなのだろう。

さらに、興味深いことには、2004年8月7日にもこれとそっくりのUFOが目撃されていたのだ。

場所はユカタン半島に近いティカル国立公園の周辺。現れた機体の周囲には8つのライトがあり、これを回転させながら飛行していた。

その姿は目撃者のひとりによって、ビデオカメラで撮影されたのである。

また、メキシコのUFOとの関連は不明だが、先行するように、2004年1月にアメリカ、ウィスコンシン州グリーンベイでも、機体の底部に複数のライトを光らせるUFOが撮影されている。

このようにアメリカ、メキシコであいついだUFOの特徴はとてもよく似ており、目撃者が多い。

不思議なことに、2007年の目撃事件以降、類似するUFO出現の続報はとだえてしまったが、再び姿を現す可能性は高いとみてよさそうだ。

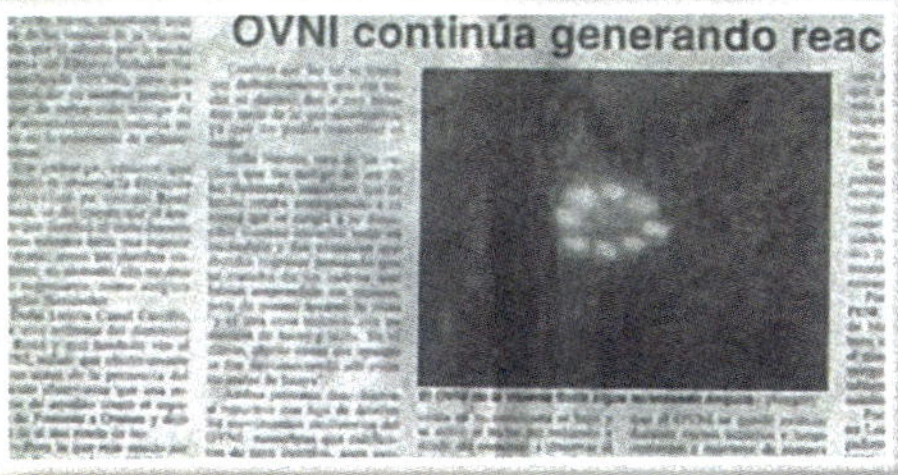

(上)2007年1月27日、ユカタン半島に現れたUFOを報じる地元紙。(下)詳細は不明だが2004年1月にアメリカに現れたUFOも似た形をしている。

paranormal FILE 142

野原に現れたUFOに接近

UFOにさわった男

△アンドルーがUFOにさわった瞬間。強い電気ショックのような痛みに襲われたという。

2009年6月14日、ウィルトシャー州を車で訪れていたUFO研究家のアンドルーとポールは、帰りがけに驚くものを見た。付近の野原に、UFOが浮遊していたのだ。あわてて車から降りたが、UFOは野原の斜面の向こうへかくれてしまった。

アンドルーはすぐさまUFOが消えた方角へと走った。すると、再び姿を現したUFOがポールには見えたので、アンドルーに携帯電話で知らせた。だが、アンドルーの位置からは見えなかったようで、ポールの指示でUFOの真下に誘導した。

「きみは今、UFOの真下にいる。手を伸ばせばさわれる！」

ポールの声を聞き、アンドルーが手を上に伸ばした。その瞬間、彼は電気にふれたような痛みに襲われ、たまらず手を引っこめた。

後日、アンドルーは、「UFOからは強いエネルギーが放射されており、それにふれたためにショックを受けた可能性がある」と語っている。

DATA

発生地

イギリス

発生年

2009年

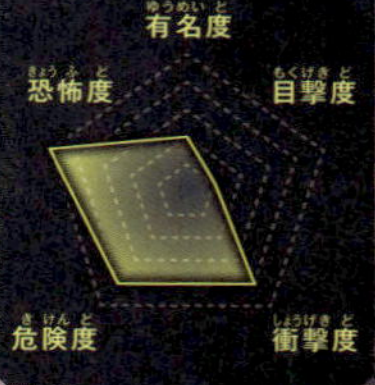

paranormal FILE 143

南アフリカの白銀UFO

風景写真に写りこんでいた鮮明な姿

(上)南アフリカの喜望峰上空の写真に写りこんでいたUFO。(下)上の写真のUFO拡大画像。

2011年7月、世界中の景色を見ることができるインターネット・サイトで検索していたある人物が、奇妙なものを発見して報告、これが大きな話題となった。

それは、そのサイトにある南アフリカ、ケープタウン近くの喜望峰のパノラマ写真だ。なんと、山上に滞空し、白銀に輝く円盤形のUFOの姿が、はっきりと写っていたのである。

作りものではないか、もしくはカメラのレンズについた水滴や氷ではないか、という意見も多数あった。しかし、いっぽうで、あまりに鮮明な姿だったので、このUFOがフェイクという可能性は考えにくい。

なお、UFOの写真はニュースにもなった。しかし、しばらくして、その画像はサイトから削除されてしまい、今では見ることができなくなっている。なぜ、消されてしまったのか、理由についての発表は行われていない。何かの陰謀なのだろうか。

DATA

発生地
南アフリカ

発生年
2011年

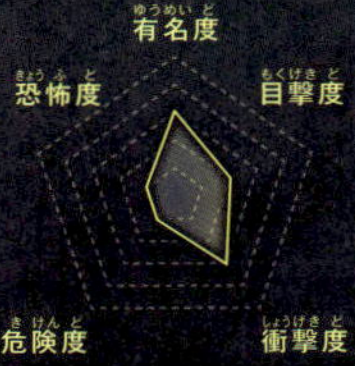

paranormal FILE 144

ブラジルで多くの人が目撃！

まばゆく光るリング状UFO

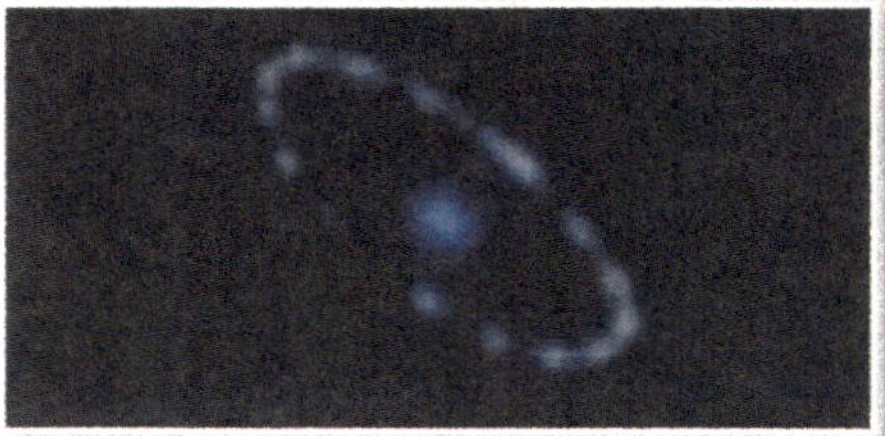

ブラジル、サンパウロに出現したUFO。中心が青く光り、その周辺を小さな光が取りかこむ。

ブラジルのサンパウロでUFOが目撃されたのは2011年7月夜のことだ。このUFO目撃が特別だったのは、サンパウロがブラジル最大の都市である点だ。当然、人口も多いわけで、市内にいた多くの人々が同時に目撃したのである。

そしてもうひとつ。それだけの人が見ていたということもあり、多くの人々によって、UFOの動画撮影も行われたことである。結果、地元テレビ局のニュース番組でも報道されることとなり、またたくまに大反響を呼んだ。

UFOを撮影した動画によれば、青くまばゆい光を中心に、リング状になった光が右回りに回転しながら、空中を浮遊していた。しかも、上空に浮かんでいた時間は、なんと6時間にもわたっていたという。

このUFOはいったい、何なのか？ 残念ながら、大きな話題になったにもかかわらず、これ以降の情報がないという。

DATA

発生地
ブラジル

発生年
2011年

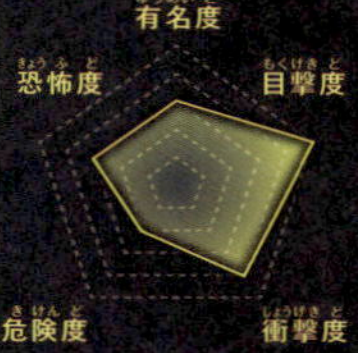

△同じ形のUFOが編隊を組んで飛行している写真。付近に宇宙人の基地でもあるのだろうか?

paranormal FILE 145

無音で空を進む複数のUFO
編隊を組む6機の円盤

UFO目撃の事例は、1機のケースが多い。だが、ときおり2機、3機……いや、さらに多くの機体で編隊を組んで飛行しているものも報告されている。2007年、UFOの目撃報告が多い町でもある、カリフォルニア州プレザントの上空に現れたUFOも編隊を組んでいた。

それは、6月5日午後3時50分すぎのことだ。快晴で青空が澄んでいたこともあり、ふたりの人物が自宅から上空をながめていた。すると、何の前ぶれもなく、6機の円盤形UFOが無音で姿を現したのだ。あまりの光景に、ふたりは大急ぎでカメラを持ちだし、撮影した。

6機はまるで、編隊を組むように規則正しい動きで飛行していた。しかも、ときおりその配置を変えていたという。やがて、6機は地平線の彼方へと見えなくなってしまった。UFOは飛行訓練でもしていたのだろうか？

DATA

発生地

アメリカ

発生年

2007年

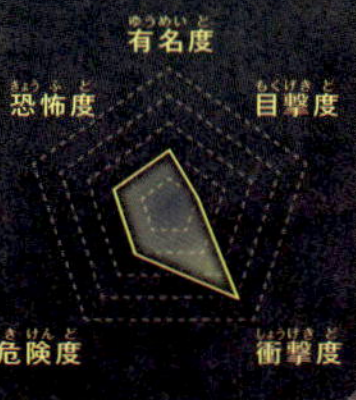

paranormal FILE 146

陽光を反射させたUFOが舞い降りた
旋回するつば付きUFO

(右)田園地帯の上空に出現した、つば付きUFO。(左)UFOの拡大写真。半球をふたつ重ね合わせたような形をしている。

2006年1月8日午後12時30分すぎ、ポーランドのズダニ地方の田園地帯に、半球をふたつ重ねあわせたような形で、つなぎ目がつば状になったUFOが出現した。目撃したのは知人の結婚式から車で帰るとちゅうだった、ふたりの男性だ。

ふたりは、突然、車に接近してくるUFOに気がついた。すると、同時に車のエンジンが停止したのだ。驚いたふたりは車から降りると、太陽の光を反射させながら上空から舞い降りてくるこのUFOを、カメラで撮影した。UFOはふたりの頭上を約8分ほど旋回すると、突然、猛スピードで飛びさった。同時に停止していた車のエンジンが、再始動した。やはりUFOが原因だったのだろうか。

それにしても、いったい何の目的で、人前に現れたのだろうか。似たUFOが出現した報告は、その後ないようである。

DATA

発生地

ポーランド

発生年

2006年

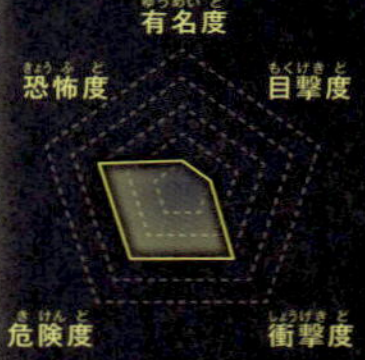

paranormal FILE 147

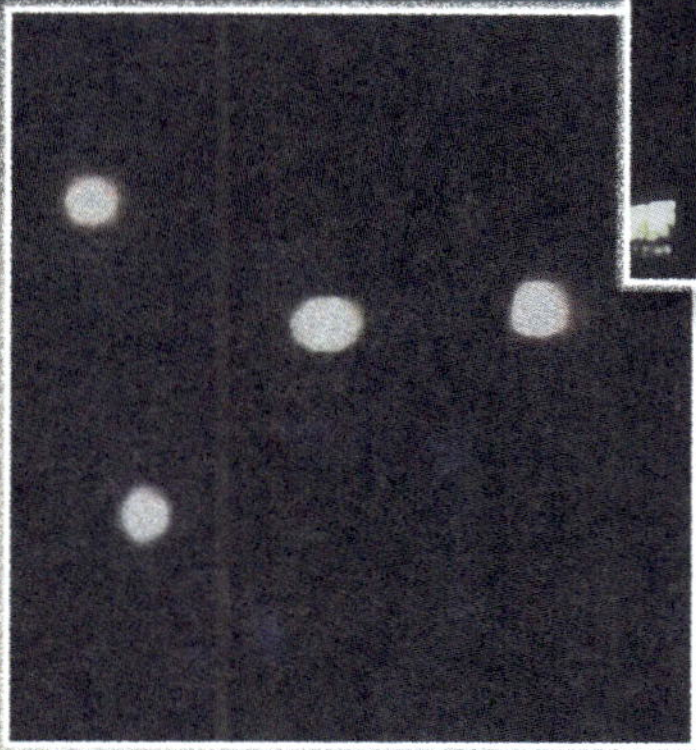

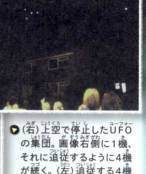

(右)上空で停止したUFOの集団。画像右側に1機、それに追従するように4機が続く。(左)追従する4機のUFOの拡大。

100人以上が同時に目撃した怪光物体
夜空に現れた5機のUFO

2007年7月24日午後10時30分すぎ、ウォリックシャー州のストラットフォード・アポン・エイヴォンの町の人々は騒然とした。なぜなら、夜空にとつじょ、正体不明の飛行物体が出現したからである。それも5機も！

時間は遅かったものの、町の中とあって、この飛行物体を目撃したのは100人以上におよぶ。

目撃した人々の証言によれば、最初、5機の物体は、上空をばらばらに飛んでいた。ところが、しばらくすると、まるで意思を持っているかのように1か所に集まりだし、町の人々を見下ろして監視するように、上空で動きを止めた。その後、最初に1機が移動を再開すると、それにつきしたがうように、残りの4機が続き、音もなく姿を消したという。

なお、このUFOは目撃者が多かったこともあり、たくさんのカメラやビデオなどで撮影された。

DATA

発生地
イギリス

発生年
2007年

有名度・目撃度・衝撃度・危険度・恐怖度

paranormal FILE 148

世界各地で目撃が続く！

モンゴルのスパイラルUFO

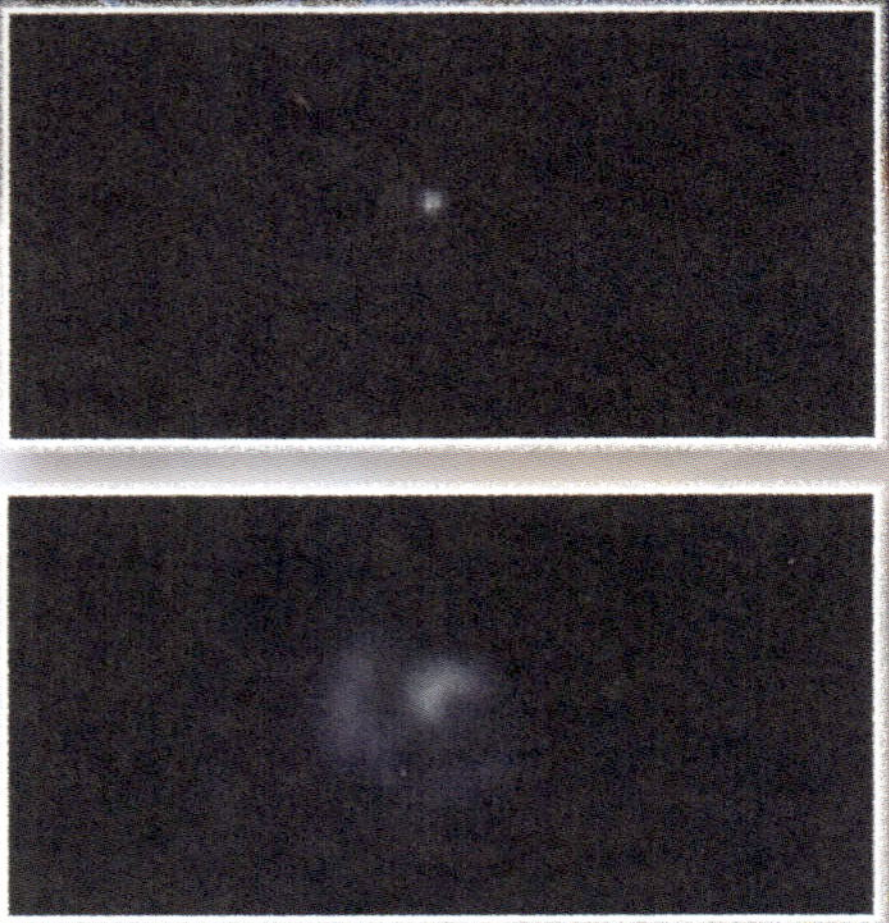

(上) モンゴルのすみきった夜空に現れ、光を放つＵＦＯ。(下) 写真を分析したところ、ＵＦＯの周りにはらせん状のものが見える。

渦巻きのような光を放つＵＦＯは、「スパイラルＵＦＯ」と呼ばれる。２００９年にノルウェーで初めて目撃されてから、ロシアや中国、オーストラリア、タイなど、世界各地から出現の報告が寄せられている。

そのスパイラルＵＦＯが、２０１１年６月21日夜、モンゴルに初めて出現したのである。

場所はアルタイ山脈付近の上空。その渦を巻く怪光からなるＵＦＯの姿は動画撮影され、インターネットの動画投稿サイトで公開、すぐに話題となった。

画像は遠目ではあるものの、はっきりと渦を巻く発光物体であることが判別できる。

それにしても、この渦巻くＵＦＯはいったい何なのだろうか？　これまでのスパイラルＵＦＯとの関係はどうなのか？　そして、今後もどこかの国に姿を現すのだろうか。動向を見守りたい。

DATA

発生地

モンゴル

発生年

2011年

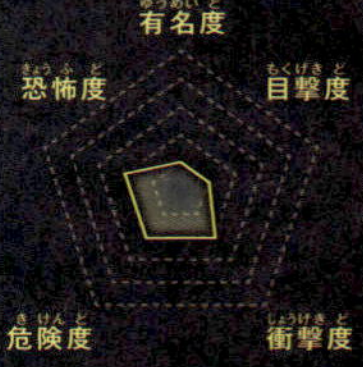

防犯カメラに映った不気味なUFO

暗い雲に覆われた物体の正体は？

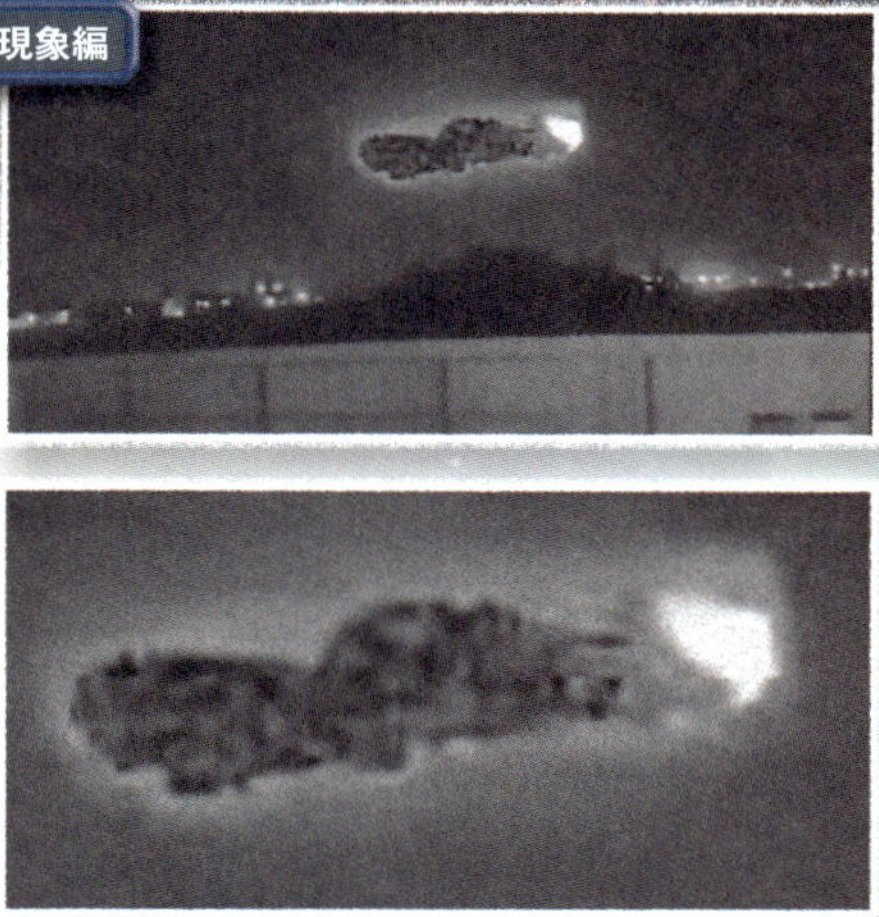

(上)暗いプラズマ雲のようなものに覆われた謎の発光体。(下)拡大すると、その不気味さが際立つ。これはいったい!?

2023年7月19日午後10時すぎ、カリフォルニア州キングスバーグの民家の裏庭に設置された防犯カメラが、異常を感知！　夜空を横切る不気味なUFOをとらえた。この家の住人は外出中だったが、とつぜん、自宅にセットしてあるセキュリティシステムから携帯電話に通知が入ったので、〝何事か？〟と通知をチェック。すると、空中をはねるように動く物体が映っていたのだ。

「最初は流れ星だと思いました。でもよく見るとジグザグに動きはじめたんです」と住民は語る。

その後、この動画は公開された。それを見ると、物体の一部が光を放っているように見えるが、大部分が暗い雲のように見えるものに覆われているため、形状は判然としない。

動画を見た一部の視聴者は、カメラまたは記録プロセスの不具合で変なものが映ったように見えるのでは、と指摘。しかし、それでは奇妙な動きをすることが説明できないのである。

DATA

発生地
アメリカ

発生年
2023年

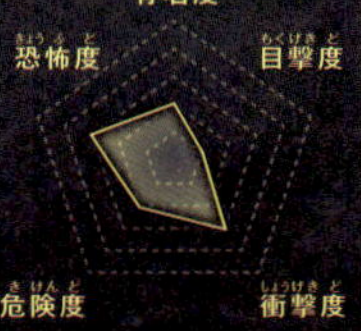

paranormal FILE 150

燃えるように光るUFO

地球外偵察機なのか？

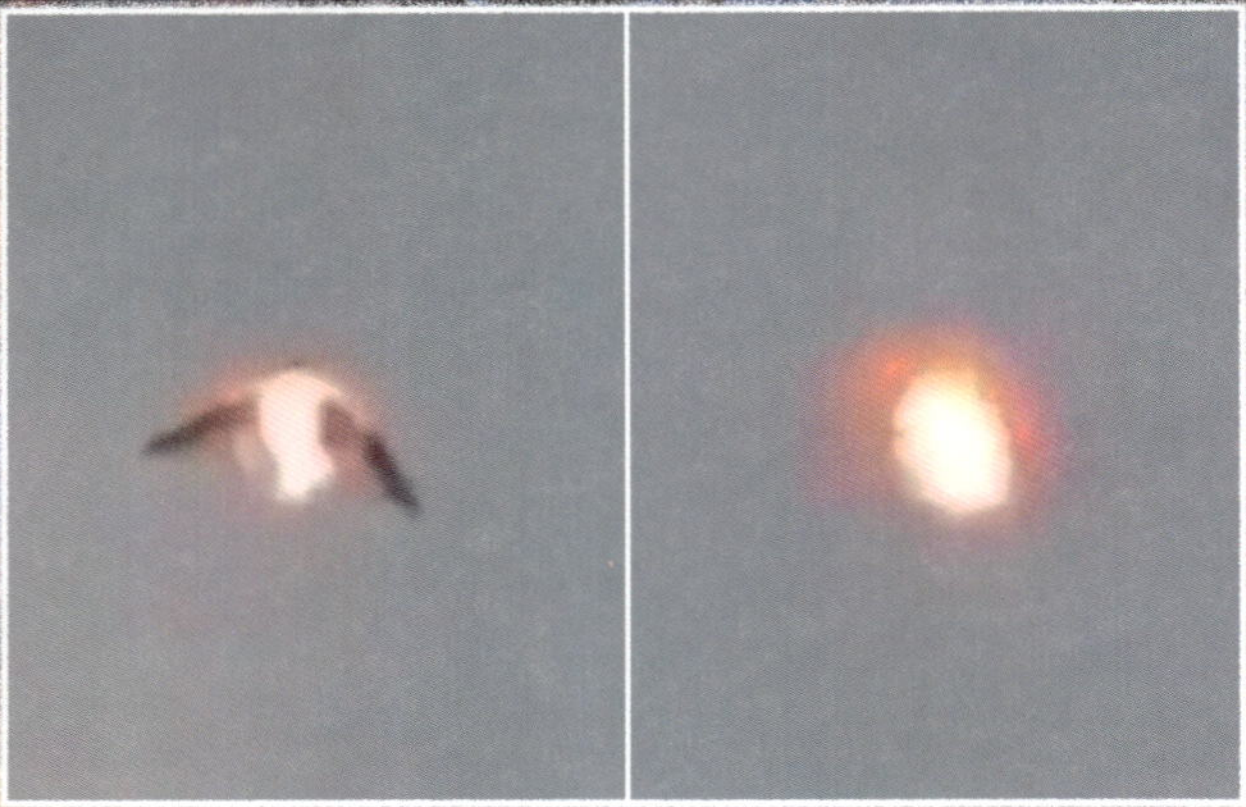

△ジャーナリストが動画サイトにアップしたタイミングで話題になった、燃えるように光るUFOの姿。

キューバ上空の奇妙なUFO動画が話題だ。2019年、ハバナのセロ市で撮影され、2023年にキューバ人ジャーナリストが自身のYouTubeチャンネルにアップしたことで注目されだした。

その動画は最初、なかなかピントが合わず、空に「燃えるような」点状に映しだされている。そして、ピントが合ったとき、初めて飛行物体の奇妙さが明らかになる――ブーメラン形で、中央はオレンジ色に光り、その下で炎のように燃える推進装置らしきものが回転しているのである。

動画を見た元米国諜報員は「このUFOは反重力システムを利用している可能性があり、地球外偵察機ではないか」と指摘した。

一方で、地球製UFOとのうわさが根強い三角形UFOではないか、との指摘もある。動画を見たUFOファンたちは、UFOの独特のデザインと燃えさかるエンジンらしきものに魅了され、「今までに見たUFO動画では、最高のひとつ」とほめたたえている。

DATA

発生地

キューバ

発生年

2019年

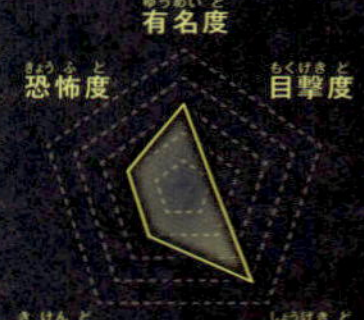

paranormal FILE 151

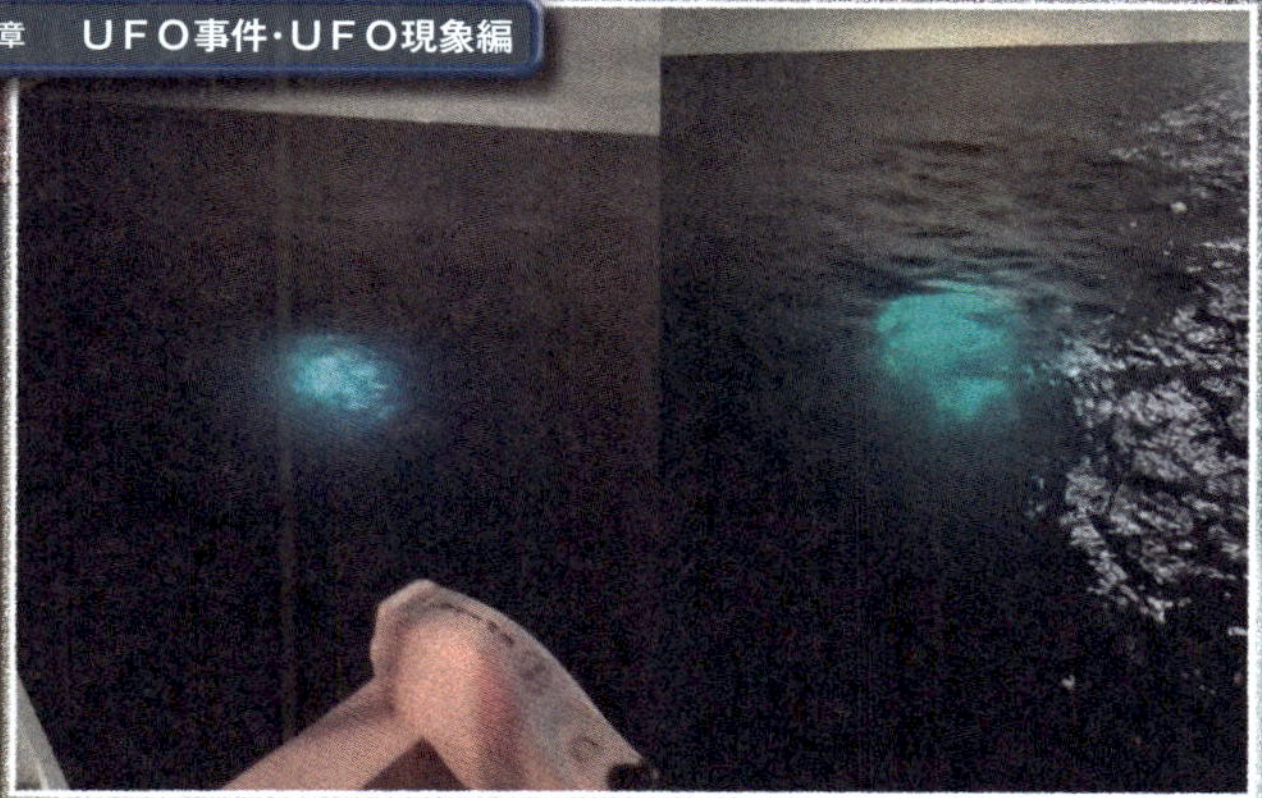

△メキシコ湾で海洋調査を行っていた研究チームが、カメラでとらえた海中の光。

海面下の未確認潜水物体

海流の影響を受けない謎の海中発光体

　2024年2月27日、メキシコ湾で、海洋生物の調査船の乗組員が謎の現象の撮影に成功した。それは深海から発せられる光で、未確認潜水物体（ＵＳＯ）ではないか、との声があがったのだ。調査中、船の少し後ろの海が光っているのを乗組員たちが発見、この珍しい光景に興味をそそられ、調査するためにさらに近づいた。すると、謎は解明されるどころか、さらに深まったのである。光の発生源はまったくの不明！　水深18メートル地点で、周囲の海流の影響を受けず、光を放ち、海底に静止しているように見えた。海底上と海底下の両方の物体を検知できる音波探知装置を使用しても、識別できなかった。

　それにしても、海面下には何があるのだろうか？

　これまで科学によって記録されたことのない海中の自然現象なのだろうか、それとももっと神秘的な海中で策動するＵＳＯだったのだろうか。

DATA

発生地

アメリカ

発生年

2024年

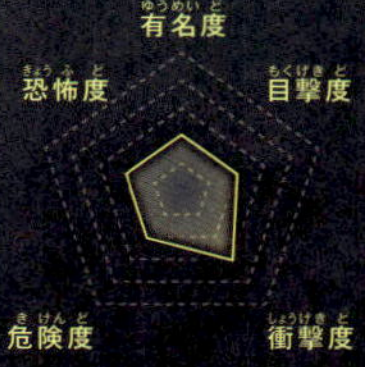

paranormal FILE 152

国際宇宙ステーション下の怪物体

推進装置不明のUFO

国際宇宙ステーションの下を飛んでいた謎の飛行物体。

2024年4月18日、アメリカ航空宇宙局（NASA）のライブカメラが、2機のUFOの姿をとらえた！

これは、国際宇宙ステーション（ISS）がカナダ領土を横切っている間の映像だ。謎の物体がISSの下方に現れたため、NASAはISS搭載のカメラを使用して、2機のUFOが北大西洋に姿を消すまで追跡を続けた。

これらの物体がどこから来たのかについてはさまざまな憶測が飛びかっている。その独特な飛行軌道とISSからの距離を考えると、ISSの部品の一部が外れたりしたものである可能性は低いと思われる。

目に見える翼や推進システムがなく、長方形の形状が特徴のこれらの謎のUFOは、まだ知られていない地球上での宇宙計画で使用されているもの、あるいは地球外に由来があるもの、どちらなのか結論は出ていないのだ。

DATA

発生地

北大西洋

発生年

2024年

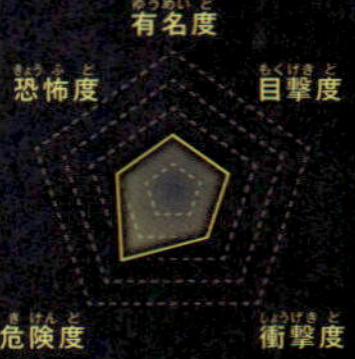

paranormal FILE 153

驚異的な速度で飛ぶUFO

街の上空に堂々と出現！

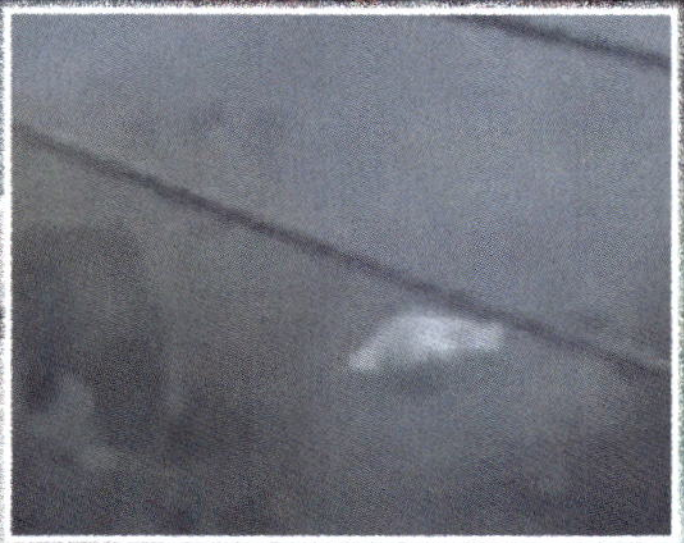

▶(右)(左)どちらも、シタクアロ市の上空で撮影された巨大な円盤型UFO。スピードを変えたり、上下に動いたりして飛行していたという。

2024年9月、ミチョアカン州の住民たちは、シタクアロ市の上空に現れた巨大なUFOの存在に気がついた。映像が鮮明で、市内のさまざまな地点から撮影されたため、録画された映像は、SNSで広まった。

これらの映像が本物かどうかはまだ確認できていない。だが、動画では空飛ぶ円盤のようなものが驚異的なスピードで上空を飛んでいるのが見られる。

驚くべきことに、インターネット上で広まっているのは、ひとつの方向からの動画だけではなく、さまざまな視点から撮影された複数の動画なのだ。

動画を分析すると、出現は日没前であり、あるときに物体は飛行速度を落とし、少し下降。録画された動画では、その後、低空を飛んでいるのが見られ、別の録画では数メートルの高さまで上昇しているのが見られるという。やはり宇宙人由来の物体だろうか。

DATA

発生地

メキシコ

発生年

2024年

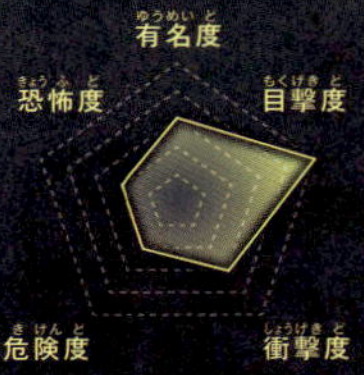

paranormal FILE 154

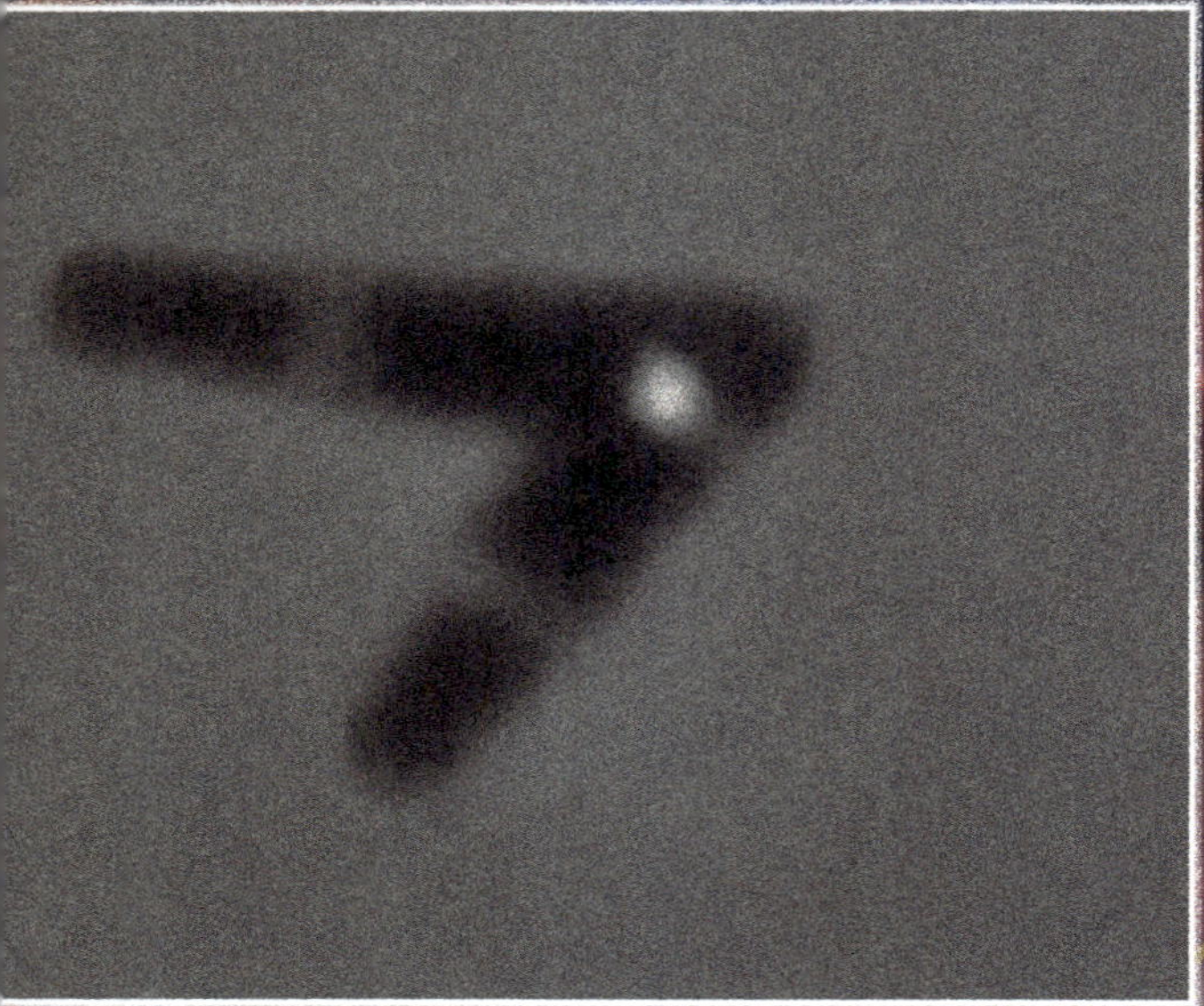

フェニックスライト事件のUFOと酷似!?

テキサスのブーメランUFO

2024年8月5日、テキサス州アマリロで「ブーメランUFO」とも呼ばれるめずらしいV字形のUFOが目撃、そのようすは動画撮影された。

撮影したのは、ビデオカメラマンのL・ミラーという人物。撮影時、彼は森林地帯の鹿の監視を行っており、暗視装置を携帯していた。そのおかげで、ブーメランUFOを目撃したとき、このUFOの光だけでなく、謎めいたV字の形状もはっきりと撮影することができた。

ミラーによれば、UFOはゆっくりとした速度で暗い空を静かに移動していた。

このブーメランUFOの動画を観たUFO研究家たちは、1997年3月13日に起きた有名なUFO目撃事件と驚くほど似ていることを指摘した。

それは、アメリカ南西部のアリゾナ州とネバダ州にわ

DATA

発生地
アメリカ

発生年
2024年

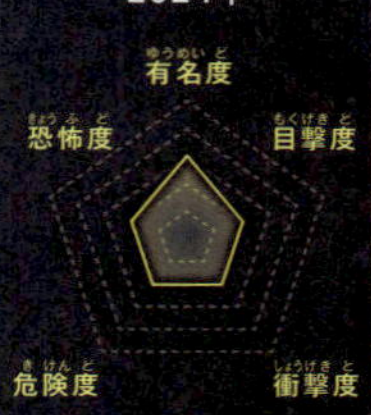

たる地域で、夜空を飛行する謎の光体を、なんと数万人の人々が目撃したという。特に、アリゾナ州フェニックスで多数の目撃情報が寄せられたため、「フェニックスライト事件」と呼ばれたのである。

そのフェニックスライト事件で夜空に現れた光体は三角形や円形、V字形など、さまざまな形だったという証言が数多く残されている。そのV字形のものこそが、今回、ミラーが撮影したブーメラン形UFOとそっくりなのではないか、というのである。

なお、UFO研究家によれば、ブーメラン形UFOというと、アメリカ軍が極秘開発を進めている三角形の超高性能戦闘機「TR－3B」ではないかともいわれている。

TR－3Bは、アメリカ軍がロズウェル事件（246ページ）で回収した墜落UFOを徹底調査し、その技術を利用して開発しているといわれる。特徴は、無音で飛行し、物理法則に反する制御能力を持ち、レーダーには映らない――地球外の技術だ。

今回、ミラーが撮影したUFOとは、何らかの関係がありそうだ。

Skies, phone lines light up Ariz.

By Scott Troyanos

Unidentified: For 106 minutes on March 13, people saw something like this V-shaped object flying over Arizona. UFOs? The only thing certain is that it still haunts them. **4A.**

△（上）1997年3月にアリゾナ州フェニックス上空に現れたUFOは、巨大なV字形だったという。（下）フェニックスライト事件を報じる当時の新聞。

超!衝撃スクープ!!

UFOは想像を超えるほど多彩!!

▶1989年9月7日、アメリカ、テネシー州ナッシュビルで元海軍高官が撮影した円盤形UFO。

▲2004年9月、フィンランドのクスタビにある湖の上空に飛来した円盤形UFO。

◀1963年、アメリカ、ニューヨーク州上空に出現。撮影者はUFO内の宇宙人からテレパシーで「かみのけ座から飛来した」と告げられたという。

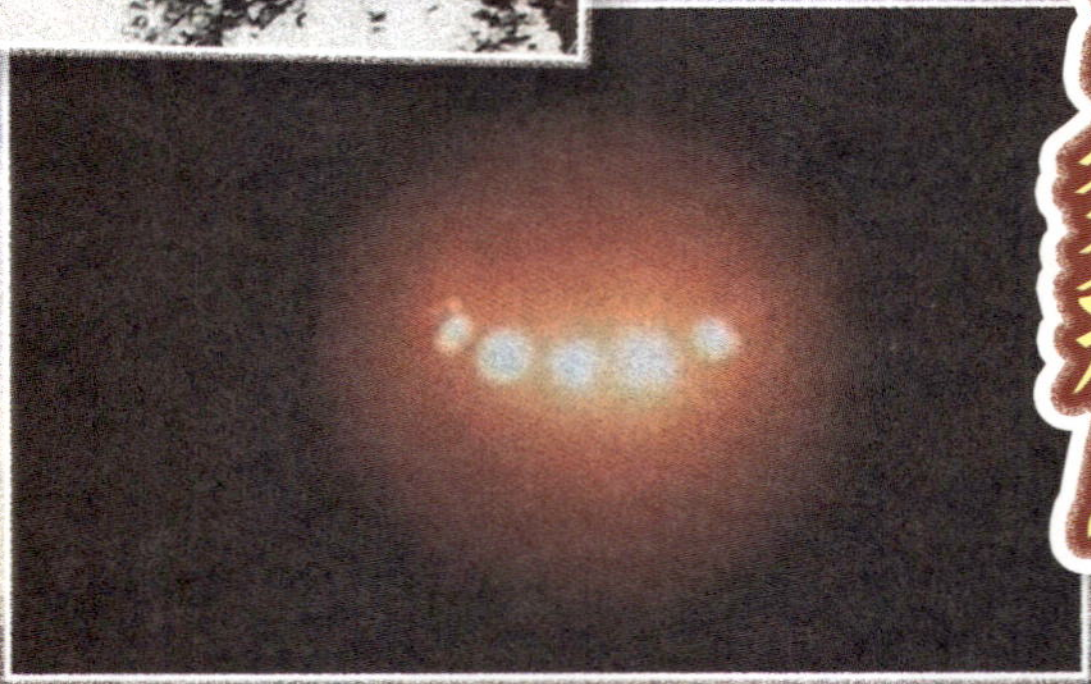

▶1991年、メキシコ、プエブラの上空に出現した球形UFO。住民の通報を受けた警官が現場にかけつけ、撮影。

▶2005年7月、アメリカ、カリフォルニア州上空に現れた、たくさんのライトがあるUFO。スペースシャトルから撮られた。

◀1967年7月、アメリカ、ロードアイランド州カンバーランドに出現した葉巻形UFO。母船なのだろう、下部に開いたハッチに小型円盤（丸囲み）が収納されていくようすが目撃された。

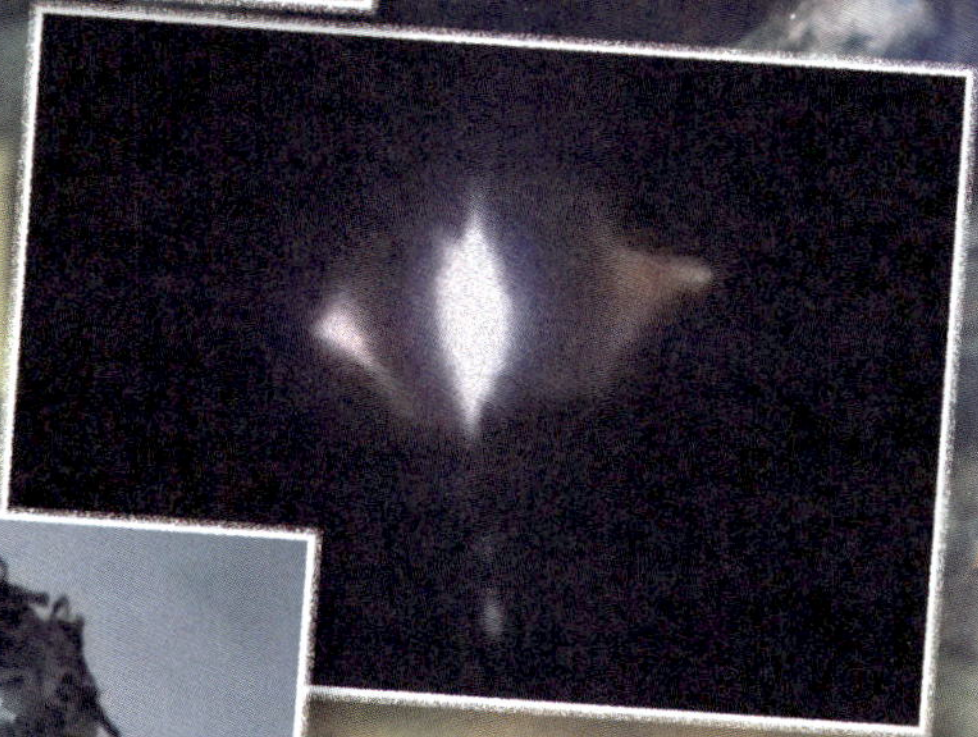

▶2010年1月、アメリカ、カリフォルニア州に現れたUFOの形状は、なんともたとえようのない奇妙さだった。

◀2011年8月30日、午後5時すぎ、中国、広東省の市街地にある池の上空に出現した、異形の超巨大UFO。

▶2010年3月14日、アメリカ、サウスカロライナ州グリーンビルに現れた三角形UFO。

◀2009年8月、アメリカ、ワシントン州ヤキマで若いカップルが遭遇。宇宙人の顔のようなものが群がっているように見える。

▶1981年、アメリカ、ユタ州カナラビル上空に現れたひし形UFO。

▲2024年3月、南アフリカの首都プレトリア上空に現れた、つかみどころのない不気味な形状のUFO。

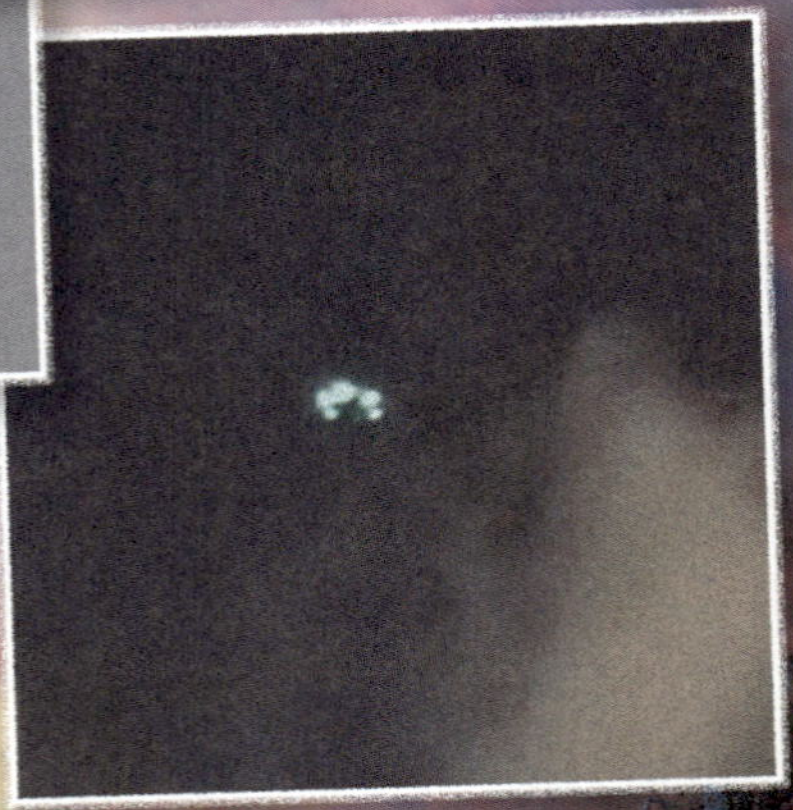

▶2024年8月、インド南東部の都市チェンナイの夜空に現れた青白く光り輝くUFO。滞空したのち、消えさったという。

五十音順 怪奇・心霊現象さくいん

ア行

カ行

サ行

タ行

五十音順 怪奇・心霊現象さくいん

五十音順 怪奇・心霊現象さくいん

マ行

ヤ・ラ・ワ行

監修 並木伸一郎【プロフィール】

1947年生まれ。早稲田大学卒・NTT勤務ののち、奇現象、特にUFO・UMA問題の調査・研究に専念。海外の研究家とも交流が深く、雑誌、テレビなど幅広く活動している。ポルトガルICER日本代表、日本宇宙現象研究会を主宰。著書および監修書に『未確認動物UMA大全』(学研パブリッシング)、「ほんとうにあった!? 世界の超ミステリー」全10巻(ポプラ社)など多数。

YouTube「Namiki Mystery Channel 並木ミステリーCH」発信中。

文 こざきゆう【プロフィール】

児童書を中心とするライター&作家。伝記・学習漫画の原作、読み物のほか、動物、歴史など雑学ジャンルで執筆。『ほんとうにあった!? 世界の超ミステリー』全10巻(ポプラ社)、『おはなしミステリードリル　未知生物事件ファイル』、『がんばるUMA事典』、『ムー公式 実践・超不思議生物捕獲マニュアル』や一部執筆参加の『地球の歩き方 ムー　異世界の歩き方』(以上、学研プラス)などがある。

【参考文献】

『増補版　未確認飛行物体UFO大全』――――(並木伸一郎・著/Gakken・刊)
『完全版　世界のUFO現象FILE』――――(並木伸一郎・著/Gakken・刊)
『真・怪奇超常現象FILE』――――(並木伸一郎・著/Gakken・刊)
『最新版　世界怪事件ファイル113』――――(並木伸一郎・著/竹書房・刊)
『増補版　世界不思議大全I』――――(泉保也・著/Gakken・刊)
『増補版　世界不思議大全II』――――(泉保也・著/Gakken・刊)
『知ってびっくり!　世界のなぞ・ふしぎ物語』――――(並木伸一郎・監修/Gakken・刊)
『Gakken Mookビジュアル版謎シリーズ　超常現象の謎と不思議』――――(Gakken・刊)
『世界と日本の怪人物FILE』――――(歴史雑学探究倶楽部・編/Gakken・刊)
『ムー認定　世界の超人・怪人・奇人』――――(並木伸一郎・著/Gakken・刊)
『ムー認定　超常UFO宇宙人事件』――――(並木伸一郎・著/Gakken・刊)
『ムー的世界遺産』――――(並木伸一郎・著/Gakken・刊)
『ムー的都市伝説』――――(並木伸一郎・著/Gakken・刊)
『ムー的未解決事件』――――(並木伸一郎・著/Gakken・刊)
「ムー」各号――――(ワン・パブリッシング・刊)
「webムー」(https://web-mu.jp/)

■監　修　並木伸一郎
■　文　こざきゆう
■イラスト　合間太郎、anco、石丸 純、黒田アサキ、児玉智則
■デザイン　KnD WORKS
■編集協力　Crocodile House 塚本
■マップ制作　株式会社ウエイド

シン・世界の超ミステリー

怪奇・心霊現象超事典

発　行　2025年3月　第1刷
2025年6月　第2刷

発 行 者　加藤裕樹
編　集　大塚訓章
発 行 所　株式会社ポプラ社
〒141-8210　東京都品川区西五反田3-5-8　JR目黒MARCビル12階
ホームページ　www.poplar.co.jp

印刷・製本　中央精版印刷株式会社

ISBN978-4-591-18513-1　N.D.C.147　287P　19cm　Printed in Japan

P4900400